唐新著

張江陵新傳

劉伯署

序

自古輔相之臣，際會明時，功成名遂者，多矣；「當時則榮，沒則已焉。」至若衰季末世，主少國疑，肩鉅承艱，振衰起敝，而獨以不世之功，負流俗之謗者，千百年來，江陵一人耳！晚明士風澆漓，物情乖戾，忌稱人之善，而樂道人之惡。不知「言人之惡，非所以美已，言人之枉，非所以正已。」故毀譽多爲過情，顚倒善惡，以快恩怨者，往往有之。夫江陵之忠與才，固昭然若日星，有不可掩沒者；自林鹿菴後，名賢如陶文毅曾文正朱伯韓梁任公，蓋嘗論之。顧文雅而詞約，言外之意，難於爲人所共喻。吾友唐君良雄，有鑒於此，作張江陵新傳，綜其一生學問，志節、才略、踐履、與功業，以及恤恤者所謂是非，合而論之；博蒐旁徵，考其終始，於同中求異，非中求是，而一以事實證之。全書近二十萬言，其所發覆，多有前人所未言者。吾獲覩於付梓之前，深知其說該，其旨純，其詞明白條暢，而其用心也甚善；豈徒辯誣正訛而已哉！感其誠也，敬綴數語於簡端。

中華民國五十六年十一月　錢雲階謹序

自序

荊州屬古楚國，文明開化最早。楚人率性剛介，而惡居下流，故多瑰偉奇特之士，或以志節著，或以功業顯；至江陵張文忠公居正，則功業志節，竝皆卓越。求之歷代名賢，可與方駕並驅者，指固未易多屈；明代宰輔百七十人，更無出其右者。

前偶見報載：「張居正死遭清算」一文，耳食之徒，拾人唾餘，覊非爲是，比之於少正夘，未免厚誣賢者。江陵曠代人傑，去今未遠，其蓋世之才，中興之業，匡濟之功，傳江陵者，類能言之，何可厚誣？

惟是各家所傳，多言其功業才略，至若艱難之會，負重剖繁，安危所繫，正身潔己，志節所關者，皆語焉不詳；人莫能窺其全德，故庸衆得援明史，以妄肆詆毀。朱琦云：「非有江陵之才與遇，不可以爲江陵，有其才與遇，而無其忠，亦不可以爲江陵。」有感於此，竊不自揆，作張江陵新傳。

傳凡十餘萬言，二十五章，於江陵立身行事，治國安民所當傳者，不遺鉅細；或考其情實，或究其原委，或推量其心迹，而以事實證之，不爲陳說所囿；旨在辯誣正訛，還其本來面目。因而與所謂史實，頗有出入；與前人所爲江陵評傳，亦有同有異。顏習齋云：「立言但論是非，不論異同，是則一二人之見，不可易也，非則千萬人之同，不隨聲也。」玩味其言，急以付梓，不遑計工拙也。

客中參考書少，雜引曲喻，轉爲枝蔓。又初藁用文言，嫌其聱牙，復改語體，益加冗長。學力所限，率爾操觚，未敢遽以爲是；舛誤之處，儻荷高明不吝指正，實爲厚幸！

著者　民國五十六年十月於臺北

張江陵新傳 目次

張江陵新傳

一　概說

近來國人論歷代政治家，必舉江陵張居正先生；溯而上之，如王安石、李德裕、王猛、諸葛亮、公孫鞅、管仲、諸賢，可稱述者，共不過六七人。大抵天生人易，生人才難，生大政治家尤難；上下數千年，冠裳之倫，獻身政治，其矯矯者，亦僅此耳。就此六七人之功業言，都卓然有所樹立，所處時代不同，難於以同一尺度，衡量其長短。如就其所以成爲大政治家之條件而言，則江陵實兼有諸人之長；其學問不亞於王介甫，其志量不亞於李贊皇，其才略不亞於王景略，其貞亮不亞於諸葛孔明，其聰强明毅，堅韌不拔，亦不亞於管夷吾與公孫鞅；其所負荷之艱鉅，且有過之。如果平情而論，不爲陳說所囿，便當承認江陵爲數大政治家中之尤爲傑出者。昔人說他是權臣，固屬偏見；即或說他是忠臣，是賢臣，亦不足以概江陵之生平，而盡其懷抱。

似此曠古稀有之偉大人物，若幸而生在外國，必早已被奉爲神明，血食百世；一如意國之加富爾，德國之俾士麥，日本之豐臣秀吉，……爲擧國所一致景仰。其國人亦必以有此偉人自豪。其實，以若輩與江陵比，又何足以望其項背。乃不幸而生在我國，社會上從無一定的道德標準，誰毀誰譽，昨是而今非，各從其心之所欲。史家又多懷成見，用愛憎爲褒貶，甚且「以一眚掩大德」；不能堂堂正正，以眞是眞非，昭示國人，是非遂不可問！四百年來，像江陵這樣偉人，在世俗心目中，遠不逮關羽，更無論諸葛武侯。我讀其遺書，三復其言，遙想其規模氣概，悲其不幸，不禁爲之掩卷太息！

自宋神宗熙甯九年王荆公去位，至明神宗萬曆元年張江陵柄政，五百年間，在政治上，負大責重任，而勉可稱爲人才者，亦不多見，更不用說大政治家。這一段時間，偶而停止軍事行動，沒有亂殺亂斫，便號稱承平；其實，只是苟且偸安而已。卽如明王朝，洪武以後，嘉靖以前，又何曾有過眞承平？明人論當時政治，說：「日振紀綱，而小人無忌憚，日勵風俗，而搢紳無廉恥。」從這幾句話，可以概見一般。正由於無廉恥的搢紳與小人當路，才使得政治窳敗，百弊叢集，盜賊蠭起，民不聊生。嘉靖年間，東南倭寇，使七省俱受其害；西北異族，使京畿爲之震動；「癸丑京師大飢，人相食。」（金罍子）這很明顯的是亂世，而依然上恬下嬉，粉飾承平，歌頌承平。其所以如此，就因爲上下都過慣了苟且偸安的日子，習於萎靡，安於萎靡；亦不敢正視現實，自江陵出，始面對現實，爲正本淸源之計，竭盡其聰明才力，擔當國事，不避勞怨，不計險夷，不惜以一身與天下奸宄抗；如此十年拮据盡瘁，乃有比較可稱爲眞承平的規模與氣象。

江陵柄政十年，所爲措畫設施，偉績豐功，皆有事實可稽；其爲史家所揜沒者，現代論者，已根據事實，加以闡揚。惟尙有兩事，最足以顯示江陵之遭際不同於前賢，而其所建樹，度越前賢者，似少論及。其一、明王朝極端的君主獨裁，是史無前例的：皇帝一手包辦政治「惟辟作福，惟辟作威，」務以威福刼持天下。「君出言以爲是，而臣下莫敢矯其非，賢之則順而有福，矯之則逆而有禍。」在這種情勢下，不容許產生人才政治；卽有人才，亦難於圖功。其二、是任何政權，如已腐爛，要使其新生，是很難的；歷史上雖有所謂中興，但都經過革命，或至少經過革新，淘汰了一部或全部腐蝕成分，才得新生。明王朝到嘉靖年間，已腐爛不堪；君猶是君，臣猶是臣，竟然有人能化腐朽爲神奇，開創一中興之局，這是歷史上所少見的事。江陵之偉大處在此，其所以有異於其他大政治家者，亦在此。

我國讀書人，都有以天下國家爲己任的壯志雄心，視天下事，若無足爲者；及其夤緣時會，儻得名位，則又茫然不知所措。其結果，是少數「賢者」，齷齪循默，持祿自固，與世推移，不甚爲惡；多數不肖者，機詐矯虔，鮮廉寡耻，憑藉名位，以爲奸利。幾千年來，姓名已見於史冊者，不過如此。世俗不察，以爲居高官，享厚祿，聲名顯赫一時者，便是政治家，實爲大誤；在專制政體下，權力過分集中，卽官僚政治，亦不常見，怎會產生政治家的政治？政治家與官僚最大不同之點，就在於素所積蓄之不同。梁任公論王荆公說：「古之天民與大人，必有其所養，觀其所養，則其所樹立可知也。」此處所謂養，就是素日修養，或說素所積蓄；包含一個人的氣質、品格、學問、與抱負。易言之，一個人必先有這種素養，始可成爲政治家。凡是政治家當政，必有一種政治理想，必先立其大者，必正己以正天下，決不以道徇人；因而必能支配環境，開創局勢，不爲環境所支配。若是官僚，則只能隨機緣、循故轍，與俗浮沉，聊復爾爾，但求無過而已。故王安石雖失敗，（此指新政未克實現而言；

若究其實，不能說他失敗，他的政策，諸如保甲保馬，經義取士之類，後人奉行，都收到一定效果。（不失爲大政治家；司馬光雖享盛名，畢竟只能算是一個較有學問的官僚。

嘉靖年間，正是僞道學與方技之士，互爭雄長的時候；皇帝不信儒而信道教；「士大夫亦以此希榮邀寵。」社會不信儒而信性命：「姚江之學，別立宗旨，其教大行，其弊滋甚。」生在那種烏煙瘴氣的時代，要想入世，就只有隨聲附和，不如此，便不能做官。江陵小時，亦曾悟道談禪；流俗移人，賢者不免。他後來立定志向，舍棄左道旁門，馳騖古典，求眞實有用之學問，可能因爲受了顧璘等之啓發與鼓勵；他們期望他作一番大事業，他遂亦以此自期。古典中蘊藏着許多高深的政治思想，以及治國安民之道，必求之古典，乃能窺其奧旨。江陵於各家學說，無所不窺，似都下過功夫，都能別其本末精粗，獨以爲平治天下，無過於儒術；故他後來爲政雖間亦取其他各家之所長，而其根本，則爲儒家。

王荆公說：「流俗之權重，則天下之人歸流俗」；這是不錯的。方技之士與僞道學，既然大行其道，士大夫既然「亦以此希榮邀寵；」當時的學風士習，也就不難想見。江陵對於那班「媮儒憚事，無廉恥而嗜飲食」的人，是極爲鄙視的；他說：「以眇眇之身，任天下之重，不思敦本務實，預養其所爲，而欲藉一技以自顯庸於世，甚矣，其陋也！」（翰林院讀書記）「預養其所爲，」就是養成眞實而能經世致用的本領；必須預養這種本領，才能任天下之重。於此，可見江陵早有任天下之重的抱負，也早有任天下之重的準備。惟其素養深厚，胸有成竹，故當他負大責重任時，國家的事，絲棼碁布，集於一身，他能批郤導窾，從容展布，將國家治理得井井有條；溯其根源，都從學問中來。卜商說：「不學而能安國保民者，未之有也。」天下那有不學無術的人，可以把政治辦好的。

由於他有眞實有用的學問，他才知道政治不能無視人民；人民是國家主體，離開人民無所謂政治。雖然事實上有皇帝存在，雖然皇帝「視天下爲莫大之產業，傳之子孫，受享無窮；」但天生民，而爲之立君，不是爲皇帝，而是爲人民。（歷史上所謂治世，必是統治者與人民利害，較能調和，統治者，較能注重人民利益，才可致治。）因此，他力主「因民立政」，以安民爲施政之本；綜觀他一生施爲，幾無一不是以便民、利民，與富民爲鵠的。

他亦知道政治不能離開現實；現實問題，不能解決，任何良法美意，都將落空。因此，他力主「隨俗救弊。」弊在政府無威信，因而使得臣庶有玩心；他便振紀綱，覈名實，一號令、重賞罰，以恢復應有威信。弊在社會無禮法，因而使得秩序混亂；他便懲貪墨、誅强暴、抑兼併、查欺隱、以恢復良好秩序。……劍及屨及，毫不放鬆，必達目的而後已。

他更知道作爲執政者，應當有自我犧牲精神，應將個人利害與國家利害，截然劃分，絲毫不容淆混。因此，他雖掌握權勢，榮辱在手，高下任意，而能「正其誼，不謀其利，明其道，不計其功。」（董仲舒語）雖被傷於衆口，而能置毀譽於度外。凡事計謀已審，信其有利於國家者，即斷然行之，不爲浮議所搖，流言所動。

江陵一生的學問、志量、才略、與功業，於官書中可得其十之一二，於私家記載中，可得其十之八九；一部江陵文集如澄心細讀，體察其行事，尋繹其原委，衡量其得失，推量其心迹，然後考及官書，旁及私家評論，互相參證，卽可以得其概要。四庫全書提要說：「集中奏議啓箚最多。皆在廟堂時論事之作，往往縱筆而成，未嘗有所鍛鍊。」卽使倉卒之際，縱筆而成，未嘗鍛鍊，而他所論的事，大至安內攘外，國計民生，小至一事之得失，一人之進退，無不理明詞約，的中肯綮。總說起來，他一生立身行事，借用他的話，正是「煉之至精，斂之至密，韜之至深，蓄之至厚；」然後才能够「發之不可禦，索之不可窮。」他能於亂世開創一眞正承平局面，一眞正中興氣象，「事業聲望，照耀古今；」絕對不是偶然的。

明朝輔臣，共一百七十餘人，被世俗譏議最多的，只有一江陵；一轉盻咄嗟之間，措天下於磐石之安的，亦只有一江陵。不管他是用王道，抑或是用霸術，他能使國家危而復安，弱而復强，則是千眞萬確的事，無人可以否認。如果我們承認一個國家，應該有自己的立國之道；承認在我們自己傳統的文化基礎上，尙不能盡棄其所有而學別人；承認時代儘管不同，而人之所以爲人的道理，今古都是一樣；則江陵一生所言所行，大有供我們參考的價値。

誠然，事隔四百年，我們應當承認一切都已大爲改變，亦應當承認迷信遠古，抱殘守缺的時代，已成過去，我們需要努力趕上時代；用江陵昔日用以致國家於富强康樂的政策，必然不能盡合時宜。但如用他昔日針對實際，披荆斬棘的手段；用他任使賢能，長駕遠馭的方法；特別是他公而忘私，堅定不移的精神；卽使再過數百千年，亦當嶄然猶新，足爲後人效法。要知道他畢生拳拳服膺，力行不怠者，亦累代之所積；易言之，卽先賢先哲所遺留之經驗與敎訓，只不過因爲他才氣與學養過人，善爲體察運用，故不啻若自其口出。因此，取法江陵，卽是取法先賢之所長。

今日國家多故，如眞有豪傑之士，眞想撥亂世而反之正，則江陵恰正是一個好榜樣。故樂於重新爲有系統之介紹，以加深國人對此偉人之認識。

二　明王朝的黑暗面

明王朝一代，政治上人才最少，這與政體上的極端獨裁，是大有關係的。在家天下時代，皇帝以一人宰制天下，本被視爲是當然的。不過，從前的皇帝，非至暴虐，都不敢一手包辦政治，因爲政治是天下人的事，須與天下賢能共之，才能治理得好。所以昔人說：「所貴於聖人之治，不貴其能治，貴其能與衆人共治。」皇帝願與衆人共治，才能任使賢能；「賢者在位，能者在職，」才能使政治修明。

明朝皇帝獨裁，已近於暴虐，始作俑者，當然是朱元璋；他崛起草莽，以濫殺濫斫，打得天下，久已養成跋扈習性。一個乞兒，忽然君臨天下，又不免有自卑感，怕人瞧不起，故裝模作樣，「居如大神，動如天帝，」使人莫測高深。更加上他私心極重，猜忌任察，以爲天下人都不可靠。最壞的是他沒有知識，因而沒有寬容的度量。因此種種，他建立王朝以後，便開許多政治惡例，廢除宰相，獨攬大權，親決萬機，並以刀鋸鼎鑊遇臣庶，不僅視同草芥犬馬而已。據說：當時朝臣每天上朝，都與妻子訣別，甚至有被鐐鎖在朝房辦事的；因爲他動輒殺人，一案可株連至數萬人，焉得不人人自危。他的兒子更發明了「瓜蔓抄，」一人有事，誅及十族。昔人說：「荆軻湛七族；」則秦始皇比之朱元璋父子，亦未免減色了。這種暴力統治的惡例一開，他的子孫，當然踵而效之，所以常常殺戮大臣。他們倚重廠衞，甚於大臣；「偵伺校卒，猛如乳虎，一旦不如意，所夷滅不可勝道。」（我國政體與治術，至朱明爲之一變，此當爲讀史者，所共承認。）

他們已然獲得天下，天下人已然臣服於他們，「比之爲父，擬之爲天，」爲何還要忽亂殺人？一言以蔽之曰：立威，使人畏懼，不敢反抗；人人都在恐怖中過日子，都不敢過問國家的事，然後他們才可以恣其所欲爲。正由於皇帝集中了所有的政治權力，威嚴太重，臣庶才都變成奴才，「以順爲正，」用妾婦之道事君。在這種氣氛下，眞有才能、有志節、而又不甘於爲奴才的人，自然敬而遠之；政治人才，因日益少。

另一方面：天下事，只有皇帝一人能作主，「唯言而莫予違，」當然沒有人敢於負責辦事；更談不上什麼「予違汝弼。」皇帝這一行，到了明王朝，已經是神化了；且看看他們的威嚴如何？「人君之尊，如在天上，與（上）帝同體，公卿大臣，罕得進見；（見時）變色失容，不敢仰視，跪拜應對，不得比於嚴家之僕隸。」（潛書上解君篇）唐甄這一段話，是可信的。試看明神宗，本是最昏憒的皇帝，他有一次召見兩個閣臣，方從哲但知叩頭，「不能措一詞；」吳道南竟嚇得僵仆在地，「便溺並下。」從此可以想見他們的威風。昔人說：「君無諫臣則失政。」（說苑政理篇）「君無諤諤之臣，其亡可立而待。」（說苑正諫篇）不但要諍諫，還要「格君心之非；」也就是要使皇帝不存私欲，不敗壞道德。若是做宰相的人，見了皇帝，嚇得「便溺並下，」還有何話可說？在這種局面下，卽使皇帝眞是雄才大略，眞正勤政愛民，亦不會將天下治好。

朱元璋是被稱爲雄才大略，勤政愛民的皇帝，洪武時代，是被稱爲承平的盛世；其實，都是御用文人的諛詞。洪武時代暫短的承平，只是因爲元末的大混亂，經過多年大殺大斫，人民厭棄戰亂；再加上暴力統治，天下人亦只好俯而順之。不過，平情而論，朱元璋亦自有他的長處，他的氣魄很大，前代累積下來的「繁文苛禮，亂政敝習，」被他革除剗削的，頗不在少。他精力充沛，作事很澈底。他亦頗想把政治辦好。但他的子孫，都沒有他的長處，只學會了極端的個人獨裁；這是造成明王朝兩百多年，黑暗政治的主要原因。

朱王家傳世十六，就少有像樣的皇帝，仁宣早逝，不用說他；孝宗最稱開明，其實亦是庸主。（他對劉大夏說：「朕臨御久，乃不知天下軍民困。」當了十六年皇帝，竟然不知軍民困苦，非庸主而何？）其餘如非愚昧，便有狂疾。我們只看他們日與緇流羽士爲伍，修齋建醮，妄冀長生，甚至幾十年不視朝；只看他們微服出遊，「遍刷寡婦處女，」乃至宿娼；就可以知道他們瘋狂愚蠢，到了何等程度。

朱王家子孫，除了愚蠢和有狂疾外，一般的毛病是專己拒諫。古人說：「專己者孤，拒諫者。塞」惟其如此，所以他們只能和一羣小人，混在一起；到了他們懶於親政的時候，左右沒有正人君子，就只好寄耳目腹心於小人。小人用事政治焉得不壞？明朝政治，自永樂後期，就一直朝向崩潰方向走，黑暗情形，亦一朝比一朝壞；我們只看當時社會情形，特別是與人民有切身利害關係的經濟情形，便可知道。（這是許多王朝傾覆的最大原因。）不過，這個問題，說來太繁；我在這裡，只舉一例：

據明史食貨志記載：「自洪武至弘治百四十年，天下額田，已減强半。」所謂額田，是指洪武二十年曾經淸查過的田畝。國家有百餘年沒有內戰，又有許多荒地，已經開墾，何以額田會減少至過半數？。據說：「非撥給於王府，即欺隱於猾民。」且進一步看看所謂王府和猾民，是何光景。

王府就是宗藩，或說皇族，亦就是朱元璋的子孫分封在外的一大羣寄生蟲。其中包括名色很多；男人有王、有王的庶子郡王、郡王的庶子各種將軍和中尉；女人有公主、郡主、郡君、縣君；還有她們的丈夫自駙馬以至儀賓。不管是那一代，凡是「龍子龍孫，」就該有封號，「分封列爵，不農不仕；」由國家供養，而成爲一等特權階級。朱元璋是極端自私的，他爲他的子孫，計慮非常周到；洪武九年，所定諸王公主歲供之數：凡親王歲米五萬石，鈔二萬五千貫；郡王亦有歲米萬石，鈔萬貫。此外，還有大量實物配給。按照這些歲供錢財，是當時小民千百家的財產，是九品官千百人的俸給，已是十分優厚；但他的子孫。還不知足，還要需索，於是再賜給田地。此例一開，貴戚、勛臣、以至宦寺都有了賜田，後來都變成了莊田。

明初兵燹之後，有大量的荒蕪無主田地，其中包括元代入官田，還官田、沒官田、斷入官田、學田，以及牧馬草場、城壖、苜蓿地、牲地、壝地、公占隙地等，有田可賜。而且皇族不多，「國初親王郡王將軍，才四十九位；」（戚元佐疏）賜他們一部份田，並不影響人民生活。

自洪武至嘉靖，經過了二百年，皇族人口，逐年增加，而且比人民繁衍更快；譬如晉府慶成王，就有子七十人之多。嘉靖年間，據王世貞說：「玉牒自親王以下，已書名者，三萬人，僅一周府，已近四千人。」如將依存於此三萬人者，合而計之，當不下數十百萬人。人口增加，不但國家供應，大感困難，皇族生計，亦委實難於維持。嘉靖四十年，據御史林潤奏疏：「天下歲供京師糧四百萬石，而諸（王）府祿米，凡八百五十三萬石。國家負擔日重，而王府生活日艱；所以林潤又說：「將軍以上，多不能自存，飢寒困辱，勢所必至，常呼號道路，聚詬有司，有土之臣，每懼生變；賦不可增，而宗室日益繁衍，可爲寒心！」（以上見明會要）

由少數皇族賜田，逐漸演變而爲範圍甚廣的莊田，便形成一個重大的社會問題。一是想取得莊田的人日多，「仁宣之世，乞請漸廣，大臣亦得請設官莊舍。……權貴宗室，或賜或請，不可勝計。……」連未建藩的親王，也賜莊田。一是特權階級，相率搶田；「英宗時，諸王外戚、中官，所在占官私田。」因官田早已撥盡，只好侵佔民田，如嘉靖末年，景恭王建藩安陸，即侵佔民田至數萬頃；而德王在山東的莊田，幾乎全由搶奪而來。另一是豪右搜括民田，轉獻王府，上下其手，壓榨小民，「投獻侵牟之地，頗有給還民者，而宦戚輩復中撓之。」（以上俱見續通典食貨志田制），莊田既盛行，又公然放搶，小民的私田，就失去了保障，連帶的就失去了生活的依托。

本來所謂賜田，（包括官吏職田）洪武初年規定：「自給俸祿，賜田還官，」因之亦稱官田。大概因爲初期宗藩人數不多，賜田有限，又無人敢於過問，遂變成了宗藩私產。以後不斷賜與，親王之外，連公主亦有了莊田。他們招佃耕種，私租既重，又不納稅，有利可圖，（賜田給人民耕種，多照私租減二斗，或竟如私租例。）多多益善；於是競相擴充，官田之外，便仗着特權，侵佔民田。開始可能只是少數强宗，在外胡鬧，漸漸的貴戚勳臣和太監，亦起而效尤；連皇帝也揷手進去，分潤一分，名曰皇莊。「武宗卽位踰月，卽建皇莊七，其後增至三百餘處。」這一切莊田，包括官田與侵佔民田在內，究有多少，史書沒有統計數字；嘉靖年間，有人估計：「莊田約佔全額田二十分之一。」（如以弘治年間額田四百廿萬頃計算，只有二十餘萬頃。）這是不確的。據林俊奏疏：「正德以前，已有三百八十餘處，每處地土，動計數千百頃。」是在武宗時代，皇莊已不止二十萬頃。至於這些莊田，究有多少，出於侵佔，更無可靠資料；但據推測爲數必不在少。「順天等府各項莊田二十萬九百餘頃，其侵佔民田斷還者，二萬二百餘頃。」（以上俱見續通典）此可證明所謂莊田，至少有十之二三，是出於搶奪而來。

田地是有限的，經過皇帝不斷的賜與，以及特權階級長期的搶奪，當有刮無可刮之日。到了萬曆四十四年，神宗又要賜福王田二萬頃，大學士葉向高說：「自祖宗以來，封國不少，使各割一大郡，則天下地已盡；今日非但百姓無田，卽國家亦無田。」（明會要）神宗不聽，硬逼湖廣刮田，必須足數；湖廣巡撫董漢儒，因刮無可刮，「請輸銀以代，帝不許。」但最後，仍是攤派折銀；各地繳納福王的莊田銀，一直到崇禎二年，仍未繳淸。（明史董漢儒傳）又天啓七年，「詔賜惠桂二王莊田三萬頃，「實刮得六千頃；」其餘亦是由人民輸銀補償，以供其揮霍。

凡是王府，皆建儀衛，置官屬，多者至數千人。每家又豢養一批幫閑，甚至收容逃犯，因爲他們不受一般法律的拘束。不止不受拘束，還可任所欲爲。正德年間的甯王，與嘉靖年間的伊王，可以作爲代表人物。「宸濠未反時，養羣盜閔廿四、凌十一等，刼財江湖間，有司不敢問。」典模敢於公然關閉河南府城，「大選民間女子，得七百人，選尤麗者九十人。」不中選的，還勒令女家，用金贖還。「世宗曲赦再四，終不湔改。」

他們又不止於魚肉人民，還陵轢官府：「數十百人，日入官府，喧呼橫索，欲盡所求。」有些地方官，甚至不敢執行公務；「御史行部，不敢入城，要而笞之；官吏往來，牽紆道疾過，猶使追及，責以不朝；朝者亦辱以非禮。……」他們又不止侮辱官吏，甚至殺害疆臣，誰還敢稍加干涉？他們爲何如此膽大妄爲？只因天下是屬於朱王家的。

莊田或王府賜田，不僅重大的傷害了人民生計，還重大的影響國家大政，因爲一個好的屯田制度被破壞了。明初兵制，以衞所爲主，計兵授田，以地養兵，且耕且戰，自給自足，邊境亦然；大抵是三分戍守，七分耕種。除了軍屯，還有民屯與商屯；民屯是政府給車牛農器，薄其稅斂，獎勵邊地民衆墾殖。商屯是「募鹽商於各邊開中，」准其就地納糧，以換取食鹽販賣權。其目的，皆在於盡地利，充邊儲，以寬紓民力。

當時屯田，「東自遼左，北抵宣大，西至甘肅，南盡滇蜀，極於交阯；中原則大河南北，皆在興屯。」可見推行地區，是很廣的。洪武年間，據說全國屯田歲得糧食，可至五百餘萬石，「官俸兵糧，皆於是出。」這很可信，因爲朱元璋曾經誇口說：「吾養兵百萬，要不食百姓一粒粟。」因此，王圻乃說：「屯田乃足食足兵之要道，邊圉富强，不煩轉運。」可惜這個好政策，維持不久！王圻又說：「屯田鹽法，漸非其道，邊餉不足，軍民俱困。」（以上見續文獻通考屯田）屯田制度廢壞了，軍隊一切餉糈，都仰給於政府，尤其邊防軍隊，千里餽糧，焉得不困。

屯田究竟是何時廢壞？因何廢壞？照史籍記載看來，似與莊田，此消彼長，大概在宣德年間，已漸廢壞，正德以後，已面目全非，所以有「屯田壞於豪强之兼併」的說法。其實，主要的可能還是由於莊田之擴大。這個好制度，是憑朱元璋的威力建立起來的，但一經破壞，要想恢復，就很困難。明王朝後期，可以說是被軍費壓垮了的；從此，可以知道莊田影響之大。

王府爲害之烈，已然如此！如特權階級，僅只有王府一種，人民或者還可勉强度日；但是事實上還有更多而僅次於宗藩的特權階級，諸如勛戚、太監、貪官汚吏、土豪劣紳；……他們敲骨吸髓，迫害人民，比之宗藩，更有甚焉。他們都是在腐化政權卵翼之下成長的，這種政權愈久，特權階級愈益根深蒂固；他們用盡一切不正當手段，榨取社會財富，其中之一，便是兼併。（私有制產生兼併，而腐化政權則助長兼併，這是農業社會一個最大問題。）他們在民間巧取豪奪，佔有田地，而用「飛灑詭寄」種種方法，隱瞞田畝，偸漏賦稅；「江南滑民，田至七萬頃，糧止二萬，不以時納稅。」（明文在）「浙江奉化全縣錢糧二萬銀，鄉宦戴澳獨占半額。」（文秉烈皇小識）戴澳只不過是順天府丞，並不算大官，他的田地，就佔全縣之一半，實足驚人！良田都被豪强侵佔，小民只好去墾荒；「開墾既熟，豪强復來侵奪，人任其勞，己享其利。」（農政全書）這就太不成社會，太不講道理了！

土豪劣紳，貪官汚吏，一般稱之爲搢紳，（原沒有見過笏，甚至是白丁，因有了錢，亦成爲搢紳。）在明朝，這一階層，在社會上的權勢，不但「重於守令，」而且和地方官吏是一鼻孔出氣，同惡共濟的。特別是那班達官顯宦的家人子弟，尤爲凶橫。此處只舉一例：梁儲作宰相，「儲子次攄，與富民楊端爭田，滅端家二百餘人。」（廿二史劄記）明史還說皇帝雖知道，亦置不問。這是顯然包庇壞人，亦是有意只要壞人，不要好人。因此，自「學霸」以至一品官員，都獲得部份豁免權，田地愈多的人，愈能得到優待。（平寇志說：「流寇之起，由於官貪紳橫；」是很可信的。）至於所謂王府的莊田：是當然不納稅的，太監之流，是公然抗稅的，豪猾是偷稅的。可是國家主要收入是田賦，一切徭役雜捐，亦是按田畝征派，政府既未因王府强佔，豪猾欺隱，減少征額，於是一切都轉移到小民身上。

明朝中葉以後的小民，尤其是農民的痛苦，是比從前所謂農奴社會，更爲厲害的。他們沒有另外的生產技術，所依以爲生的，只有土地，土地被一切特權階級巧取豪奪以後，他們的生活，已經很困苦；但他們失去了土地，仍要負擔租稅。先說田賦，因爲豪猾欺隱的原故，而產生了所謂包征制，由小民輪充糧長，征不足額，就要包賠。什麼叫包賠？「戶止有一二人，則必令賠一戶之錢糧，甲止有一二戶，則必令賠一甲之錢糧，等而上之，一里一縣，無不皆然。」（馬懋才疏）包賠的結果又如何？據李康惠奏疏：「家有千金之產，當一年，（糧長）即有乞丐者矣；家有丁壯十餘，當一年，即有絕戶者矣；每歲一換，朋當之，始也破一家，數歲則沿鄉無不破者矣！」這是殺小民以養豪右猾民的辦法。（張稽古的均糧記，曾極言小民無地有糧之害。）

再說徭役，以丁爲率，即古代所謂「力役之征。」這是田糧以外，直接取之於人民的最大征求；自國家所需人力物力，以至地方官吏的私人所需，都包括在內。徭役到了何種程度？只看劉光濟奏疏便知；他說：「……有加一倍至數十倍者，小民困累已極，役重費繁，力不勝任，積十年之費，以待一年之輸，是以一年當差，九年不得蘇息，而傾家蕩產者相比！」（以上見明會要明臣奏議等）僅是當差納糧，已是這等嚴重！於是小民不願有田，甚至不願有家，一部份甘願作牛馬，將田地獻與豪右，爲他們作奴隸，以避官吏追比之苦，只要幸而不破家。因此，奴隸漸多；「人奴之多，吳中爲甚，仕宦之家，有至一二千人者。」（日知錄）另一部份，是棄家逃亡；據蘇撫周忱說：「以太倉一城考之，洪武黃冊，爲八千九百餘戶，而見戶七百三十八戶，其餘皆逃絕虛報之數。」更要緊的是：「以七百餘戶，當八千九百餘戶之稅糧。……」（皇明文衡）不能逃亡的。於鬻子於鬻妻之後，繼以「鬻身。」這證明了征額未減，都轉嫁到小民身上了。

除此之外，還有一些農民，於獻田或家產蕩然以後，淪爲佃農。佃農不須納糧，但地主剝削，十分厲害；「歲僅秋禾一熟，一畝之收，不能至三石，少者不過石餘，而私租之重者，至一石二三斗，少至八九斗。」因爲地主過分剝削，故「至有今日完租，明日告貸者。」

這種情形，雖不敢說遍地皆然，但至少大部份是如此。特權階級，佔盡了天下利源，又復恣意剝削，這不僅是違法，並且嚴重影響國家經濟；因爲經濟基礎是農業，農民不能安於其業，農業當然不會發展。這是當皇帝的人，所不能容忍的，國家總不該只要少數特權階級，而不要多數人民。可是，皇帝居然能容忍這種不平現象；不但容忍，而且有意無意之間，保障非法，獎勵非法。譬如嘉靖年間，海瑞在蘇撫任內，對於土豪劣紳，稍加裁抑，便被劾落職，他的罪名是「魚肉搢紳。」得罪了幾個土豪劣紳，便要受撤職處分，誰還敢爲國家申法紀，爲人民申寃抑？（在明朝少數廉直官員，因得罪豪右，被革職，被下獄的，不勝枚舉。」於是逼得人民無路可走，只好羣起爲盜，有的「入城市，刼府庫；」有的殺豪右以洩忿；甚至「京師十里之外，大盜十百爲羣。」這已足够說明嘉靖年間社會混亂情形。社會如此。朝堂又如何？

此處單說嘉靖末年的幾任首輔：先是嚴嵩和夏言鬬法，接着是徐階高拱等共鬬嚴嵩，接着又是高徐互鬬；都只是爲權勢，與政見無關。鬧得一半道士一半皇帝的明世宗，無法容忍，殺了夏言，並趕走了嚴嵩；但他對於夏言嚴嵩兩人，孰爲優劣，全無認識；他只知道他會命閣臣戴道士帽，嚴嵩恭順，照戴着進宮謝恩，夏言以爲失體而抗命；所以殺他時，還特地提到「香葉冠。」世宗是中外古今唯一「臥治」天下的皇帝，他日夕所接近的，不是太監嬖倖，便是方技之士，（道士居然官至三孤，作尚書者，更不止一人。）都是小人。從前齊景公問晏平仲「爲政何患？」他說：「患善惡之不分。」又問：「何以察之？」「審擇左右，左右善，則百僚各得其宜，而善惡分。」孔夫子聽了這段答話說：「此言也，信矣！善進，則不善無由入矣；不善進，則善無由入矣。」（晏子春秋）皇帝左右，既然都是壞人，則好人自必無法容身，政治亦自然不會辦好。

由於皇帝昏憒失政，於是內外敵人，乘機蠢動，社會更加混亂。嘉靖一朝，內亂外患，見諸記載者：有六年田州蠻變。七年斷藤峽傜變。十二年大同兵變。廿一年，俺荅寇山西。廿二年朶顏入寇。廿八年俺荅入寇。同年倭寇浙東。廿九年，俺荅犯京師。卅一年，倭寇江浙。卅二年，俺荅大舉入寇，倭寇南滙等地。卅三年，倭寇江浙。卅四年，倭大舉寇江浙，直至南京。卅八年，愛辛寇灤河，倭寇閩越。四十一年，土蠻犯湯站堡。四十二年，倭寇閩粤浙江；同年，俺荅犯三河。四十五年，俺荅犯大同。

國家發生了戰爭，而主管軍事的兵部尙書，却多數不知兵，因爲皇帝不是循正途用人，而以左右之好惡爲取舍；四十年間，一共調換了二十六個兵部尙書，而於軍事，毫無補益。連年用兵，有時動員至百萬人，一年用在軍事上的錢，多至五六百萬兩，比歲入還多一倍；入不敷出，則加派捐稅。如此情形，焉得不勞民傷財？

總之，當時的政治，是非常窳敗的，根源就在於皇帝獨裁，濫用威權。「天子之所是，皆是之，天子之所非，皆非之。」（墨子尙同篇）「皇上誤舉，臣下誤順。」誤舉是尙可補救的，誤順則無可救藥。所謂誤順，是皇帝顢頇，臣下明知其錯，明知要誤國誤民，而希意承旨，務爲將順；於是國家的事，往往天下人努力爲之不足，一人敗之有餘。在這種情形下，只有皇帝誠心反省，屛棄奸佞，任使賢能，振作奮發，下決心「洗數十年之積誤，亦使臣下得洗數十年阿諛之恥，」（海瑞語）政治乃可望清明；捨此，更無他法。但這是幻想，皇帝已定型，完全硬化，如何可以再塑造？以世宗而言：幾十年中，宰相天天獻「青詞，」歌頌功德；疆臣天天報祥瑞，稱道熙洽；「方士獻煉服之書，伶人奏曼延之戲；」皇帝遂自以爲「德邁九皇，功蓋五帝。」天下已是太平盛世，又何須改弦更張。退一步講：卽使皇帝有萬一悔改之念，其左右嬖倖僉壬之流，亦斷乎不會讓他悔禍；因爲他們利在黑暗，政治愈黑暗，愈好予取予求。既然皇帝不能幡然悔悟，政治上一大死結，便永遠無法解開。

朱王家變本加厲的獨裁政治，不僅誤國誤民，而他們自己亦陷於泥淖，無以自拔。明朝中葉以後，已成魚爛之局；這個時期的知識份子，亦隨之走上墮落之路，再沒有人敢於說以天下國家爲己任了，一般都處於痲痺狀態。比較清醒的人，不是沉於下僚，韜光隱曜，氷雪自保；便是遠遠的離開政治，攻苦食淡，潔身自好；他們的出處不同，而其心境沉痛，則是一樣。剩下多數現實主義者，趁着混亂，利用混亂，蠅營狗苟，攘奪利祿，且圖眼前享受，誰復管身後是非。並且這一類人，在社會上，更容易佔便利，或驟躋顯要，或盤踞要津，往往名利兼收。靡靡之風，瀰漫天下！爲明朝計，很難想出一個更生辦法。

江陵初到北京，看到了這種情形，不勝感慨！他寫信給朋友說：「長安碁局屢變，江南羽檄旁午；京師十里之外，大盜十百爲羣；貪風不止，民怨日深；安得磊落奇偉之士，大破常格，掃除廓清！」這話是很對的，在這種時候，除了非常人用非常手段，澈底澄清，如何能挽狂瀾於既倒？但他却未預料到他所謂「大破常格掃除廓清」的，就是他自己。以他的才氣，作一高官，自在意中；而「以一豎儒，立於天下臣民之上」，代王行政，則是他初料所不及的。假設他如不是靑宮舊臣，穆宗如不早逝，嗣君如不是童騃，高拱如不因驕橫得罪而去，孝定李后如不特別倚重，他雖有蓋世之才，亦無所獲施；這是際遇。「古之聖賢豪傑，負才德而不遇時者，多矣！」使江陵不遇時，不過翰林院一名士耳，嘯傲風月，詩酒自娛，老死牖下，與草木同腐；安得旋乾轉坤，以成蓋世的功業。

三　江陵讀書時代

人類有一事，卽再歷千百萬年，亦無法均等的，就是智慧。人類智慧，何以會有高低？據王充解釋：是由於受氣有厚薄；亦卽先天稟賦，各有不同。所以有人能夠聞一知十，有人只能聞一知二。如江陵其人，稟賦之厚，是有異於常人的；他年才三歲，便能識字，五歲入學，授句讀，俱能記誦，十歲已通六經大義，有神童之稱。他的原名是張白圭，因他十二歲考秀才時，荆州知府李士翔很器重他，爲他改名爲張居正，字叔大，別號太岳。地以人重，人因地名，他成名以後，大家都稱他爲張江陵；一直到現代，稍微讀過書的人，一提到江陵地方，便會連想到這位偉人。

李士翔之所以器重江陵，是因爲他發覺江陵才氣過人，還說：「異日當爲王者師。」當時主持考試的學使田頊不相信，以爲過譽，曾以奇童賦爲題，面試其才；江陵「援筆立就，無所點竄；」田頊至此才驚服！並以爲漢代才士賈誼，還比不上他；遂補博士弟子高等。

江陵十三歲應鄉試，巡撫顧東橋，「一見卽許以國士，」說：「昔張燕公識李鄴侯於童稚，吾其庶幾。」他器重江陵，不亞於李士翔。顧東橋是當時名士，眼界很高，是不輕許人的。明代的人才，確是太少了！或許就因爲這個原因，他有意爲國家培養人才，他知道江陵是奇才，但嫌其早熟，不能成大器，特囑學使，從緩錄取，以資磨練；考官陳束已荐卷，「主事者，用顧言，置毋第。」因此，江陵遲了三年，才得中舉。

嘉靖二十三年，應禮部試，竟然落第了。據江陵自己說：「妄謂區區一第，唾手可得，乃棄本業，而馳騖古典。」（示季子懋修書）他所謂本業，就是八股時藝；他可能是因爲看不起那種無益有害的八股時藝，才落第的。（他亦可能是在中舉之後，經過顧東橋等的啓迪，知道八股時藝，不是學問，才馳騖古典的。）可是，八股時藝，雖是害人的東西，却非此不能考取進士；「仕進無他途，」非考取進士不能獻身政治，展其抱負。加上江陵的父親張文明，七舉不第，他自然渴望兒子成名。種種原因，不容他不遷就。嘉靖二十六年，他二次應禮部試，中二甲進士，授翰林院庶吉士；這時他年二十三歲。

庶吉士是從進士中挑選出比較優秀的人，一面讀書，一面觀政，亦可說是候補史官，屬於淸貴官職。在當時並有「儲相」之稱，頗爲人所羨慕；因爲一轉可入翰林，再歷學士等過程，就有入閣拜相的希望。但亦不是人人都有此希望的，在當時作官，仍別有門徑，如不善於奔競鑽營，如無强有力者爲奧援，並不一定能躋身顯要，與聞大政；因爲考試與銓衡，久已脫節，學問好，不一定能做大官。江陵沒有奧援，更不屑於奔競，只好埋頭讀書。這一段時間，對於他一生事業，關係最爲重要，因爲他是讀書秘閣；「中秘書在文淵之署，近百萬卷，乃秦漢至寶，屢購所積。」能見到平常所不易見到的文獻，使他對於政治上許多利弊得失，得到更深一層之瞭解。二十五歲升翰林院編修，他在此時寫過一篇論時政疏，所論要點是：「宗室驕恣，庶官瘝曠，吏治因循，邊備未修，財用大虧；」這比他會試陳策，更爲切近實際政治問題。

但他人微言輕，皇帝亦不需要這種文章，很久以來，「廷臣喪氣，以言爲諱，」沒有人論時政；這是冒不測之險，費力而不討好的事。江陵經過這次嘗試，可能感到政治重病，不是一人一言，所能挽救，於是借病請假於嘉靖三十年回籍。文忠公行實說：「既得歸，卜築小湖山中，終日閉戶不啓，遂博極載籍，貫穿百氏，究心當時之務，蓋以爲儒者當如是；其心固謂與泉石相宜，翛然無當世意。」這一段話，顯示他一面有用世之心，一面又有終老之志。在山居時期，他自己的作品，亦頗流露了這種矛盾意識；如登庾樓詩，有「風塵暗滄海，浮雲滿中州，極目心如惄，顧望且懷愁！且共恣嘯歌，身世徒悠悠。」等句。聞警詩，有「間道絕須嚴斥堠，清時那忍見氈裘？抱火寢薪非一日，病夫空切杞人憂！」等句。酬曹紀山詩有「故人知我煙霞心，遙傳素毫寄雲林；……休言大隱沉金馬，且弄扁舟泛碧濤，」等句。詠寶劍詩，有「平陵男子朱阿游，直節不肯干王侯，丈夫磊砢貴有此，何能齷齪混泥滓？」等句。割股行，有「捐軀代親尚可爲，一寸之膚何足惜？……我願移此心，事君如事親，臨危憂困不愛死，忠孝自古多芳聲！」等句。從這些詩句看來，頗有進退難於自必的樣子。可是，這種矛盾心理，可以說是千古有志之士所同然，他們亟於以才力濟天下之急，致君澤民，名垂竹帛；而遭逢亂世，無法馳騁其才力，身在林泉，心在廊廟，是人情之常；這和熱中功名的人，是不可同日語的。

嘉靖三十六年，江陵假滿復出；據他自己說：「甲寅不肖以病謝歸，前後山居者六年，有終焉之志，先君居忽忽不樂。……不得已，復出，先君乃大喜。」（觀瀾公行略）這是說他父親不願意他終老林泉，才復出山。其實，他大可不必解釋，像他這種才略蓋世的人，是應該用世的；要政治上軌道，必須賢能肯於爲國效力，朝堂之上，賢能日多，君子道長，奸邪之徒，無所用其技，政治才有修明希望。不久之後，江陵以翰林院修撰遷右春坊右中允，兼國子司業。旋奉命主編承天大志；這一類事，向例是由大學士或尚書等大員主持，江陵以中允驟擢副總裁，當時稱爲異數。承天大志，始於嘉靖三十九年，歷兩年未就，江陵以八月時間畢事；其中重要部份，如紀傳之類，最難措辭的，皆出於他之手。據說世宗欲速其事，徐階特荐江陵；（他們之間有師生關係，這是可信的。）稿成進覽，世宗對江陵文章，極爲欣賞，因擢遷爲右諭德，兼裕邸侍讀。嘉靖四十五年，再遷翰林院侍讀學士，掌院事。這仍是文人事業，直到世宗死時，江陵沒有參與實際政治工作，他的精力，都用在讀書方面，所以他能够「積之至厚，蓄之至深。」

從庶吉士以至裕邸侍讀學士，（正五品）雖是遷轉很快，地位日高，而江陵始終默默然不露圭角，亦少接近權貴；原因是世宗愈到晚年，愈益昏憒，猜忌箝制，毫不放鬆，甚至連好話壞話都分不清。楊繼盛是江陵同年，請皇帝驅逐嚴嵩，以別忠奸，這是天下人的公意；而結果却是廷杖一百，再下詔獄。同時內閣暗鬬正烈，如不持重，隨時可捲入漩渦。江陵冷眼旁觀，只好超然事外，「抱藏守時。」可是，儘管他不露鋒芒，他的才氣，早已被別人所重視。周聖楷的張太岳傳說：「時少師徐階在政府，見公沉毅淵重，深相期許。」明史本傳亦說：「嚴嵩爲首輔，忌階，善階者皆避匿，居正自如，嵩亦器居正。」這兩段話，說明了江陵能出人頭地，並不是憑藉人事關係。大丈夫當高視濶步，獨來獨往，依附權貴，刺鑽功名，在江陵看來，是可恥的。

四　政治事業之發軔

穆宗隆慶元年，江陵由侍讀學士，升禮部右侍郎；旋進吏部左侍郎，兼東閣大學士。同年，再晉禮部尙書，武英殿大學士，預機務。這是宰相職分。這一年，江陵年四十三歲，在閣臣中算最年輕；他能夠越過儕輩，與聞大政，和他當裕邸侍讀，不無關係。不過，侍讀並不止一人，嘉靖二十六年進士，還有殷士儋，亦是裕邸侍讀；而同時入閣的，則只有陳以勤和他兩人，（陳以勤在科名中，輩分比他高。）可見他不全是靠「甘盤之舊」的關係。王世貞首輔傳說：「當居正之進閣，閣臣凡六人，居正最後拜；獨謂『輔臣體當尊重』，於朝堂倨見九卿；無所延納，而間出一語，輙中的，人以是畏憚，重於他相矣。」朝堂是政本所在，是應該稍講禮節，保持一種嚴肅氣象的；若是大家見面，嬉笑怒罵，就未免有損威儀。孔夫子不是說過「君子不重則不威」麽？「獨引相體」，不應說他是倨傲；却又不能不使人驚異！因爲從前的大學士，並無所謂威儀。英宗時代公卿議事東閣，見了太監王振，都連忙趨拜，稱爲「翁父」。武宗時代，大學士稱太監劉瑾爲千歲，自稱門下。有些大臣，竟然在朝堂互相打罵。朝堂之上，談風花雪月，乃至睹經嫖經，言不及義，由來久矣！

至於所謂延納，亦不是爲國家延攬人才，嘉納善言，而是自我宣傳，欺世炫俗，以要時譽；這在當時，亦已成風氣。卽如徐階那樣長長的一把鬍子，所謂年高德劭，亦須「人趨亦趨，人騄亦騄，」

做延納工作，博「折節下士」之名。爲何有此風氣？那是因爲官吏本身不健全，都做過不可對人言的醜事，因之不敢板起面孔，講什麼威儀。江陵初入政府，便板起面孔，毫不隨和，自然會被人指爲驕亢倨傲。其實，他並無這種意念；他剛入閣，便擺出臭架子，就顯得太小器。他要「敬愼威儀」，是有原因的。

一層是穆宗以前，很多皇帝，常常多少年不臨朝，甚至和大臣亦少見面；官員們久已不重視禮節。朝堂之上，亂七八糟，連皇帝也看不順眼；下了條子，說：「朕近來每視朝，見百官穿雜色衣服，繫雜色帶，都不按品級；又行禮之際，咳嗽吐痰；……著該科並鴻臚寺指名參奏。」江陵奏疏亦說：「朝參之禮，委覺少懈，百官衣帶，多有僭越；入班之時，吐唾在地；進退行走，舒徐搖擺；謝恩見辭，致詞不恪。……」當宰相的人，「儀型百揆，」是應該爲僚屬作楷模的。

二層是他想作一番事業，不得不講體統。自從朱元璋濫殺立威以後，學優而仕的人，都被專制淫威，折磨成了鄉愿之尤，不痛不癢，無是無非。更加相應而生的社會邪氣，迫使許多根性薄的人，忘却了禮義廉恥！（如要做官，亦必須忘却那些贅累，方能長享榮華富貴。）當時，皇帝用人的標準是巽順，是柔恭；社會衡量人的標準，是背景；而官場評隲人的標準，則是人緣；品學才德，倒在其次。「凡陋無可否，則曰得體；與世浮沉，則曰有量。」（宋史羅點傳）江陵近似倨傲，人緣自然不會好。但他立志要做「磊落奇偉之士，」要澄淸天下；如果他爲人緣，而厚着臉皮，和那班鄉愿，一齊滾進爛泥坑，同流合汚，他將一無所爲。在談到國家體統時，他說：「朝廷馭下，以大制小，以尊臨卑，若其與卑小者，交關行事，則尊大者無權，不能領衆，天下日益多事；朝廷體統，亦甚褻矣。」（答王崇古書）這是很要緊的；若是長官與部屬，常在一起胡混，——票京戲，打羅宋，搓麻將，逛舞廳，進特種酒家，甚至上下其手，營私舞弊，便必定失去領導作用，不僅有褻官常而已。

隆慶元年的首輔是徐階，二年是李春芳，五至六年是高拱，江陵一直是他們的副手。徐階頗有能力，但過於老成持重，是「內抱不羣，外欲渾跡」的人，亦即是世故很深的人。李春芳是拿定宗旨，「務安靜主意，」不讓皇帝生氣，是但求無過的人。高拱能力頗强，亦頗有朝氣，但欠沉着；而且秉政時間很短，談不上重大建樹。穆宗比他父親溫和，但不是有爲之主，不止庸俗，並對政治感到厭棄。「朝講希御，政無所裁決，近倖多緣內降得厚恩。」（明史陳以勤傳）這亦難怪，深宮之中，粉白黛綠，列屋竝居，爭妍鬬艷；穆宗既愛女色，又好游樂，自然厭棄政事。江陵當日在內閣，算是後進，亦算是初次參與實際行政，他的權力亦很有限；但在這六年中，定大計，決大策，都離不開他；穆宗時代，在政治上有些建樹，很多是出於他的策劃。

隆慶二年，江陵寫過一篇有名的陳六事疏，要領是：省議論，振紀綱，覈名實，重詔令，飭武備，固邦本。這一篇洋洋灑灑的大文章，所論列者，都爲當時政治上實際問題，標本兼顧，又很平實，無浮泛語，可謂體大思精之作。隆慶以後，江陵用以治國安民的一切政策，大都由此引申發展而來。其中有甚多理論與見解，在今天看來，依然有可資借鏡的地方。茲摘錄原疏要點，並略說明於次：

一、「……議論太多，或一事而甲可乙否，或一人而朝由暮蹠，或前後不覺背馳，或毀譽自爲矛盾；是否淆於唇舌，用舍決於愛憎；政多紛更，事無統紀。……事無全利，亦無全害，人有所長，亦有所短；權利害之多寡，酌長短之所宜，委任責成，庶克有濟。……掃無用之虛詞；求躬行之實效，一切章奏，務從簡明，是非可否，明白直陳，勿得推諉，徒托空言。……計謀已審，卽斷而行之。……」明人議論極多，「世宗之世，門戶漸開，居言路者，各有所主，故其時不患不言，而患其言之冗漫無當，與心之不能無私；言益多，而國事愈益淆亂。」(明史王治等傳贊)「以媢嫉之心，持庸衆之議，計目前之利，忘久遠之害。」(答王鑑川書)……這種風氣，對於政治影響，是很大的！如不糾正，至少必蹈宋人之覆轍，使得「正救之力少，附和沽激之意多；扶持之意少，詆詈搖扇之意勝。」(宋史李知孝傳)使得「知事者，不敢任事；畏事者，常至失事。」(宋史曹彥約傳)江陵是勇於任事，主張卽說卽行的人；亦卽是眞講「知行合一」，而反對坐言而不起行的人。他厭惡空言無實的壞風氣，故主省議論，務實際，以懲其弊。

二、「紀綱不肅，法度不行，上下務爲姑息，百事悉從委徇；以模棱兩可，謂之調停，以委曲遷就，謂之善處。法之所加，惟在於微賤，而强梗者，雖犯法干紀，而莫之誰何。……刑賞予奪，一歸之於公道，而不曲徇私情；法所當加，雖貴近不宥，事有所枉，雖疏賤必申。」

紀綱之敗壞，始於少數有權勢者之骫法撓法，背公滅法，以濟其私；久而久之，遂致「無人不私，無事不私。」要振紀綱，就必須法施一概之平，使上下貴賤，在法律之前，一律平等，國家法紀，才會被人民尊重，政令才得遂行無阻。這亦是針對當時積弊而發，非如此，不足以恢復政府之威信。先解決了前面兩大問題，始可以言興革。

三、「欲用舍賞罰之當，在於綜覈名實而已。……牛驥以並駕而俱疲，工拙以混吹而莫辨，才烏得不乏？事烏得有濟？今稱人之才，不必試之以事，任之以事，更不必考其成；及其僨事之時，又未必名正其罪。……一事之善，終身借之以爲資，一動之差，衆口訾之以爲病。加以官不久任，事不責成，更調太繁，遷轉太驟，資格太拘，毀譽失實。……官守旣失，事何由舉？……愼重名器，愛惜爵賞，用人必考其終，授任必求其當；有功於國家，雖千金之賞，通侯之印，亦不宜吝；無功於國家，雖敝袴之賤，嚬笑之微，亦勿輕予。用舍進退，一以功實爲準；勿徒眩於聲名，勿盡拘於資格，勿搖之以毀譽，勿雜之以愛憎，勿以一事概其平生，勿以一眚掩其大節。」

這都是針對積弊而發。譬如說資格，在當時，就是一個嚴重問題，直接間接、影響政治，而爲人所未曾注意者。明朝開創時期，用人失之過濫，儒士可以驟躋四輔，縣令可一躍而爲九卿。洪武以後，又矯枉過正，嚴限資格，（出身與經歷）非進士不能入閣，故科名以進士爲貴。亦非進士不能做官，舉人貢士，只能做到郡縣佐貳爲止，故有「舉止於舉，貢止於貢」之說。只要是進士，就必授官；只要經過例定時間，就必升遷。這種只問出身，不論才學，只問年資，不論功過的用人辦法，利少弊多，是很明顯的。（八股取士傷濫，不能羅致眞才，前人屢屢論及。我在前面曾提到另一政治家李德裕，他就是不屑於考進士的；就才學而言，唐朝進士，就很少有人能及上他。）顧炎武曾極言資格之弊，他說：「今賢才之伏於下者，資格閡之也；職業之廢於官者，資格牽之也；士之鮮廉寡恥者，爭於資格也；民之困於虐政暴吏，資格之人衆也；萬事之所曠弊，百吏之所廢弛，法制之所頹爛潰決，而不之救者，皆資格之失也。」（見日知錄）又如所謂「一善之事」與「一動之差」，如不虛心體察，便不能究其情弊；不知情弊，用舍進退，便不能一歸於公道。任何好人，都有偶爾的差錯；同樣，任何壞人，亦會有偶爾的好處。趙高「精廉强力；」王莽「謙恭下士；」盧杞「惡衣菲食；」李義府逢人「嬉怡微笑，貌爲柔恭。」我們怎可就認定他們是好人？明朝皇帝既喜以耳代目，朝臣又務吹毛求疵，人才多致沉埋，故江陵力矯其弊。

四、「朝廷詔旨，多廢格不行，抄到各部，概從停擱，禁之不止，令之不從，文卷委積，多致沉沒。……凡大小事務，既奉明旨，須數日之內，即行題覆；合行勘議問奏者，亦當酌量事情緩急，道里遠近，嚴立限期；違限不行奏報者，從實查參，坐以違制之罪。吏部即以此考其勤惰，以爲賢否；然後人思盡職，事無壅滯。」

重詔令之目的，重在提高效率。專制政體之特質，爲政治權力集中在朝廷，所謂「禮樂征伐，自天子出。」郡縣守令，以至封疆大吏，都只能奉行命令。朝廷如無威信，官吏便有玩心，「故征發期會，動經歲月，催督稽驗，徒具空文。」「更有查勘一事，而數十年不完者。」於此可見當時政府威信之低落；政府無威信，任何良好政策，都無法實現。

五、「虜患日深，邊事久廢。……今論者皆曰『兵不足，食不足，將帥不得其人。』夫兵不患少而患弱；按籍征求，淸查隱占，隨宜募補，着實訓練，何患無兵？捐無用不急之費，併其財力，以撫養戰鬪之士，何患無財？懸重賞以勸有功，寬文法以伸將權，忠勇之夫，孰不思奮，又何患無將？獨患無奮勵激發之志！因循怠玩，姑務偸安，則雖有兵食良將，亦恐不能有爲。……乞下戎政大臣，嚴申軍政，設法訓練，試將官之能否，觀軍士之勇怯；技藝精熟者，分別賞賚，老弱不堪者，即行汰易。」

明朝中葉，軍政窳敗，將領多由賄賂得官；他們化錢買官，而取償於軍費，故人稱之曰「債帥。」他們於侵尅軍費之外，還「辦納月錢，」即放債於部屬，而重利盤剝之。……因此，「將帥之令，不行於偏裨，偏裨之令，不行於士卒。」嘉靖二十九年，俺荅犯京師，「集諸營兵，僅得四五萬，冊報皆虛數。……在伍者皆老弱，泣不敢前。」江陵所謂「飭武備，」雖只略舉要領，但已把握重點；譬如要士氣旺盛，就必須有奮發激勵之志；要士卒戰時奮不顧命，就必須平時善爲撫養；要將領指揮若定，就必須授予必要權力。國家財力有限，要厚養戰鬪之士，就必須捐不急之費，挹彼注此。如其一面養着龐大軍隊，一面聽任浪費，不知撙節，到入不敷出時，但知增加捐稅，致使民窮財盡，社會先崩潰了，軍隊亦必隨之崩潰；明王朝末年，就是在此種情形下崩潰的。

六、「自古雖極治之時，不能無夷狄盜賊之患，惟有百姓安樂，家給人足，則雖有外患，而邦本深固，自可無虞。惟是百姓愁苦思亂，民不聊生，然後夷狄盜賊，乘之而起。……當民窮財盡之時，若不痛加節省，恐不能救。凡不急工程，無益徵辦，一切停辦，敦尙儉素，以爲天下先。愼選良吏，牧養小民，賢否殿最，以守己端潔，實心愛民，乃與上考稱職，不次擢用。……今風俗侈靡，官民服舍，俱無限制；豪强兼併，賦役不均，偏累小民；官府造作，欺侵冒破，奸徒罔利，有名無實；各衙門在官錢糧，漫無稽查，假公濟私，官吏滋弊；凡此，皆耗財病民之大者。但求其害財者而去之，則亦何必索之於窮困之民，以自耗國家之元氣？……以後上下惟務淸心省事，安靜不擾，庶民生可遂，邦本獲寧。」

國家奢靡浪費，耗財病民，皆自上而下，風行草偃，勢所必然。明世宗穆宗，都是窮奢極欲的皇帝，嘉靖時「帑銀屬內府，計臣不得稽贏縮。」穆宗時，「內租稅至多，而歲出不置籍。」所以使得「百姓嗷嗷，莫必其命。」江陵這一條的宗旨所在，爲安民生，即求人民生活之安定。「教化之本，在乎足衣食。」（杜佑通典）「衣食者，民之本也，民者國之本也。」（劉勰新論）「本固邦寧，」故曰固邦本。

陳六事疏，在今日視之，似屬平常，而在當時，皆屬當務之急。惟明王朝久已無人講根本的興革大計，朝臣過慣了混與騙的日子，總覺多一事，不如少一事，（雖說前方仍在打仗，雖說遍地都是盜匪，而大家願意抱火寢薪，願意用紙包火，非至焦頭爛額，不肯承認失敗，這是很可嘆息的事。）穆宗雖不像他父親那樣剛愎自用，但對於臣庶建言，深閉固拒，父子兩人，如出一轍。或許因爲江陵名望及裕邸侍讀的關係，穆宗竟然許爲「深切時務；」立刻交各部審議，付諸實施。這對於一個有卓識遠見，而志在救國的人，是一種鼓勵，對於江陵，更爲重要；如果他的政見，不被重視，他就會失去信心，至少他在隆慶時代，不會那樣積極，以一普通閣臣，而任天下之重。

我說隆慶時代，江陵在內閣，主持國家大計，不是憑想像而臆造的。舉例來說：當時和戎安邊，這樁大事，就是由他定策，並且力排衆議，促其實現的。朱元璋雖是取代了元朝，却並未解決問題，當南京建立新王朝時，元順帝及其子愛猷識理達臘，仍在開平與和林稱帝；成吉思汗的子孫，終明王朝之世，一直保有武裝力量，（蒙古人的勢力，雖被逐出邊牆，但到明朝末季，仍是很強大的。「喀爾喀居漠北之蒙古故地；其西土蠻及畏吾兒之故地，則爲準噶爾諸部；而察哈爾及鄂爾多斯諸部，則在大漠及長城之間。」（多桑蒙古史）。於此，可見他們所佔地方廣大，及對明朝西北邊境之威脅。）一直與明朝爲敵；所謂三邊九塞，也一直烽火不熄；有時且衝進邊牆，直逼北京。

嘉靖時代，土蠻、俺荅、吉囊各部，都控弦幾十萬，時常來侵犯；明朝亦常動員上百萬軍隊，且戰且守，勞民傷財，而戰守都未見功；世宗爲此殺過薊遼總督，兵部尚書，可見情勢的嚴重。明朝亦曾嘗試綏撫政策，開馬市，通有無，以期換取和平；嘉靖十六年，俺荅亦曾求貢；只因「廟堂失策，制禦乖方，」而失去了和的機會，終於沒有成功。不能成功的原因，主要的是：一、浮議太多，朝廷無人作主。二、敵人反覆無信。三、戎政廢弛，守不能堅，和亦不能久。而朝臣畏首畏尾，爭功諉過「計私家之害，忘公室之利，」亦是重要原因。由於這種種關係，在軍事上，形成了一個拖的局面，無人敢於主戰，亦無人敢於主和；……特別是主戰派的夏言曾銑，先後被殺以後。

隆慶四年，宣大總督是以知兵着稱的王崇古，有一天，突然接到江陵私函，大意說：「虜酋有孫，率十餘騎來降，公宜審處之。」這是指俺荅之孫，把漢那吉投降事。此時王崇古的報告，尚未送到北京，而江陵已先得到消息，有所指授；可見他所說：「僕內奉宸扆，外憂邊境，一日之內，神馳九塞，蓋不啻一再至；」並非虛語。

俺荅是當時一股最强大的敵人，能夠羈縻他，國家就可以舒一口氣，省下金錢，爭取時間，切實整理邊備。正如王崇古的奏章所說：「朝廷若允俺荅封貢，諸邊有數年之安，可乘時脩備；設敵背盟，吾以數年蓄養之財力，從事戰守，愈於終歲奔命。」其實，還不止此，較此更要緊的，是要打破敵人陰謀；因爲這時漢奸趙全等，正慫恿俺荅做皇帝，教他據雲中上谷，堵塞雁門，封鎖居庸，然後以全力對付晋代。此一形勢，一旦造成，便突破了明朝防衞線，使其首尾不能相顧。俺荅本來就甚爲狡黠，如果他更進一步，聯合塞外各股力量，分途進擾，他就有資格和明朝爭天下。這時候明朝的武力，是外强中乾的。江陵久已留意邊事，熟知內外形勢與危機，任何可以獲致和平的機會，他都不會放過；於是他力主藉此機會，誘致俺荅就範。但這是很困難的。

困難不止一端，首先是皇帝要保百年無事，否則要治首事者之罪。其次是一班糊塗言官，說是說非，徒亂人意。（封貢事正進行中，就有人彈劾方逢時，說他通敵。）再次是把漢那吉，是因爲他老爺子强佔了他的漂亮妻子三娘子，忿而出走，俺荅並不迫切希望他回去。再次是有甚多漢奸送情報，俺荅很明白明朝的國情，——兵蕪將弱，民窮財盡，並不是名符其實的上國。最後是江陵所提條件，要俺荅納貢稱臣，不再犯邊，還得將叛徒交還。這太苛了；有此數因，如何能成功？可是江陵有決心，有成算，經他悉心策劃之後，終於達到了目的。因爲一個困擾了明王朝幾十年之久，曾經打到北京，最稱狡黠的强敵臣服，不再犯邊；一個最主要的邊防線，也就不須打仗了。國家最忌的是連年打仗；不打仗，才有建設機會。所以，我說是一樁大事。江陵在事後答王崇古書中說：「僕受國厚恩，死無以報，處降納叛，以身任之。」可見這樁大事，是他負責做成；亦只有他有此魄力。萬曆年間，江陵和張心齋談起往事，說：「當時紛紛之議，皆以爲不可許，僕獨以爲可；皆以盟約爲不久，僕獨保其無他。」他能「獨以爲可，保其無他」；固然是由於善於料敵，亦實由於他魄力過人。

五　獨當大任時期

由於江陵之志量才略，高出儕輩，又能忠於謀國，勇於任事，高拱去位，首輔重任，自然落在他的肩頭上。隆慶六年，神宗卽位，只有七天，高拱便被「攬權擅政，威福自專」的罪名，勒令解職回籍閒住。顧命輔臣，只剩下江陵與高儀兩人了；高儀在隆慶三年始任禮部尙書，六年始入閣，論能力資望，都遠不及江陵。於是神宗詔令江陵晋位少師，兼太子太師，建極殿大學士，實任首輔；一直到萬曆十年止。這十年中，內閣輔臣，有時是二人，最多不過五人，除去他自己，另一個或四個人，都無法和他比較；他們可能在事務上，稍有助益，在政策上不會有何影響力；所以我說是獨當大任。

受遺輔政，任兼師相，權勢煊赫，讀書人至此，可謂榮寵已極。但往往只是曇花一現；因爲很多人到了這種躊躇滿志的時候，趾高氣揚，「驕泰以失之。」至於江陵，則自始及終，抱着一種感奮的心情，時時感到責任重大，履薄臨深，精誠獨注。在答李中溪書中，他說：「當主少國疑之時，以藐然之軀，橫當天下之變，此時惟知辨此深心，不復計身爲己有。」這是實話；他面臨一個旣窮且亂的大國，無處不是困難。而且歷史上每逢這種時候，貴戚、皇族、太監、武人，都會揷手進來，爭奪權勢，干涉政治；一個孤立無援的書生，是很難應付的。東漢因爲「主少國疑，」所發生的變亂，間接促成了劉王家瓦解，是人所皆知的事。江陵此際，所面臨的困難，比之前朝，尤有甚焉。

其一、神宗卽位時，只有十歲，和其他娃兒皇帝一樣，生於深宮之中，長於婦寺之手，懵懵然，一無所知。從來皇帝死後，嗣君年幼，大權多半落在婦人手上；皇室婦女，又多半和宦豎接近，容易受小人蠱惑。孔夫子早說過：「惟女子與小人，爲難養也。」現今江陵的上司，是兩宮太后，爲兩宮太后作軍師的，是大太監馮保；江陵要盡到顧命輔臣之責，在政治上有所展布，首先要得到兩個女人——尤其是神宗生母李貴妃的信任，還須得到馮保的合作。如其不然，不用說兩宮太后，只憑馮保講一句話，便可將他趕走。高拱不也是顧命首輔麽？只因得罪馮保，只好黯然回家閒住。

其二、朱元璋殺胡惟庸，廢除宰相制，五府六部，直屬於皇帝，實行獨裁政治。但皇帝才能精力有限，又包辦不了，只好用史官爲隨從秘書，以濟其窮。「學士資望極峻，出入侍從，備顧問。」因其接近皇帝，參與機要，就漸成爲政治核心人物。明朝大學士，所做的完全是宰相的事，但却沒有宰相之名，這是很蹩扭的。因爲沒有明文規定職權，亦無機構；（卽所謂內閣，起初亦只是學士當值的地方。）更沒有官屬；（內閣置官屬，是洪武以後的事。）而官階也比六部首長爲低；故學士入閣，一定要虛領六部官銜，連陞幾級，才勉强拉平。明朝皇帝，又不同於宋朝，尊禮文士，往往視大臣如奴僕；而宰相人品，三楊以後，也大有問題。（如萬安爲宰相，竟向皇帝獻房中術，也眞太過卑鄙。）由於這種種因素，大學士在朝臣心目中，不同於宰相，因亦有人不認爲是實際的政治領袖。六七品的言官，當朝侮辱大學士，在明朝，是屢見不鮮的。雖是以後有禁令，無故侮辱大學士，要受廷杖處分；而廷杖並不能使人心服。依江陵的年紀與科第輩分說，比他資格老的人，還有很多，一旦「

擁十齡幼主，立於天下臣民之上」，自不免有人妬嫉。要那班老氣橫秋的官僚，協恭和衷，同心戮力，「共奬王室，」談亦何易？

其三、明朝的士大夫，最好虛名，亦最輕浮，江陵知之甚諗，屢次談及；他說：「名實不覈，毀譽不定，正直之道塞，勢利之俗成。（論時政疏）以媢嫉之心，持庸衆之議，計目前之利，忘久遠之害。（與王鑑川書）勢之所阻，常在衆强，下挾其衆，以威乎上，上恐見議，而畏乎下。（因其人多勢大，官員本身又不健全，只好枉法以徇。）一事未建，而論者盈庭，一利未興，而議者踵至；是以任事者，多却顧之憂，而善宦者，工遁藏之術。（程策二）愛惡橫生，恩仇交錯，遂使朝廷威福之柄，成爲人臣酬報之資。（這是指派系作惡，見請戒諭羣臣疏。）既無卓行實學，以服多士之心，則務爲虛談賈譽，賣法養交；冷面難施，浮言可畏；奉公守法者，上未必即知，而已被傷於衆口；因循頹靡者，上未必即黜，而已博譽於一時；故寧抗朝廷之明詔，不敢挂流俗之謗議，寧壞公家之法紀，不敢違私門之請托。（請申飭學政疏）……」這幾段話，如同照妖鏡，將當時政界、學界、在朝、在野，各種知識份子，一副淺薄、浮囂、卑鄙、汚濁的形相，照得原形畢露。江陵志在澄淸天下，他們唯恐天下不亂；江陵要端士習，正人心，「令爵祿鑑賞，歸之於廉恥節義」，他們根本不知廉恥爲何事；要他們安分守己，不干涉政治，不妨碍別人，不向政府需索，並進一步與執政者合作，無異於緣木求魚。

以上是當時三大難關；如不能衝破這些難關，不是妥協，便只有退却。幾千年官場積毒，不知腐蝕了多少英雄！整個社會，如同一座洪爐，燃着熊熊烈火，任何硬度強的東西，一投進去，立刻化爲灰燼。官場邪氣，與社會刁風，是迫使知識份子墮落的基本原因。但江陵一身都是正氣，如同百鍊精金，不怕鍛冶；他不會退却，亦無法退却。他說：「國士死讓，飯漂思韓，欲報君恩，豈恤人言。（獨漉篇）士大夫既以身許國家，惟鞠躬盡瘁而已，他復何言？（答徐階書）……」他感激圖報，溢於言表，他豈肯知難而退？何況他是顧命大臣，受人之託而不忠人之事，豈是江陵所肯做的。

既然無意退却，又陷在腐化勢力包圍中，「道高一尺，魔高一丈；」連徐階那樣老成圓通，並孚衆望的人，亦被流言蜚語所中傷，幾乎不得保首領。徐階所輔的是長君，而現今是幼主；徐階的門生故吏滿天下，而現今是孑然孤臣孽子；處境之難，更千百倍於往昔。除了妥協，尙有何法？不過他們兩人，究竟不同，徐階只想做「賢臣」，而江陵則想做「磊落奇偉之士。」他早已抱定宗旨，寧可犧牲自己一個人；有了犧牲自己的決心，當不會枉己徇人，更不會向腐化勢力低頭。在答吳堯三書中，他說：「僕二十年前，曾有一宏願，願以身爲蓐薦，使人寢處其上，溲溺之，垢穢之，吾無悶焉。」這和佛家「我不入地獄，誰入地獄」之說，看來相似，而實不同；江陵沒有出世觀念，他說這話，只是表示他有犧牲自己的決心。

在另外許多文書中，他又說：「浮言私議，人情所不能免；雖然，『不容，何病？不容然後見君子。』（答南書院）僕今不難破家沉族，以徇國家之急。（論驛遞條編）凡黏滯顧慮，調停人情之說，一切勿懷之於中。（答徐鳳樓書）義當直道正言，上不負天子，下不負所學，遑恤其他。（答羅香月書）吾但欲安國家，定社稷耳，仇怨何足恤乎？（答陸五台書）得失毀譽關頭打不破，天下無事可爲。（答南書院書）……」這一類話，充分表露了他的氣概與志量。歷史上許多自命不凡的人，始而堅定，終於搖動，始而清高，終於骯髒，就因爲得失毀譽關頭打不破，只在名利兩字中兜圈子；久而久之，百鍊之鋼，也化作了繞指之柔。江陵不惜破家沉族，以行其志，他怎肯妥協。

既然不妥協，豈不要重蹈高拱覆轍？但江陵和高拱，又不相同。高拱器局太小，鋒芒太露，而過於衝動，不善於運用權力，沉機應變，他一見到傳出中旨，就怒形於色；不知中旨雖是馮保做的手脚，却用的是皇帝名義，所以馮保只輕輕一挑撥，太后就相信不疑。江陵「沉毅淵重，」喜怒不輕易形諸詞色。他所持方針，是積誠悃以結主知，實心任政，虛心鑑物，默默然，埋頭苦幹，用事實來證明他的人品、能力、與忠誠。他知道一切權力，屬於皇帝，一切功德，都須歸於皇帝；儘管皇帝是一童騃，他始終存着敬事之心。這種作法，終於博得了皇室的信任。在這一方面，他比高拱高明。他更知道突破了這一關，其餘兩重難關，也就無足輕重。

自從他當首輔，以至病死，兩宮和皇帝，都以師相待他，言無不聽，計無不從，比之符秦之於王景略，趙宋之於王荆公，殆有過之。江陵在乞恩守制疏中，說：「自古人臣，以忠結主，成湯之於伊尹，高宗之於傅說，成王之於公旦，照烈之於諸葛，其隆禮渥眷，辭命誥諭之文，載在史冊，至今可考；固未有謙抑下巽，親信敬禮，如皇上之於臣，若是之懇篤者。」事實確是如此，這是「積誠悃以結主知」的效果；如果他稍有不誠，如果他不是行之以漸，持之以恒；皇帝信任，就不會久而彌篤，他亦無法達到他致君澤民的願望。

在這裡，有一個關鍵人物，必須提到，那就是神宗生母孝定李后。她出身農家，以宮女身份進裕邸，得到寵幸；穆宗死時，她是一個二十七歲的貴妃，母以子貴，成爲太后。她根本不懂政治，但她有無比的政治權力；如果明王朝也有垂簾聽政的先例，如果她愛使用權力，隨處都是風波；這是「合法」的，在家天下時代，誰敢說太后不該干政？未料到她能約束自己，過着恬靜穆肅生活，而不開女主干政的惡例；更未料到她獨具慧眼，認定江陵忠心耿耿，可以託六尺之孤，毅然授以大權，任其展布，推心置腹，十年如一日。如沒有她的支持，江陵必難久安於位；如沒有江陵十年拮据盡瘁，撥亂世而反之正，明朝江山，或許等不到七十年後，亡於流寇，早就崩潰了。

在江陵柄政時期，內閣是政治上實際領導中心，而江陵則是名符其實的唯一領導者；雖然六部五府的事權，依然如故，但大政方略，由內閣策劃推動者，則十居八九。還不止大政方略，由內閣策動，連九卿大臣，在萬曆初年，亦多由江陵推荐。這一切都是負責的表現；負責與弄權，實質上，是不同的，前者純是爲公。卽如保舉，在明朝是要負連帶責任的；既不援引私昵，一旦有事，又受連累，不是勇於負責，誰肯以身任之？唯其能公，所以十年之中，內閣與六曹之間，朝廷與疆臣之間，江陵個人與同僚之間，相處一直很融洽，沒有內外隔閡的事；更沒有「閣部如水火」的事發生。政府安定，上下同心，內外協調，他的主張，才能遂行無碍。而更重要的，是他有卓越的政治觀念與治術。

六　卓越的政治觀念、治術、與成就（上）

江陵得主之專，在明朝輔臣中，是少有的；穆宗死後，神宗年幼，裕邸舊臣，別無他人，朱王家需要一個强有力的首輔，代爲行政，不得不予以支持。有了皇帝支持，可以展其所長，這是際遇，豈能放過？所以江陵說：「當英主綜覈之始，不於此時，剔除宿弊，爲國家建經久之策，更待何人？諸凡謗議，皆所不恤。（答宋山陽書）顧積習沉病已久，非痛懲之，不能挽也。語云：『得時勿怠。』爲國家振久頹之習，謀百世之利，此其時矣。」（答李漸菴書）這兩段話，表示他已下決心肩鉅承艱，「大破常格，掃除廓淸。」

明王朝苟且悠忽過了兩百年，千瘡百孔，上下否隔，公私交困；正如他所說：「血脈壅閼，臃腫痿痺；」病勢是很沉重的。如是另一醫生，必定主張養氣寧神，徐階李春芳都是如此；這是以藥養病的手法，求其苟延殘喘而已。江陵一下手，就用猛劑，直攻心疾，這是必要的，亦是危險的。政治上的疾病，大半在心上，自上而下，有了一顆健全而潔白的心，就可以使得國家弱而復强，危而復安。但如執政者沒有過人的學問，才略、氣魄、容量與毅力，總攝其間，主持不惑，當「主少國疑」，天下多事之秋，又確是很危險的。江陵敢於以天下國家爲己任，敢於用猛劑以治沉疴，是因爲他有自信心。他對於當時政治的得失利弊，都能察其幾微，洞見癥結，所以發爲議論，宏通博洽，切合時宜，於平實中見超卓，於細微處見遠大；雖不能說：「放之四海而皆準，」但以言治道，可謂得其體要。略述他的政治觀念於次：

江陵一生學問，得之於儒家者，十居八九，故其政治思想，亦十之八九，源出於儒家。他之所以被人誤解，是因爲他重法治，講功實，力矯儒家迂緩之弊。因此，有人說他思想駁雜，說他是功利主義者，還說他在學問思想方面，遠不及王荆公之能酌古證今，識深慮遠，成一家之言；故其爲政，只能「隨俗救弊，」不能爲超越時代之變革。其實不然。江陵在政治上並不是主張保守的；他說：「法制無常，近民爲要，古今異勢，變俗爲宜；故法無古今，惟其時之所宜，與民之所安。法先王，與法後王，兩者互異，而荀爲近焉。」（程策二）他亦勸穆宗「審機度勢，更化宜民。」他不强調變法；沒有如王荆公一樣，將他的思想，作成有系統之理論，而爲有計劃之變革，是有原因的。

宋朝自天聖至元祐，八十年間，雖不是眞承平局面，却比明朝嘉隆之際，要好過若干倍。宋神宗是一個比較好的皇帝，又是長君，他有志變法圖强，而且比王荆公更爲積極；（荆公執政，前後只有七年，而新法在神宗朝，就行了十七年，可證。）故得從容議論，爲全面性之改革。明朝到江陵秉政，是救弊急於救火的局勢；這個時候，除弊重於興利，固根本，重於行新政。並且明神宗是童騃，亦不是從容議論的對象。何況江陵總攝朝政，百責叢集，他沒有須臾之閒，得以用其心力於理論方面。及至天下承平無事，而不幸他已溘然長逝！不過，他的思想，從他一生施爲，及其遺書中，仍可窺見一般。

江陵為政，力主「因民立政，」而特別強調安民生三個字。這不僅是因為當時民生疾苦，還因為他在思想上，承受了傳統的民本主義，認淸了人民在國家中地位；要治國，就必先安民。從來論治道的人，不管是那一家，沒有不重視人民的。「民可近，不可下；民為邦本。……安民則惠，黎民懷之。」（尚書）「政之所興，在順民心。」（管子）「聖人無常心，以百姓心為心。」（老子）「政之所急者，莫大乎使民富且壽。」（孔子）「得天下有道，得其民，斯得天下矣。」（孟子）「故國以民為安危，君以民為威侮，吏以民為貴賤，此之謂民無不為本也。……」（賈誼書）這一類的話，在古書上隨處可見。總而言之，政就是衆人的事；當政的人，是要為衆人辦事，不是為一人一家辦事。所以江陵說：「天之立君，以為民也；天授君以禮樂征伐之權，亦以為民也，」（程策二）這無疑的是因為受了民本思想的影響。

只因江陵先有這個正確的觀念，存在心裏，他為政才力主節用愛民。節用是崇尚儉約，不浪費人力物力；（這個儉字的正當解釋是：「嗇於己，而不嗇於人。」若嗇於人，而不嗇於己，自己養尊處優，席豐履厚，要別人刻苦，節衣縮食，就不是儉約，而是刻薄不仁。）愛人就是以「天下為一家，中國為一人，」愛護人民，如保赤子。能儉約，才能「取於民有制，」不會橫征暴斂，虐使其民。能愛人，才能與人民同好惡，「民之所好好之，民之所惡惡之。……所欲與之聚之，所惡勿施爾也。」與人民同好惡，就必須接近人民，先知道人民的好惡；所以禮記說：「大學之道，在親民。」（宋人把親字，改為新字，致後來的人，誤以為新民就是教民，於是高高在上，遠離人民喜專務以文字說教；

說的又驢頭不對馬嘴，久之便「姑口頑而婦耳順，」任你說破嘴，亦無人聽。昔人說：『動民以行不以言。（趙充國語）以身教者從，以言教者訟。」（第五倫語）這是一點不錯的。

主張節用愛民的人，自必反對在上者，只圖自己享樂，無視人民疾苦的作法作風。在致徐階書中，江陵說：「內外用竭，習尚奢靡，病者（人民）短褐不完，而在位者，或婢妾衣紈綺；百姓藿藜不飽，而在位者，或廝養厭粱肉，此損下益上之尤。」損下益上，就必然會過分剝削人民。在農業社會，人民所能生產的財富，有其一定限度，若是沒有節制，誅求無厭，超過了人民的負擔能力，人民就會無以爲生。生是生活與生存，是人之所同欲。「己惡飢寒焉，則知天下之欲衣食也；己惡勞苦焉，則知天下之欲安佚也；己惡貧乏焉，則知天下之欲富足也。」（韓詩外傳）如果在上者，不知推己及人，不能善推於其所爲，無愛於人民，人民又爲何要愛戴你？所以江陵又說：「以天下奉一身之人，而常苦其不足；口壓甘脆，而天下始有藿藜不飽者矣，身厭紈綺，而天下始有短褐不完者矣，居厭黃麗，而天下始有胥啼露處者矣。其弊，至於離志解體，而不可收拾！」（程策二）

所謂「離志解體，」就是政府使得人民太失望，因而失去了向心力；政府得不到人民支持，甚至爲人民所反對，就必定土崩瓦解。歷史上，逢到這種時候，少數智慧高的人，見微知著，就趕快察疾苦，安民生，因民立政；亦往往能轉危爲安。多數執迷不悟的人，「不求民之所安，而務爲防民之不善；」不體恤人民，而務以殘暴手段，壓迫人民；其結果，是自速其滅亡。因爲已到這種時候，「民不樂生，尚不避死，安能避罪？」所謂「國無道，雖殺之不可勝。」（春秋繁露）江陵是智慧極高的人，於是因民立政，便成爲他最基本的政治觀念。

什麼叫「因民立政」？江陵的理論是：「法無古今，惟其時之所宜，與民之所安耳；時宜之，民安之，雖庸衆之所建立，不可廢也；戾於時，拂於民，雖聖哲之所創造，可無從也。（程策二）聖人不能違時，振敝易變，與時弛張，亦各務在宜民而矣。（題名記）故善爲天下慮者，毋使至於不得已也；夫欲先事，弭患、息民、固土、惟在拊循愛養。（荆門題名記）法當宜民，政以人舉，民苟宜之，何分南北？……行法在人，又貴因地，既與民宜，因之可也。……」（答李漸菴向明臺等書）這是說政府的政策，應該決定於人民的好惡，合乎人民需要的，才是好政策。反之，如不合乎人民需要，或於人民不便，就是聖人立的法，也不應盲從。

僅次於此的一個重要觀念，是「爲政以法。」這句話常常被人誤解，甚至將任法、殘刻等扯在一起。其實江陵所說的法，就是古代所謂制度文明，或說法度；「慶賞刑罰，律度量衡，皆法也。」治國不可以無法度。法度不但禁邪制欲，上而綱紀倫常，下而權利義務，都靠它來維繫；所以說：「爲國家行政，舍法不能一日而安。」江陵認爲：「法不可以輕變，亦不可以苟因，苟因則承敝襲舛，有頹靡不振之虞；輕變則厭故喜新，有更張無序之患；去二者之過，而一求諸實。」（程策三）所謂實，就是切合實際需要，而以民安時宜爲標準；這和他因民立政的主張，是完全一致的。

從來對於法度所爭論的，不是應該有或無的問題，而是寬和嚴的問題。江陵認爲：「振作者，謂整齊嚴肅，懸法以示民，而使之不敢犯，若操切，則爲嚴刑峻法，虐使其民矣。故法宜嚴，而不宜猛。」（贈袁守序）這就是子產所說：「夫火烈，民望而畏之，故鮮死焉」的意思。應該解釋的是江陵主張為政以法，是着重在禁邪制欲，定分止爭，着重在使政治施為，俱合法度，而絕無要求「法勝民」的意思。他說懸法，是有懸而不用之意，故一則曰「不宜猛」，再則曰不可操切。

法懸而不用，畢竟是一種理想。既然重視法度，要求政治行為，均合法度，自不能懸而不用。江陵是被稱為能以法繩天下，並且是詘己檢下，以信其法的。他自己亦承認「誅强戮凶，剔姦釐弊，有不得已而用威者。」但那只是限於不得已，因為當時是一個亂世。亂世斷不可以行姑息苟且之政；所以說：「刑亂國，用重典。」否則令之不聽，禁之不止，人民不畏法，乃至誤陷刑辟，法便失去了禁制的作用。荀卿說：「教而不誅，則姦民不懲。……殺人者不死，傷人者不刑，是謂惠暴而寬賊。」因此，江陵又認為「嚴治始為善愛。」他引申韓非的話說：「夫嬰兒不剃首則腹痛，不揊痤則寖疾，而慈母之於愛子者，忍於其所小苦，而成其所大快；然不能禁嬰兒之不啼也。」（答胡雅齋書）

就實際考之，江陵當時要「為政以法」，他所責成於上者，佔十之九，而責望於下者，不過十之一；他認為作為國家綱維的法度之所以崩壞，是由於在上者，——自皇帝以至官吏，不尊重法度，乃至骪法撓法。他說：「今一制之立，若曰著為令矣，曾不崇朝，而遽聞停罷；一令之施，若曰布海內矣，而畿輔之內，且格不行；利害不究其歸，而賞罰莫必其後。……漢宣帝綜覈之主也，固未嘗新一令，創一制，惟日取其祖宗之法，修飭而振舉之。……當其時上下相維，無苟且之意，吏不奉宣詔書，則有責；上計簿，徒具文，則有責；三公不察吏治，則有責。……成憲具在，舊章森列，明君賢臣，相與實圖之而已。」（程策二）正因他以爲責在政府，不在人民，所以他要求「毋不事事，毋太多事。」要求「祛積習以作頹靡，振紀綱以正風俗。」還要求「法施一概之平，」使「刑賞予奪，一歸之於公道。」這是特識！孔夫子說：「上有好者，下必有甚焉者也。……未有上好仁，而下不好義者也。」人民烏溜溜的眼睜，一直是向上望的，在上者都能守法，人民亦必定守法。所謂「民之效上也，捷於令。」若是在上者，不講什麼禮義廉恥，又怎可苛求人民講禮義廉恥？所以要整齊嚴肅，要爲國家行法，是應該從上面做起的。

因此之故，江陵柄政時，並未今日新一令，明日創一法，他只是就成憲舊章，行之無弊的，修飭而振舉之。不過，每一種法度，如已實施，他就一定要澈底，一毫不許通融，不准徇隱；如其違法，則「不問官職崇卑，一體懲之，必罪無赦」。這是完全符合現代法治精神的，亦是與所謂專意任法尙刑的人，完全不同的。

其次，是江陵主張「隨俗救弊」。亦卽時之所不宜，民之所不安，以至害政病民的事，隨時革除。朱元璋開國時期，懲元之失，將前代「繁文苛禮，亂政敝習，剗削殆盡。」他確做了很多除弊的工作。（他自詡是法家，亦因此。）但不旋踵而百弊叢生。根本原因，在於政制；專制政體的一個特徵，是有權者無責，任責者無權。皇帝有權，盡量做壞事，無人敢於追究責任；臣僚必須聽命於皇帝，卽使有心除弊，亦無能爲力。間亦有人試圖以文法救弊，卽在表面上，訂定許多規章條例，補苴罅漏；殊不知「本弊不除，其末難止。」於是那些規章條例，反而滋生新弊，官吏緣以爲奸，徒苦人民而已。

嘉靖隆慶年間，政治上的積弊，是多方面的。如江陵所云：在朝廷，是「政多紛更，事無統紀；紀綱不肅，法度不行，強梗者，雖壞法干紀，而莫之誰何；商賈在位，貨財上流；用舍決於愛憎，賄多者崇階。……」在一般官場，是「虛談賈譽，賣法養交；公開倖門，明招請託；上下務爲姑息，百事悉從委徇；以模稜兩可，謂之調停，以委曲遷就，謂之善處；奔走承順，承望風旨；弄虛文，事趨謁，剝下媚上，以要浮譽；無實政及於人民。……」在民間，是「外之豪強兼併，賦役不均，偏累小民；內之官府造作，欺侵冒破，奸徒罔利，有名無實；政以賄成，吏朘民膏，以媚權門。……百姓嗷嗷，莫必其命。」這個時候，皇帝正在臥治，衆望屬於宰相；而宰相却公然「徇情容私，輦千萬金入其室，即爲人穿鼻。」也就是得了富商大賈，豪右猾民的錢，被人牽着鼻子走，什麼壞事，都幹得出。總而言之，是無一事之無弊。

昔人說：「伐木不自其本，必復生。」要拔本塞源，就只有革命，打倒皇帝。但這是不可能的；累代相傳的君君臣臣之道，就是無條件服從。所以皇帝拆爛汚，罪不容誅，依然是上聖至德；臣庶若革命，便成了亂臣賊子。江陵生在尊君卑臣的時代，受的是「君臣之義，無所逃於天地之間」的教育，怎可以做「大逆不道」的事？但他有抱負，他又知道如不先除弊，任何好主義，都必然要被那層出不窮的流弊所淹沒，永遠沒有實現的日子。政治上的流弊太多了！所以他說：「法貸於隱蔽，俗壞於偷靡，民苦於兼併，……其時治之爲難；非隨俗救弊，將安所施？」雖說隨俗救弊，但在他做來，還是有步驟和目的的。大體上，他是以整頓人事和財政着手，前者是要使官吏能奉公守法；官吏能守法，法令乃能貫澈。後者是要使所入多於所出；國家有錢，才能建設。所以他又說：「今約己敦素，杜絕賄門，痛懲貪墨，所以救賄政之弊也；查刷宿弊，清理逋欠，嚴治侵漁攬納之姦，所以砭姑息之政也。上損則下益，私門閉，則公室强；故懲貪者，所以足民也，理逋者，所以足國也。……」（以上俱見遺著）

再次，是「綜覈名實」；這是江陵政策中之最基本部份。他所標榜的要政，諸如尊主權，重詔令，振紀綱，省議論，安民生，固邦本，以及剔姦釐弊，內安外攘，都是靠「綜覈名實」來達成任務的。這個政策從漢代創立，直到江陵柄政，才發揮了最大功用。任何法度，在立法的當時，都必有一種企圖，都必然期之於實行；因之其用意都可能是好的。但「徒法不足以自行；」如官吏行私，不能循法，任何好法，都無用處。江陵說：「夫車之不行，馬不力也，不議馬而議車，何益？法之不行，人不力也，不議人而議法，何益？」正因大家太過於看重法，在條文上下功夫，而忽略了行法之人，所以一法不行，復立一法，以救扞格之弊；於是法令如毛，更加壅窒，亦更加失去了立法的原意，而難於收到實效。所以他又說：「下流壅，則上溢，上源窒，則下枯；決其壅，疏其窒，則法行矣。」（程策二）

江陵用以決壅疏窒，使法行如流，庶務修舉，吏治廉勤的手段，就是綜覈名實。所謂綜覈名實，就是綜合考核國家所有政務，統籌計劃，循名而責其實；憑實際的功過，施行公平的賞罰。他說：「欲用舍賞罰之當，在於綜核名實而已。……若詢事而不考其終，興事而不加屢省，上無綜覈之明，人懷苟且之心。」上級用人，既不愼之於始，量才器使，又不因其職分與責任，查核實際績效，以別功過是非；官吏自然弁髦法令，亦自然使用不正當手段，緣法以爲奸利。這才使得法紀蕩然，使得人人苟且敷衍，使得「催督稽驗，徒具空文。」當時的行政情形，用現代語說來，就是上級只顧閉門造車，胡亂定些方案，聊以搪塞；究竟目的何在？該用何種方法實行？既行之後，有何利弊？一概不管，命令出門，便算了事。下級只顧向壁虛構，胡亂寫報告，將本官着實恭維一番；究竟做到何種程度？好壞如何？連自己亦不知道。（這種時候，當然談不上賞罰。）這叫着「上下相遁」，以誑百姓；太兒戲了！江陵要天下官吏，都受國家考成法約束；並要「月有考，歲有稽。」任何官員，不許隱瞞欺蔽；任何衙門，不許延擱稽遲．要做到「聲必中實，事可責成。」這樣作法，才算得是踏實。在答凌洋山書中，他說：「天下事，豈有不從實幹，而能有濟者。」（用江陵之策，很快就掃除了官場逐層欺蔽的痼疾；千頭萬緒的政務，六部與疆臣執行，六科與部臣考核，由內閣總其成，分層負責，如網在綱，有條不紊；其目的，就在於痛懲循名廢實之弊。）

在循名責實方面，還有兩個要點，是深值贊揚的。一是「用舍進退，一以功實爲準；」其着眼是在獎勵眞正的好人，而防止奸人朦混取巧。江陵對於當時官吏情僞，看得非常清楚；他說：「觀今之爲治，而知吏之難也！夫吏之難，非治民之難也，事人之難也，非得下之難也，悅上之難也；爲人上者，以喜怒愛惡殿最之，則雖有卓犖倜儻之士，必不能以什一者逮上，而以十九者逮下。」（贈黃守序）這是說官場風氣壞透了，作官的人，大部份精力，要用在巴結上司，而不能善盡其職責；上司用愛憎來考核賞罰下級，完全失去了公正之意，因此，江陵主張：「賢否殿最，以守己端潔，有實政惠及人民者，乃與上考，不次擢用；若但能幹理簿書，但能事長官，雖有才幹器局，止與中考。」（請擇有司以牧養小民疏）如此，下級官吏，就不必跑公館，送紅包、巴結逢迎，專看長官顏色辦事，而必須靠自己實在功績，撐持自己。另一是一職權而專責成；其着眼在重整國家體制，確定官吏職責，使上下相維，整然有序。這是很要緊的事。明朝中葉，由郡縣而至中央，職權都是很亂的；以州縣來說，其上級爲省，而中間有府道，有巡按，有分巡，還有臨時派遣的官員。以省來說：其主管本爲布政按察兩司；而又另有什麼鹽運、提舉、宣慰、宣撫、招討等司，還有什麼軍民府。有了這些亂七八糟的上司，當郡縣守令的人，不但應酬巴結，疲於奔命，而且令出多門，莫知適從。以中央來說：從各道御史、給事中，以至七卿閣臣，都算是直隸於皇帝，各有背景，誰也不服誰管，誰也不敢管誰。這樣作事，自不會有統紀。於是，遇有要政，各逞臆說，問到責任，張推李謝。江陵首先將人事考核責任；專責吏部；他說：「吏部不能悉心精覈，而以舊套了事，則吏部爲不稱職，朝廷宜秉公更置之。」次將政事考成分責六曹與科道；說：「撫按官奏行事理，有稽遲延擱者，該部舉之；各部有容隱欺蔽者，科臣舉之。」次將地方官考核，責成於布按兩司，說：「守令賢否，監司臨之。」最後，他更指出一個重點：「任有大小，則責有輕重。……天下之本在政府，一方之本在撫按。……撫按官狃於故常，牽於私議，而徒責有司奉法，抗大官，勢不能也；朝廷欲法之行，惟責之撫按。」（請隨事考成等疏）這才配稱明治體；撫按是方面大員，亦是老虎，不打老虎，只打蒼蠅，有何益處？（天下之大，品流之雜，要分淸楚事之功過好壞，人之賢愚不肖，唯一有效方法，是確實的考核；要勸賢懲不肖，唯一有效方法，是公平的賞罰。可惜江陵以後的人，不肯於此用心，對於部屬賢否無法得知，因而常誤以好人爲壞人，而誤以壞人爲好人。因而將自已囿禁在一小圈子裏，不知不覺，養成一種近我者是的錯誤觀念。亦往往因之而誤國誤民！）

在經濟方面，江陵是主張損上益下，求其均濟，富民而後富國的。昔人說：「治國之道，富民爲始；富民之要，在於節儉。」江陵要富民，自然反對社會奢靡之風；他說：「富民豪侈，莫肯事農；富商大賈，推其贏餘，役使貧民。……生之者少，靡之者衆，天下財力，安得不詘？……」大概這個時候，已有了官僚資本，並且有「商賈在位；」社會財富，逐漸集中在少數人手上，他們盡量揮霍，役使貧民，於是很多貧民被迫脫離了生產，而爲富豪之奴隸；或者因爲務農剝削多，入息少，而不安於其業；生產力自然減退。要增加生產，就必須保護農商，使其「通功易事，交利而俱贍。」他說：「欲民力之不屈，則莫若省征發，以厚農而利商；欲民用之不匱，則莫若輕關市，以厚商而利農。」（贈周漢浦序）減輕人民負擔，不許煩擾人民，人民可以努力從事生產，商民可以努力從事貿遷；地盡其利，貨暢其流，人民才有積蓄財富的機會。百分之九十以上的小民富足了，國家自然富足。亦只有財富平均的藏在民間，這種國家，才算得是富國。若只是少數特權階級，勾結富商大賈，壟斷了社會財源，獨佔了社會財富，這種國家，永遠是落伍的。

爲使人民能富，爲求富藏於民，江陵堅持不開利源，不鶩厚入，正供之外，決不許增加人民負擔。(他堅持這個原則，直到他死爲止。)然則又將如何使政府財政，維持平衡？江陵的理論是：「取之有制，用之有節，則裕；取之無制，用之不節，則乏。」基於這個觀點，他所用的政策是「汰浮溢，節漏費；」厲行儉約。從常識上講：節流是重於開源的；如其非是，收入多，支出更多，即能開源，亦無補益。何況農業社會，所能開的財源，極爲有限；一般所謂開源，事實上，不過是巧立名目，增加捐稅而已。如果無節制的加派捐稅，捐稅率超過了生產率，超過了人民的負擔能力，那個政府，必然垮台；明王朝末年，就是如此垮台的。

節儉是中外古今理財者，所一致遵奉的準則，問題在於是否普遍，能否澈底？在家天下時代，這是很難辦的事。假如臣下節儉，皇帝不節儉，何益？小機關節儉，大衙門不節儉，何益？一隅節儉，全國不節儉，何益？短時節儉，長期不節儉，何益？當天下靡然，以奢侈相競的時候，江陵雖有權，雖有決心，要在短時期內，使舉國上下，風氣丕變，談亦何易？可是，他竟然做到了！不但做到，而且非常澈底。例如皇帝下命令，要國庫撥金花銀，(這是專爲宮廷婦女買首飾的。)他退回命令，還嚴正的加以規勸。太后下命令，要國庫撥款修橋建廟，他同樣拒絕；逼得太后只好動用體己私房錢。他所規勸皇帝和太后的話，都非常切直，而有道理；但亦是別人所不肯說的。他說：「今天下民窮財盡，國用屢空，加意撙節，猶恐不足；若浪費無已，後將何以繼之？……治國之道，節用爲先，耗財之原，工作爲大；於不容已者而已之，謂之陋，於其可已而不已，謂之侈。……與其設法征求，索之於有限之數以病民，孰若加意節儉，取之於自足之中以厚下。……若求其害財者而去之，則亦何必索之於窮困之民，以自耗國家之元氣？……當民窮財盡之時，不痛加節省，不能救也；諸凡不急工程，無益措辦，請一切停免，敦尙儉約，以爲天下先。……」（請停止內工等疏）不但如此，連神宗實錄館幾位史官的餐費，都要減免；眞是一文不落虛空。

在「汰浮濫，節漏費」方面，既然對皇帝也不怕得罪，當然不怕得罪天下臣民；於是全國一向漫無稽考的錢糧機關，都被淸查了；一向坐糜公帑，無所事事的冗官，都被淘汰了；一向以少報多，浮而不實的預算，都被剔除了；再無人敢於浮報，中飽、收回扣、挪公款、以及官商勾結造假報銷。不僅是一種澈頭澈尾的節省，而且是一種澈頭澈尾的除弊；所以當時有「一時弊端剔盡」之稱。在節省與除弊方面，我無法舉出數目字。明史方逢時傳說：「萬曆七八年，三鎭軍費僅二十七萬兩，較昔不過十之二三。」從這幾句話看來，所省浮費，必不在少。

江陵所倡導的刻意節省，或許有人以爲吝嗇；其實，他並無此意，他只是要求富民，只是一種政策。譬如治河工程開始時，他一次撥給河督潘季馴八十萬金，不問其出入；他又何曾有吝嗇之念？惟其是政策，所以他才堅持到底。當政的人，對於一種好政策，是應該堅持的。萬曆五六年以後，庫藏所積已厚，是有錢的時候了，他怕上下因有錢而啓侈心，不斷的提出警告：「主上冲年，國家幸而無事，宴安鴆毒，將發於不虞。……古人當太平之世，尤兢兢焉。（答張心齋等書）鋪張繁盛之事，皆在中世，人以爲太平盛美，不知衰亂之萌，肇於此矣。（雜著）嘉隆之際，海內空虛，公私貯藏，可爲寒心！近歲比豐登，倉庫積蓄，稍有盈餘，然閭閻已不勝誅求之擾；目前支持，已覺費力；脫一旦有四方水旱之災，疆場意外之變，何以給之？……」（請覽戶部揭帖疏）蘇軾有一句名言：「君子必憂治世。」江陵能憂治世，他當然不會始嚴終懈。我們從此可知何以萬曆初政，「粟陳於庾，貫朽於府」的原因。

在經濟方面，還有一特點，亦是值得稱道的。我在前面說過，明朝的各種特權階級，是既多且橫的；他們總以爲只有他們，才是國家主人翁；不勞而獲，乃至敲骨吸髓，殘民以逞，視爲當然。江陵獨以爲作爲國家基礎的，是佔人口絕對多數的齊民，國家施政，應當是着重維護小民的利益，而不應當是只爲少數特權階級設想。亦只有多數小民生活安定，國家才能安定。他常說：「盛世之守在人。……何以守險？曰人。……善爲治者，能安人。……」雖是泛指一般人，我們仍可推定他所說的，决不是少數特權階級。我無意於牽强附會，說他有什麼社會主義思想；但有一事實，不容忽視，那就是他不止十次百次呼籲在上者，要實心實政，牧養小民，却沒有一句話，爲特權階級張目；雖然，他自己亦是可以稱爲特權階級的。

在安內攘外方面，江陵的觀念，亦很明顯的與人有不同之處。他首先認定天下一切事，除了一個主觀的願望以外，還有一個客觀的形勢存在；天下或治或亂，不是專靠主觀願望來決定的。一個大的形勢，已經造成，亦不是憑少數人的小心眼兒，這樣防範，那樣箝制，所能改變的。（秦始皇盡收天下兵器，聚之咸陽，而別人斬木爲兵，也能將他王朝推翻。）所以他說：「天下之勢，最患於成，成則未可驟反，治之勢成，欲變而之亂，難；亂之勢成，欲變而之治，難。……故勢之未成，中材可以圖保，勢之既成，智者不能措意。」（雜著）何以執政要用讀書明理的人，而不能以庸庸者充數？那就因爲任何形勢，在醞釀時期，亂象沒有顯著，表面上，仍是太平景象，骨子裏，却已危機四伏；只有眼光特别銳敏而遠大的人，才能有先幾之見，知道弭禍於未形，消患於未然。嘉靖萬曆間，庸庸者，都以爲是太平盛世，以爲什麼都有進步；而江陵獨以爲形勢正在向壞的方向發展，一再的說：「元末之事，可爲殷鑑。」元王朝是因失政，而亡於盜匪的。

社會何以會產生盜匪？盜匪又何以能亡人之國？依江陵的看法：「盜之起，由於飢寒，而暴吏虐政，又從而驅迫之。……夫官貪，則良民不懷，奸民不畏；而盜賊利足以啗之，威足以懾之，何憚而不爲盜？」國家不幸而有盜匪，尙不知警惕，「又爲亂政驅之，鼓其好亂不逞之氣，燄至火烈，一旦欲撲滅之，能乎？」國家有盜匪，人民跟着匪走，這不僅顯示社會秩序已大壞，還顯示人民不信仰政府；而庸庸者却大言炎炎，以爲易與，星星之火，遂至燎原。所以江陵又說：「天下事，以爲無足慮，必大有可慮者。」

嘉靖年間，盜匪已然「入城市刼府庫，」連京師十里之外，也有大盜十百爲羣；一個壞形勢的迹象已著。江陵於是傾力於弭亂工作，以遏止那個壞形勢的發展。他的理論是：「拯罷困之民，誅貪殘之吏，使天下之人，係心於上，根本漸固，人心亦安。」他的對策，可分爲三個方面：其一是「禁於未萌，制於未發，務强其根本，厚集而撫循之，勿使有釁。」這是要地方官吏，善爲牧養小民，不可苛虐，使他們挺而走險。其二是已發現盜匪，便責成郡縣守令，「有盜必獲，獲盜必誅，」絕對不許隱瞞，以免潛滋暗長。其三是盜匪如已成股，使「乘其細微，急撲滅之，雖厚費不惜，勿使滋蔓。」並且必定要殲除魁渠，消滅了致亂之源，才准議撫，以期一勞永逸。已然可撫，就不當再有歧視；所以他又責成疆吏，「畀之以沃土，與之以安樂，徭賦務從輕省，法令不宜煩苛，使人懷定居。」這都是極高明而有效的作法。（以上俱見遺著）

明王朝中葉以後，常苦邊患，而又不謀振作，有警則倉皇應戰，無事則晏然自嬉。軍隊務多而不求精；用將既不愼選，又不授權；士卒困苦，亦皆不顧。更加上一個最壞的監軍制度，使軍事指揮權，陷於紊亂。（因太監監軍，就不啻是皇帝直接指揮軍隊，這是兵家之大忌。）當時的情弊，可以四句話盡之；「財匱於兵衆，力分於將多，怨失於不均，機失於遙制。」（陸宣公奏議）江陵攘外政策，有兩個要點：一是整理軍隊，使其能戰能守。他認爲「用兵之道，在於將得其人。」亦就是要愼選眞能帶兵打仗的人，不可以那些實不知兵，更無勇氣，但知裝腔做勢，事結納以媚上的人充數。已得其人，便應「懸重賞以勵有功，寬文法以伸將權。」爲了伸將權，他堅持廢除監軍制度，不許文吏摧沮武臣。並且准許戰區指揮官，對於轄區「諸文武將吏，有不用命者，以軍法從事。」他要先求事權歸一，先使人能放手做事，然後責其成功。對於士卒，他力主捐無用不急之費，亦即是將一切鋪張炫耀的浮費，都節省下來，「併其財力，以厚養戰鬬之士。」這是使人樂於效命的最好方法。

另一個要點：是「使敵爲我所制，不可受制於敵。」這個原則，常爲空言無實者所用爲口號；但江陵不是徒托空言，而是採取了必要步驟，才得肆其操縱之術的。他所採的步驟，先是重整邊備，常若敵來，「或無事而自補，或棄子而爭先；」先造成能守的條件。其次是就地興屯，厚拊邊民，使「家自為戰，人自為守，」以足兵食，而嚴敵我之防。再次是擇其可以就範的敵人，許其款貢，以為外臣，然後，以敵制敵；亦卽是設法使敵內部分化，自趨衰弱，不能大為邊患。這些方法，都是以飭武備為基礎；而當時之所以能够飭武備，厚養戰鬭之士，則皆由於節用而來。

以上只略舉概要，其見之行事者，可於以後各章，玩索而得之。總說起來，江陵的政治觀念，可以說已涵容古今治平之理，不但把握了重點，具有建設性，而且有進步之一面，卽在現代看來，亦是正確的。惟其是進步的，所以當時的士大夫，才以為異，才造為橫議，譏評時政。因為他們很久以來，只知瞎喊王道仁政，作應聲蟲，懵懵昏昏，無視實際；一旦逢着一個識深慮遠，主張實幹的人，自必不能相容。他們對於江陵所持的政策，往往指其小害，而忽其大利，爭持近功，而忽視遠略；趨異為高，亦常能淆惑聽聞。江陵不為所動；他的意見是：「天下事，未有一舉而百當，絕無後患者。……勞民以便民，病寡而利多，仁者猶將為之。……君子之政，仁必久而後洽，功必久而後成。……」他認為如果政策沒有錯，只要「謀國者，主持不惑，當事者，措畫有方，便可底績。」（以上答宋禮齋等書）他對於他的政策之所以「堅持愈力，略不少回，」每事都有成就，就有賴於他的識見與毅力。王振先說：「舉一國之朝野上下，無不受成於法之中，故能立懦廉頑，蒸成郅治，江陵有然。」（古代法理學）

七 卓越的政治觀念、治術、與成就（中）

以上所述，皆爲空言，無以徵信，還有舉出具體事實之必要。只是江陵畢生所措畫，已見諸實行，而有裨國計民生者，甚多；只能擇其要者，略述於次：

先說軍事：前面說過，明朝邊患，常在西北方，這是地理形勢使然；朱元璋縱元和帝，不能「犁庭掃穴，」永絕後患，亦地理形勢使然。惟朱元璋及開國諸臣，還知道「守堂奧者，必於門外據險」的道理，所以建泰甯三衞，藉以制敵。朱棣的精力眼光，都不及他父親，他五次出塞無功，漸漸厭倦，無意進取，竟然放棄大甯，（成祖割與三衞之大甯，東鄰遼左，西接宣府，地勢衝要，原是關外一重鎭。）而將防衞線後撤，——由平泉移至保定。宣宗又徙開平衞於獨石口，棄地三百里，而失灤河之險。大約就在這個時候或稍後，敵人便侵入了河套，據爲巢穴，亦未爲驅逐之計。關外要塞，既漸撤守，從此宣府大同，成爲極邊。國防線自遼東至固原，長達數千里，所恃以據守者，只餘一道邊牆；（舊長城）而遼東則因大甯棄守，更暴露在敵人馬蹄下，只要一跨過邊牆，便可踐踏京畿。曾經有人建議規復大甯，使「國有重關，庭無近寇；」並認爲是百年大計。可是，皇帝多半昏憒，朝臣更無遠略，都無心與敵爭塞外之險，誰管什麼近寇重關。

另一方面，當然有人以爲蒙古人被打敗之後，力量已分散，難於再起，不免易而視之。不料蒙古到了達延汗時代，又趨强大，統一各部；卜赤（卽小王子）與俺答，（卽阿勒坦汗）繼之，不時進犯，（這又正是明世宗「臥治」的時代。）於是使明王朝爲之所困擾。連年應戰，連年損失，和不能堅，戰不能勝，因而形成一種拖的局面。嘉靖二十九年，俺答公然打到北京，幾幾乎覆滅了明王朝。這種拖的局面，一直到隆慶年間；這時俺答橫行在西北方，而卜赤則滲入了東北方，（「隆慶元年，土蠻大舉入遼東。」）戰線更長，亦更難應付。所以隆慶四年，江陵把握着大成台吉（把漢那吉）投降機會，不顧私人危險，力主納款，而促成與俺答之間的和約。迨俺答死後，他又運用其妻三娘子與黃台吉及撦力克，使其控制各部。對於河套方面，又接納了吉能等部的款降，並要他們謹守和約，不爲邊患。從此「東自四海，西盡甘州，延袤五千餘里，無烽火警，居庸以西，國家無所事。」（見明會要與行實）

俺答未降之前，卜赤已東移，明朝多方面應敵，以腐朽驕惰之邊軍，應飄忽不定之强敵，處處設防，兵力分散，士卒勞苦，費用浩繁，而無一是處。江陵詳察全面情勢，熟審敵我短長，在戰略上，主張攻守並重，而易被動爲主動。俺答來犯，則厚集兵力於宣大，小入則堅壁淸野，向機而動；但令「團練鄉兵，併守墩堡，令民收保，時簡精銳，出其空虛以制之。」大入則以逸待勞，分進合擊，故動則有利。俺答吉能等先後就範後，所謂「禍中於薊遼時，」便命戚繼光握精兵鎭守薊門，一面防衛京畿，一面策應遼東，而重在守；命李成梁扼要守險，監視敵人，而重在攻。因此，財用不覺匱乏，士卒不覺勞苦，指揮系統不覺紊亂，事權歸一，責任分明，故戰守俱有功。戚繼光鎭薊門十六年，敵兵「一矢不入；」李成梁屢挫敵人，拓地千里；而內蒙古入中國版圖，則始於俺答之歸順；此又爲明朝盛時，所圖謀而未能實現的。

在平定內亂方面，一般記載，只說了府江與都蠻等戰役，因這幾次戰役，動員兵力較大，又經過一段時間，始克敉平。其實嘉靖至萬曆初年，各地股匪極爲猖獗，都負隅自雄，稱王稱帝。「在閩粤有朱良寶、林道泉、林鳳等股。在兩粤有藍一清、賴元爵、朱茂、鄭大溪、鮑時秀、石牛、覃公慎、覃世治、黃章弟、韋銀豹、韋朝義、韋明甫、黎福莊、韋公海、韋千里、黃邦緣等股。在黔有韋宋武、覃扶王等股。在蜀有九絲阿、大凌霄阿、苟建昌阿、怒都都、方三傀、厦葵咱呷等股，在陝有孟登、卜登官、李宗鶚等股。在蜀黔邊有汪約、石應斗、者念繼王、阿利普安光見王等股。在滇有易克鐵、記來王、羅革、金齒、藍昌黑等股。在楚有胡國瑞，在川邊有楊貫等股。」（據行實）這是元末大造反的鬧劇之重演。「元末作亂三十七人，闖廣江楚，淮之南北東西，稱號幾遍」。（元史紀事本末）所不同的是元末造反，有知識份子參加，而上述各股匪，在邊遠地區，文化程度低，又不能匯合爲較大武力；不然，這班山大王，亦說不定可以做皇帝。皇帝那有個什麼種？朱元璋不也是靠造反起家的麼？

江陵對於勦匪工作，有其一定的策略與步驟：他不讓匪徒有聯合與擴大機會，「乘其細微，急撲滅之。」他認爲應勦的匪，必集中力量，迅速敉平，「不惜一朝之費，而貽永世之安。」他以爲勦匪應以消滅禍根爲功，不許輕議安撫，以免旋撫旋叛。他將地方安寧，列爲第一要政，以考成法來衡勸官吏；凡發現盜匪「大則奏聞朝廷，小則申報層憲，」不許隱瞞，使盜匪有滋蔓坐大機會。更要緊的是對於任事之人，充分授權，多方鼓勵，而絲毫不加牽制，使人能展其智力，及時圖功。……故能次第盪定，收功奇速。在有策略有步驟的進行中，不但前擧各股匪，次第勦滅；不但著名的叛逆（如呂老十，猛谷王。）都駢首就戮，無一漏網；卽橫行海上數十年，而衆稱無法淸勦者，（如藍一淸賴元爵等。）亦夷滅殆盡。萬曆四五年後，不僅全國沒有股匪，並少有盜警。水陸行旅，走上萬里路，自東徂西，由南到北，可以不持寸兵。這亦是洪武以後所稀有的事。

在軍事方面，還須將整理軍隊，略加敘述；安內攘外，政策自屬重要，但如軍隊不能打仗，則一切無從說起。江陵一生對於軍事，所費心血最多，亦最能顯示他的天才，是不容抹撥的。明朝軍隊，在永樂後期，已開始腐化，很早就發生了很多怪現象；「買官、買功、冒功、倂功……」之事，極爲普遍。還有人身未出戶，名隸行伍，「而東西南朔四處報功者；」亦居然「按名累級，驟至高階。」（明史程啓元傳）到了嘉靖年間，更是不成樣子；我在此處，只說兩個例子：「嘉靖己酉春虜警，撫甯侯朱岳，英國公張溶，西甯侯蔣傳等會於閱武場；忽訛報『虜入寇，至沙河，』岳等皆懼而走。」這是說第一流之將領無用。「禁軍冊籍皆虛數，半役於內外提督大臣家，不歸伍；歸伍者皆老弱，泣不敢前。」這是說給養最厚的士卒之無用。官兵之所以如此無用，原因頗多，而最主要的是貪汚；據說當時軍費之一半，都送給嚴嵩和兵部了。因此，江陵把當時武將，比之爲獸；「朘軍餉，則虎而翼，鷙當路，則狐而媚，逢大亂，則鼠而竄。」（史書不載，見湧幢小品卷四）可謂形容盡致。

軍隊是早就應該澈底整理了，然亦大難；一則大敵當前，投鼠忌器，亦無暇整理。二則上下混騙，已成習慣。（混騙固不好，但已成風氣，也就不覺奇怪。）三則士大夫不通情理，不明利害，好爲意氣之爭，「一事未建，而言者踵至；」無人敢於負責任事。譬如宋神宗時，王荆公主張整理軍隊，司馬光就立刻反對，理由是：「沙汰太多，人情惶惑，道里流言，驚動百姓。……梁室分博魏之兵，致張彥之亂，可以爲鑑。」這太嚴重了，只好作罷。明朝人論整軍，說有四難：餉不足，一難；任不專，二難；將卒驕悍，三難；浮議太多，無人敢保其無後患，四難。有此四難，故無人敢倡言整軍。江陵深知不整理軍隊，無以圖存。恰逢薊遼總督譚綸，是號稱知兵的，他亦認爲「邊軍木彊，律以軍法，將不堪。」意思是說操之過激，那班驕兵悍卒，就會譁變；因而建議募「浙人爲一軍，用倡勇敢。」江陵首先贊成。「浙兵三千至，陳郊外，天大雨，自晨至日昃，植立不動，邊軍大駭，自是始知有軍令。」（明史戚繼光譚綸傳）

當時統率浙軍的是戚繼光，以東南勦倭負時譽，遂以都督同知調至薊門；江陵知他能將兵，推心置腹，用他訓練薊州、保定、昌平三鎭軍隊，其他各鎭，亦漸仿行；如此經過數年，邊軍始可言戰。即此一事，委婉曲折，正不知費了多少心計。就以戚繼光而言：北方軍人以及一部份朝臣，都反對他，他們只知有派系，不知有國家，苦心調護的就是江陵。如其不然，他亦無法立功，更不會鎭薊至十六年之久。

事實上，不僅南方軍隊，不見容於北方，卽北方軍隊，卽如薊遼與宣大兩個戰區，亦是各立門戶，互不相容的；苦心疏導，使其化除畛域之見，同心爲國的亦是江陵。讓我舉一實例：當宣大總督王崇古升任兵部尙書時，薊遼方面，不免有觖望，人事安排，極費躊躇！江陵思考之後，乃調薊遼派的王遴，爲宣府巡撫，而另起用在野的陳道基以繼其任。他在致王遴書中說：「宣薊脣齒之勢，異時兩鎭視同秦越；今移公於宣者，所以爲薊也，去公於薊者，所以爲宣也。……僕十餘年來，經營邊事，心力俱竭，今一更置之間，其用心之深如此，他人安得知之。」他一生埋頭苦幹，不屑作自我宣傳，外人又何從得知「一更置之間，」如此其用深心。

「經營邊事，心力俱竭，」絕非門面語，江陵是有心人，慮患思危，事事留心；入閣以後，更加瘁心國事，所以對於邊事，對於敵情，均能瞭如指掌。舉例來說：隆慶二年，譚綸和戚繼光奏請增築敵台，（碉堡）兵部擬定照辦，江陵却以爲欠妥；在致譚綸書中，說：「大疏謂『一台須五十人守之，』則千台當五萬人矣；不知此五萬人，卽以擺守者聚而守之乎？抑別有損益乎？聚則乘垣無人，增則見兵止有此數，不知當何處也？又台四面周廣纔一丈二尺，雖是收頂之勢，度其根脚，亦不過倍此數耳；以五十人周旋其內，一切守衛之具，與士卒衣糧薪水之類，充牣其中，得毋太狹乎？便中仍望見教！」這是何等精審！又另一書中，談及軍糧；江陵說：「僕近訪得薊鎭軍糧，有關支一、二百里之外者，士卒甚以爲苦；夫以衆口之家，仰給於一石之糧，支放不時，斗斛不足，而又使之候支於數百里之外，往返道路，雇倩負戴，費將誰出？是名支一石，其實不過八九斗止耳。……」這又是何等關切！江陵常說：「僕於邊境，處心積慮，雖寢食未嘗忘。」從上述兩件細故，可以證明其非門面語，也可以證明他和其他執政者不同之處。

明王朝腐爛不堪的軍隊，忽然變成勁旅，戰守俱有功，原因是多方面的。若單是只注重外表，而不注重實際；只求其聽命守紀律，而不謀解決許多相關聯的問題；那只能一時應景，是不能長期保有銳氣，而無怨尤的。軍中如有人心存怨望，積久是會發生大問題的。江陵除了盡力整理軍隊外，他是如何使軍中自上至下，都無怨心，這是很値得注意的事。在此，先引行實上一段記載，再稍加說明。「往者將權不重，功罪賞罰不覈，人視將士易與，將士亦以此自輕。……今假督府一切便宜，不數易置；時時出璽書金綺相勞；有謨猷宿望，已數破虜者，卽賜召還，不欲竭盡其力。……罷監軍使者；令文吏勿得摧沮。……又賜將士養廉田，出帑金勞軍。能多立奇功者，不惜通爵之賞。……罷勞苦士卒。親理營兵。罷班軍輸作，令有老幼當赴代者，悉罷勿遣。……以故將士感泣，皆引弓備戰，無不願居前一當匈奴，先死。……」

前面一段話，須說明的是幾個特點：一是多方鼓勵將領立功，但於已立功的人，便調回朝廷，讓人有休息機會，這是深通心理學，才有此異常舉措。將領立功以後，予以優待，藉資養望，再要用他，他便更加矜持，更加努力，惧怕失敗，有損聲譽。如因其能立功，長期勞累，一旦挫敗，又功不補過，這是別人所不願意的。一是注意士卒的痛苦，在前方過久，過於勞苦，以及家有負擔的，一律讓人休息，或不予徵補；同時不要士卒做他分外的雜差。這亦因懂得別人心理，才有此明智之舉。所謂勞苦的士卒，就是在前方過久，或作戰受過創傷的；不令他休息，要他死而後已，焉得不怨？家有老幼，仰事俯蓄，要人安心去打仗，是苦人之所難；强而行之，亦必生怨。一是軍隊披堅執銳，以生命捍衛國家，是應該受極高崇敬的；士卒的責任是打仗，如要他應雜差，不止是勞累，並且傷害了他們的自尊心。此外不須再加解釋。

自江陵柄政，明朝軍隊，始能守能戰，並且屢次出塞，屢打勝仗，這個事實，諒無人可以否認。誠然，當時戎政人員，包括邊境守臣，都有功勞，不應歸功於某一人；但江陵不啻是神經中樞，居中握算，「主持不惑，」甚至連作戰計劃，都是由他擬定；（只看他論虜情與論海盜書便知）如沒有他，在軍事上，斷乎不會有此成就。明史雖語焉不詳，但亦承認「其時蓋張居正當國，究心於邊謀邊瑣，書疏往復，洞矚機宜，委任責成，使得展布，是以各盡其才，事得有濟。」（譚綸王崇古傳贊）江陵自己亦說：「往時廟堂無所定見，一聞浪語，卽爲動搖；譬之碁，隨敵嚮往，應手卽下。今則不然；吾審勢已定，窺敵視變，或無事而自補，或棄子而爭先，此今日之局面也。」（致滇撫王毅菴書）這亦不算是夸言；而無事自補，棄子爭先二語，凡執政者，尤其是有敵國外患的人，應該奉爲圭臬。

其次，略說整飭學政，或說整頓教育：社會風氣之壞，由於士大夫之無廉恥，士大夫之所以鮮廉寡恥，當由於教育之失敗。治國必資於人才，人才有賴於教養，這是盡人皆知的。當政的人，都說要作育人才，但有的成功，而有的失敗；有的造就了部份人才，有的則盡教的是奴才；原因在於不知道培植人才的方法，亦沒有培植人才的誠意。所以王荆公說：「敎之養之，取之任之，有一非其道，則適足以敗壞天下之人才。」明朝在洪武年間，訂了許多法令規章，表示皇帝注重敎育；其實朱元璋是個粗人，如何懂得敎育？顧亭林說明初「經義之文，敷衍傳註，或對或散，初無定格；」後來就變成了八股。學問而有八股，並且非八股不能入選，不能做官，這就只能養成一羣衣冠傀儡，不能養成眞有學問的人。所以顧氏又說：「有明一代之人所著書，無非竊盜。」用現代語說：就是東抄西摘別人的現成話，或者更加幾個英文字母，便成一部著作，以炫世眩俗。

在另一方面，敎育又是與政風相關的；政治上既然是十分窳敗，主持敎育的各級學官，也自然隨風而靡，難得找到幾個乾淨的東西。江陵說：「自頃士習頹靡，廉恥道喪，苞苴顯於贄雉，倖孔多於亡羊，乞溫逐臭，相煽成風。」（致徐階書）學官如此，學生又如何？明初定制，除民間社學以外，由官方主持的，有一定名額，府學四十名，州學三十名，縣學二十名，由公家給廩膳；到了國子學，還另有津貼；這些學校原是要選拔優秀青年入學的。但不久之後，漸漸變了質；自宣德年間起，各級名額增加，名色亦漸多，有廕生、增廣生、無廩膳附生、附考生，還有納粟納馬等名目。稍後，許多社學生，亦可入官學；這些人統名爲生員。生員可以「賄買入庠；」也就是只問紅包多少，不問程度高下，一律照收。凡是生員，並特准免其家三人役，二石糧，以示優待。當生員既有資格，接近官場，又能免稅免役，於是鑽營入學的人日多，品流亦日趨龐雜；官方又不認眞管理；久而久之，就變成了「學霸，」而成爲社會另一特權階級。於是出入官府，包攬詞訟，武斷鄉曲，壓榨小民；「

囂訟逋頑，以病有司者，比比皆是。」（亭林文集論生員）當時民間流傳「坐一百，走三百」之說，就是指這班生員，勾結不肖官吏，敲詐小民之後，坐在衙門的官吏，與出入衙門的生員，三比一分贓。後來人更多，而勢更大，竟至目無官府；「生員鼓譟，至毀公署。」這一新興特權階級，無地無有，爲害之烈，不難想見。

江陵來自民間，當熟知其害，於是不顧一切，決心整飭。他的宗旨是端士習，務實學，養成敦品勵行的人；其中最要緊的是注重廉恥節義。王應麟說：「行己有恥，始得謂之士。」這是不錯的；讀書而不講廉恥，則比不讀書者更壞百倍，因爲知道的壞事多，壞主意也就更多。萬曆二年，江陵所用的整飭方法，約可分爲：一、「不許羣聚黨徒，號召游食無行之人，空談廢業；」因而「啓奔競之門，開請托之路。」二、「天下利病，諸人皆許直言，惟生員不許；並不准出入衙門。」（前半段洪武年間，原有禁令，日久玩生，故生員亦議論朝政。）三、限制學額：「凡大府不過二十人，大州縣不過十五人；」並要嚴加考校，寧缺勿濫。四、「食廩六年以上，經過考校，無實學者，分發爲吏，或罷黜爲民；」亦即取銷生員的資格。

這些辦法，只是一面，如學官不加以整飭，學校仍不會辦好。於是同時着手整飭學官。他說：「養士之本在於學校，貞教端範，在於督學之臣。……居此官者，不獨須學行之優，又必能執法持憲，正己肅下，而後能稱也。『師嚴然後道尊，道尊然後民知敬學』……近年以來，既無卓行實學，以服多士之心，則務爲虛談賈譽，賣法養交，甚者公開倖門，名招請托。又憚於巡歷，苦於校閱，高座會城，計日待轉；故士習日敝，民僞日滋，以馳騖奔趨爲良圖，以剽竊漁獵爲捷徑。……」（請申飭學政疏）這一段話，將當時學官毛病，說得再淸楚不過了。於是他力請仿照成規，將天下督學官通行考察，由撫按覈其能否，部院再加覆核，定其黜陟。凡是學業荒疏，不堪師表者，至少重行訓練，始准任職；年力衰憊者，卽予停用，仍予一閒職，使「回籍榮身。」同時，他還要求督學官督率敎官生儒，切實講究經書義理，躬行實踐；要求生員敦本尙質，如果行誼優異，就是文藝稍劣，亦當量加獎進。其目的，就在於使士有恥心。

用以上方法整飭學政，不但可以減少製造土豪劣紳的機會，還可以鼓勵純正而有實學的人上進。明朝土劣之所以特多，與敎育制度及學風，是大有關係的。因爲舉人或貢生以下，根本沒有出路，（舉人最多只能做到州府佐貳。）他們又不甘於與齊民爲伍，只好去做土豪劣紳，靠剝削小民過日子。江陵當時減少府縣學額，是士大夫所最不滿意的。（與禁止講學、封閉書院，同爲後人所訾議。）但江陵自有定見，決不因人反對，而有所動搖。國家培養人才，是爲致用，不是爲裝飾門面的。當時的人沒有普及敎育的觀念，官學只着重在培養領導階層。就明朝官制看來，全國各地監司，以及府縣衙門，一共是一千七百二十二處，合中央各衙門，一命以上的官，全部大概不出二萬五千人；全國一千一百零八個縣，除了社學，每縣學額有十人以上，累年遞增，若都是人才，已足敷用；若都不是人才，而是蠹賊，雖多亦奚益？

再次，當說整理驛政：驛遞不但歷史悠久，亦是行政上所不可少的一種制度；古代稱爲郵，並設有郵官，專管全國交通通訊，兼負一部份運輸任務。孟子所謂「速於置郵而傳命，」就是指的驛遞。國家的疆域日大，這種工作就日趨重要。在明朝，全國交通要道，都設有驛站驛亭，有專用的驛官驛吏，還養有驛馬，以便傳遞。朱元璋知其重要，曾嚴令約束，非軍事要公，不得馳驛。但不久之後，政治上無事無弊，驛政亦面目全非，成爲一大秕政。大小官員，不問公私，都可以乘傳馳驛；官親官友，亦可朦混取巧，白費公家差力與交通工具，接受驛站招待。凡是持有文憑的，還可以乘機需索，要供應程儀、酒席、乃至要供應女人；如是奉旨徵辦的，則威風更大，需索更多。因此，設有驛站的地方，「百姓如被賊虜；」甚至要鬻兒賣女以應差。江陵決心要革除這項秕政，於是重新規定：「凡官員非奉公差，不許借行勘合；（驛劵）非軍務，不許擅用金鼓旗號；若有欺隱，一體治罪。凡奉准馳驛者，亦只供應車馬飯食，不准擅行需索。」這是命令，亦甚平常，無奇足稱。但這個命令，却極有效，連神宗派皇親往武當進香求嗣，亦不敢擅行乘傳。原因是江陵言出法隨，毫不徇情，他率先遵守法令，別人自然不敢輕於以身試法。從來國家法令之敗壞，無一不從上面壞起，大官徇情，小官效尤，漸漸就變成了具文。驛遞在當時，因爲驛站遍及全國，凡交通要道，均有設置，所以被騷擾的地方極廣，因而整頓以後，受惠的人民極多；所不便的只是少數存心假公濟私，魚肉小民的不肖官吏。

再次，要說條編：此卽有名的「一條鞭」之賦役法，亦爲江陵柄政時之一大貢獻。明朝人民，對於國家，除正供之外，在徭役方面，還有「力差、銀差」種種負擔。正供是田糧、丁役、與土貢（方物三者之總稱；銀差是分派人民的各種雜差，由人民雇用無業游民充當，而以銀輸官府，差愈繁而負擔愈重；力差是地方官私人需要，如薪炭、馬料、公館差人等，折成銀子，向人民攤派。大抵原來都是以丁糧爲標準；行之既久，地方有勢力的人，逃避這種負擔，便如田賦一般，都轉嫁到小民身上，因致小民困累不堪，當一年差，竟至傾家蕩產；這亦是所有小民人人切齒的事。條編的辦法，是責成地方官，統籌核計，剔除浮濫，按實際需要，一併征收；「銀差則計其交納之費，加以增耗；力差則計其工食之費，量爲增加；與京庫歲需，以及土宜方物等，悉併爲一條，計畝征銀，折辦於官。」這種辦法的好處，是「丁糧差重者，派銀亦重，輕重均派於衆，未嘗獨累獨利於一人；善於規避者，無所用其計，巧於營爲者，無所施其術。」（見食貨典徐希明疏）這是一大善政，嘉靖以前，頗有人試圖舉辦，而未見實現；其原因，正如江陵所說：「大抵此法至公至平，但便於小民，而不便於貪墨之官府；便於貧乏，而不便於作奸之富豪。」官府和富豪，一向是「聯合陣線，」阻力極大，既於他們不便，如何可以實現？但江陵說過，要「大破常格」，他認定有利於小民，卽斷然而行之，「豈區區浮議，所能動搖？」於是自京畿以至全國，次第實施，貫澈到底，並且永著爲令。

再次，該說治理河道：黃河一直是害多利少的，明朝亦然。惟明人治河，另有原則：一、要顧及漕運，黃河在開封以下，不許向北，因過於偏北，徐淮之間，便不能「借河爲運。」。二、要顧及皇陵，黃河到徐州方面，不許向南，因爲淹沒了鳳泗一帶，便沒及皇帝祖墳。（萬曆二十四年，總河楊一魁，就是因單縣決口未塞，致衝明祖陵，而被革職爲民的。）三、要保持不大改道，因如改道太頻，出現淺灘太多，影響船舶運行。於是，明人治河，只好因河爲堤，以堤防水，河床愈高，堤防愈危，依然連年決口。隆慶四年，邳州決口之後，江陵憂心忡忡，竭其心力，博採周諮，以求一更爲有效的治河方法，以人事牽綴，成就甚微。直到萬曆初年，他才決定第一步劃一職權，減少摩擦，以河道任務，委之於有經驗的吳桂芳，而全力予以支持。迨黃河稍有改進，而淮揚又因海口淤塞，以致汎濫，吳桂芳主張開海口，並棄安東一城，以救淮揚鳳泗一帶人民；這是爲救一路哭，不惜一家哭的辦法，自然有小仁小義的人，出來反對。（據河渠志說：皇帝當時亦不贊成。）江陵深思熟慮之後，一力贊成，他說：「治水之道，未有不先下流者；視水必趨之路，決壅疏窒，雖棄地勿惜，礙衆勿顧。」（答吳桂芳書）吳桂芳得到這種堅定而有力的支持，才按計劃施行。萬曆四年，草灣工成，「海口疏通，淮揚六郡，歡聲雷動，從此人得平土而居。」

明朝言官，是最愛講空話的，隆慶四年，黃淮都決口以後，朝堂之上，議論紛紛，多數人貿然主張開膠濟新河，以利漕運，高拱亦力主其議，獨江陵心知其不可，委婉勸止，才未「罄有用之財，爲無益之費。」（單只這一椿事，江陵亦極費苦心，因爲高拱個性強，隨聲附和的人又多，江陵無法阻止，又不忍見勞民傷財，作無益之事，於是他建議派胡檟去實地勘察，這是高拱所信任的人；經過胡檟勘察以後，所陳利弊，與江陵成算，不謀而合，這才作罷。）萬曆四五年之間，河淮水患已漸減，江陵於是更進一步，提出疏下流，遏旁支，塞決口，築遙堤，使淮黃兩河，歸於正道的辦法，以爲久遠計，仍責之於吳桂芳。不意吳桂芳病歿，當求河道總督的人，當然很多，這是優差；而江陵爲事求人，毅然起用潘季馴，他是水利專家，正可駕輕就熟。但議論又一時紛至沓來，有主張縱河入江的，有主張挽河入淮的，有主張河淮分治的，亦有主張決口不當阻塞的；甚至有人批評他偏執，亦置於不顧。這是一項大工程，江陵一面寬籌經費，一次「撥款八十萬金，不問其出入」；一面請皇帝下令，凡不負責，故意爲難，及不盡力者，下詔獄懲治。於是潘季馴可以放手辦事，工程人員，人人危懼，都住宿在工地，不敢擅離一步，「胼胝沾塗，日夜焦勞。」至七年，河工告成，不但提前完工，而且做得很牢固；不但沒有人造假報銷，而且還節省了二十餘萬公款。「徐淮之間，延袤八百餘里，兩堤相望，如長山夾峙，數十年棄地，轉爲耕桑，河上萬艘，捷於灌輸。」兩河水患，爲之大減。

現在且說清丈田畝：我國田畝，有比較確實地籍，所謂魚鱗塊冊，自明代始。前面說過，全國田畝，百四十年，已減強半，主要的是由猾民欺隱。土地私有制生根以後，伴隨而來的，就是豪强兼併，「富者田連阡陌，貧者無立錐之地，」從古已然。這個大問題，歷代都有人想到，因而有均田限田、王田、占田、公田、方田，以及恢復井田等等主張，可惜都沒有成功！在明朝，問題還不止是所、有權，更加上一個負擔不合理，有人田少而稅多，有人本沒有田，而要納稅；所以很多小民「樂歲終身苦，凶年不免於死亡。」清丈田畝、很明顯的、可以杜絕欺隱，使人民負擔公平。古人不是說「仁政必自經界始……不患寡而患不均」麼？但茲事體大，又得罪巨室，鄉愿們怎敢嘗試？只有江陵，有此就當。萬曆七年。江陵奏請清丈天下田畝，從福建開始；在致閩撫耿楚侗書中，江陵說：「丈田之事，揆之人情，必云不便；『苟利社稷，生死以之。』僕守此二言，雖蒙垢致怨，而於國家實爲少裨，願公自信，勿畏浮言。」這幾句正氣凜凜的話，至今讀之，如見其人，如聞其聲！

丈田開始實施了，浮言當然隨之而來，要特權階級和猾民，依法負擔賦稅，他們豈能默爾而息？浮言愈多，執行的官員，自亦免不了多所顧慮；前人不是說過：「爲政不難，不得罪於巨室」麼？江陵知道地方官員，必有疑慮，再以私函鼓勵他們；他說：「清丈之議，在小民實被其惠，而於官豪之家，殊爲不便。（答山東巡撫何萊山書）此舉實均天下大政，然積弊叢蠹之餘。非精覈嚴審，未能妥當；諸公宜及僕在位，做箇一了百當。（答江西巡撫王宗載等書）百年曠舉，宜及僕在位，務求一了百當；已屬該部科，有違限者，概不查參，使諸公得便宜行事。（再答何萊山等書）……」這一類話，是表示一方面要澈底做好這椿大事，一方面爲辦事人員撐腰。

與此同時，發生一個問題，那就是一、二等特權階級的田畝應否清丈，一律納稅；這裏面除宗室之外，還有一部份勛戚太監，是輕易不敢觸犯的。江陵接到報告，即斷然的說：「除欽賜公田之外，但有自置田土，盡數報官，納糧當差，與齊民一體，不准優免。」（答楊本菴書）這些話只有出諸皇帝之口，才無人敢於批評，而今出於江陵之口，即使至公至正，別人亦不服。但江陵早看透了那班腐化份子，他們只有仗皇帝的勢，才有威風；而今奉皇帝之命，爲百分之九十以上的小民謀福利，並且抱定「生死以之」的決心，死且不懼，遑言其他。

這一次清丈全國田畝，就靠着江陵個人決心，達成了任務。就有關記載看來，似乎尚未做到如江陵所期「一了百當。」一層是王府勛戚，和部份官豪，仍有隱瞞。二層是部份執行官員，仍有却顧猶疑，不肯認眞辦事。但這樁空前未有的要政，仍是很成功的；其結果是「糧不增加，而輕重適均，國賦既易措辦，小民如獲更生。」爲何有這樣成果？就因爲查出了大量欺隱的田畝，也等於查出了大量隱瞞的賦稅。弘治十五年的額田，是四百餘萬頃，經過淸丈，增加了三百餘萬頃，這不是一件小事。

以次當說整理漕運：明朝遷都北京以後，所需祿米軍糈，大部份仍然仰給於南方，（當時所定運京倉漕，共爲四百萬石，內爲北糧七十五萬石，南糧三百二十五萬石。）而漕運遂爲要政。但南北距離甚遠，運輸困難，往往靑黃不接；而河工與糧政，時合時分，責任不專；河道又常因水患、而有變遷；故平時食糧，已有問題，遇有戰事，更見緊迫。隆慶初年，海運河運之爭，開新河治舊河之議，衆說紛紜，而皆浮泛不切事理。尤其言官囂張，辦事的人，偶有小疵，則糾彈不已，使人無所措手足。江陵籌思至審，乃決定以河工責之傅希摯，而以漕運責之王宗沭，分工合作，而優假便利；每年應運之糧，限令先期集儲，「三月過洪」，乘水漲之時，河海並進，一次蒇事。萬曆元年，這種辦法，已見實效；江陵致書王宗沭，說：「四百萬軍儲，江海並運，洪濤飛越，若涉平津，自僕有知以來，實未見有如是之盛者。」四年以後河工相繼完成，漕運更暢，因而「太倉之粟，可支十年。」這和國家安定，大有關係；江陵說過要「厚養戰鬬之士，」如果沒有糧，戰士吃不飽，又如何能打仗？（到了萬曆中年，「漕運抵京者，僅百三十八萬石，其折兌銀兩者，已給軍費，於是銀米兩空，六軍百官，至待漕舉炊。」）

復次，當說興建水利，在江陵生前功效最爲顯著的，是江南地區，特別是蘇松一帶；但長江兩岸，無形中，亦頗受其利。據明史河渠志：一是於松江設水利僉事，始有專管水利的官。二是浚濬吳松江，以迄黃浦。三是引江通湖，以利灌漑。因而築白茆、青暘等多處港口，並開支河；同時再濬黃浦江八十餘里，開新河百二十餘道，並築海岸長堤；自是東南水利大興，富饒甲天下。第一項實施在萬曆四年，第二項在六年，第三項在八年；始爲倡議的是蘇撫宋儀望，先後董其事的，是副使許應逵等，而從善如流，全力支持的，則是江陵。萬曆十年以前的水利設施之所以偏重東南，可能是因爲漕糧大部份出於東南的原故。

在江陵柄政時期，急如星火，雷厲風行的事，該算是嚴緝盜匪了。江陵對於孔夫子所說：「苟子之不欲，雖賞之不竊」的說法，似不十分同意；他認爲盜起於饑寒，而官府不能辭其責。他說：「上失其道，民散於下，貪吏虐政，又從而驅迫之，於是不逞之徒，乘間而起；……故盜之起，以迫於饑寒。」（雜著）於是他要求地方官，盡力做好安民工作，不容許再有貪吏虐政，從而驅迫。既已致力於安民工作，如再爲盜，自當重懲，自當懲惡以勸善。故嚴令責成地方官，「有盜必獲，獲盜必誅。」這是目的，其用以達到目的底手段，是「申保甲之約，設斬捕之格，厲窩盜之禁，厚協捕之賞，寬未得之期，薄旣獲之罰；使吏務詰姦，人惧逸賊。」這不僅是爲閭閻安堵，還在於「勿使有釁。」換言之，就是要堵塞一切漏洞，以遏止民心向亂。昔人說：「民猶水也，水能載舟，亦能覆舟。」平時不注意民心向背，一旦有人造反，人民就會基於一種恨心，附會造反的人，以洩忿爲快，而不計後果。所以江陵又說：「堤防一決，雖有智者，亦無如之何！」

嘉靖末年，全國無地無盜匪；但到了萬曆初年，盜匪幾於絕跡，可以夜不閉戶。後人但知江陵主張嚴緝盜匪，而不知他於此一要政，是如何耗費心血，始終不懈，乃著奇效。試舉一例：有一次江南發現了幾個竊盜，這本是巡捕的事，（現代是偵緝隊的事。）郡縣守令，且不屑問，何況首輔？（宰相是只應問牛喘；而不當管小事的？）但江陵居然過問這樁小事，而且查根究底；在致應天巡撫孫小溪書中，他說：「昨鎮江之事，朝廷原未責其不奏，但惡其不報，及報不以實。賀氏之賊，發於去秋，而今歲三月，撫按始知之，是曾申報否乎？南都已獲蔡朋，行該府緝捕夥盜，而該府不報，以爲烏有；范有呂袁漳等家，皆以未嘗失財爲解，而贓固獲於浙中也。江南以隱匿盜情爲常事，數年之間，一發於揚州，再發於太平，今三發於鎮江；大盜公行，而莫之問，則法紀蕩然，他處曾有此乎？……」這看來是小事，而江陵如此認眞查究這樁小事，是有理由的。當時爲了嚴緝盜匪，期於根絕，規定凡發現盜匪，輕則申報撫按，重則奏聞朝廷，這是法令；那個知府，既不申報，又扶同隱瞞，這是違法；如果當政的人，不防微杜漸，睜眼看着屬下違法，不予處分，則大家效尤，習於欺蔽，安於欺蔽，法令便成爲廢紙，政府便失去威信。所以江陵說：「舊染頽俗，久難驟變，彼頑梗玩肆之人，以爲法雖如是，未必行也；今量處數人，以示大信於天下，庶幾有所憚而不敢犯。」這就是首輔要查究盜案的理由。如其不然，在他柄政時，盜匪就不會絕跡，更不會「雖萬里外，朝下令而夕奉行。」一個政府，應該有政策和威信，比較之下，威信更爲重要；沒有威信，任何好政策，都行不通。

現在再說治獄：嘉靖年間，皇帝一心修道，好祥瑞，講忌諱，不斷的下令停刑；同時又因肝火過旺，動輒將臣庶投進監獄。各級官吏，又不知體恤人民，動輒以刑獄株連無辜。於是天下監獄，有人滿之勢。萬曆二年，江陵主張淸理全國監獄，無罪的立刻開釋，寃枉的立爲平反，有重罪的，立加處決；這一年「錄囚四百人；」並定一年一決囚。決囚，就是殺人；於是懷婦人之仁的人，又加以指摘，江陵概置不顧。萬曆五年，慈聖太后要停刑，理由是皇帝將要大婚，圖個吉兆，這是命令，不能置於不顧。但江陵是講理智的人，是非觀念最分明，他以爲這是國家政事，不能與皇室私事，混在一起；於是據理力爭；他說：「釋有罪而不誅，則刑賞失中。臣詳閱重犯招情，有殺祖父母者，有毆死親兄及同居尊屬者，有殺一家非死罪三人者，有强盜刼財殺人者；皆滅絕天理，敗傷彝倫，仁人之所痛惡，覆載之所不容。」他並力勸太后「勿惑於浮屠之說，勿流於姑息之愛。」執政的人，握有權勢，却不可以殺人樹威；但犯者罪行，至於殺死尊屬，這是人倫之大變，而無法容忍的。正如尙書大傳所說：「不得其生之道，乃刑殺。」執政的人，亦應該有一個好心腸，否則可以假借任何罪名，而置人於死地；但切不可煦煦爲仁，而爲姑息苟且之政，使善者怯於爲善，而惡者安於爲惡。所以昔人說：「毋殺不辜，毋釋有罪，則民不惑。」（說苑政理篇）

最後應將一件大快人心的事，略爲叙及；那就是「痛懲貪墨。」江陵雖注重嚴吏治，但與懲貪並非一事；因爲賢吏可以敦品勵行，能吏則難保其必不貪汚。而且政治上最大詬病，莫過於貪汚。古人說：「國家之敗，由官邪也，官之失德，寵賂彰也；」已概乎言之。人稱西漢政治，比較淸明，可能與旌廉懲貪，大有關係。他們的辦法：凡贓銀至十兩者，本人治罪外，還禁錮其子孫。一般人貪得錢財，大半是爲子孫計，子孫既受禁錮，不能享受，也就無心貪汚了。這辦法甚好，可惜不傳！元朝官員，不是貪汚，直是放搶，朱元璋深知其害，亦嚴懲貪汚；他的辦法：是將貪汚份子殺死，剝皮實之以草，供人觀覽。要錢而又惜命的人，亦往往爲之寒心。但不足爲法；所以不久之後，貪風復熾。一個皇帝的嬖倖——江彬、抄家時，竟有黃金幾十櫃，白銀幾千櫃之多，眞足駭人！貪汚一直是政治上的一個大問題，它有鴉片與花柳病的雙重毒素，一是上了癮不易戒除；一是傳染非常迅速。在明朝，自朱元璋以後，執政的人，對於這個大問題，似乎漠不關心；雖然發生過很多抄家案，並且抄出了很多財物，而其目的，並不是爲懲治貪汚。直到江陵柄政，才着眼於懲貪兩字，而澈底執行。他的方法是一面用刺舉來揭發貪汚，治罪之外，着重追贓。一面獎廉，使得許多還未上貪汚癮的人，知道貪之可醜，廉之可貴。他認爲要獎廉，就必先懲貪；他說：「獎貪以勸廉，猶却行而求前。」萬曆四年詔書規定：「諸贓犯侵盜官銀五十兩，糧一百石者，照數監追。」最後一句，甚爲要緊，因爲監追辦法是「押發各邊，自行輸納，不但懲貪，亦可爲實邊之一助。」這裏須稍加解釋的是：監追是監守贓犯，定要追出贓物贓款，這比法院查封財產要切實；因爲沒有貪汚份子，會將贓款放在家裏，等待別人查封的。其次是實邊，邊是邊防地區，亦就是前方戰地；犯了貪汚罪，不但要監追贓款，還要充軍到戰地去服役，增加戰地的守衛力量。以其人實邊，以其贓充餉，一舉兩得，極爲切實，大可仿行。若不如此，貪汚份子，萬一敗露，只須坐幾年牢，錢財猶在，保釋之後，大可享受；即不然，將錢存到花旗銀行，供子弟留學，甚或活動東山再起；如此，則無異於奬勵貪汚。正因江陵敢於痛懲貪墨，又想得極周到，不容貪汚份子有活動脫罪的餘地，所以萬曆初年，才有「吏斤斤循法奉職」的好現象。

江陵一生建樹太多了！也太高明了！凡所舉措，必求實效，無一事徒托空言。他所作的事，值得稱道的，尙不止此，以上不過舉其大要而已。就以上所舉看來，他的智慧，他的觀念，和他的毅力，固高人一等；而他的儍氣，更爲人所望塵莫及。他所做的事，差不多都是最易招尤結怨，而爲「聰明」的人，所不肯做不敢做的。所以他對神宗說：「人之所不能者，而臣爲之，人之所可受者，而臣辭之。」這就是儍氣。也就正因他有此儍氣，他才能成大功。

八　卓越的政治觀念、治術、與成就（下）

明朝大學士，初無定制，大抵以入閣最早，資望最深者爲首輔，餘稱次輔；首輔在內閣，無形中居領袖地位，故皇帝加派閣臣勅令，常有「着隨首輔在閣辦事」字樣。亦因沒有一定章制，所以亦常有爭權（主要是爭票擬權）情事，比較跋扈或特別得寵的次輔，亦常駕凌首輔而上之。不過一般的仍以首輔領政，並被視爲是正常的；故非首輔，不能大有作爲。

江陵於隆慶元年入閣，首輔是比他資深的徐階、李春芳、和高拱等，雖說江陵有才略，「間出一語輒中的，人以是愈畏憚，重於他相；」但究竟不是首輔，特別是在講年資，重老成的時候，他亦不得不守其分際，儘讓三分。不過，在徐階時代，因其私交獨厚，他可能是一得力助手。在致徐階書中，他說：「沉機密謀，相與圖議於帷幄者，不肖一人而已；」可見他們的關係。李春芳時代，因其爲人和易，又甚器重江陵，其所建立，出之江陵策劃者亦多。高拱時代，可分爲兩個階段；起初他們兩人，互相推重，並以「周召夾輔，」同奬王室相期；江陵又勇於任事，（納降處叛，即是一例。）他所貢獻，自不在少。後因徐階而有隔閡，江陵態度可能不如以前之積極。總之，隆慶六年中，江陵一直是次輔，他的才力，是無法充分表現的。

嚴格說來，江陵的事業，是從萬曆元年開始的，這不只是因爲他受顧命，又當首輔，握有權力；

更要緊的是高拱被逐，造成了一個有利形勢，神宗母子，不得不以朱王家安危，付託與江陵，因而不得不予以便利，使得展布。江陵是事業心極旺盛的人，他把握了這個機會，於是下大決心，「掃除廓清。」十年之中，他一瞬都不肯輕易放過，晝作夜思，心營口畫，至不敢以時寢食；他幾乎全然沒有私生活，他的時間精力，獻與了國家。而最不同尋常的，是愈到晚年，愈加積極，對於他的政策，「持之愈力，略不少回。」他一點也不裝聾做啞，博什麼慈祥和藹之虛名，這是他能成功的另一個重大原因。

一般只將眼光投射在權力上，因而說江陵攬權，說他因為把持權力，而日益驕亢，愈到晚年，愈不能接受別人意見，甚至不能容物。這種看法，有沒有錯，此處不擬辨論。我只覺得為江陵設想，他正當如此，假如他的政策沒有錯誤的話。子產說：「政如農功，」意思是說主政的人，是當固握其柄，愼始敬終，一刻不可放鬆的。萬曆五、六年，雖說政治已上軌道，但還有許多要政，沒有實施，更加上皇帝快要成年，江陵快要「拜手稽首歸政，」時機稍縱即逝，如果他不把握機會，在政治上打下牢固基礎，一有動搖，則他的心血，皆為虛耗。究竟這十年之中，江陵對於國家有何貢獻？或說成果如何？這是應作一總結，有所交代的。

當嚴嵩柄政時，江陵致耿楚侗書，說：「碁局屢變，羽檄旁午，貪風不止，民怨日深。」只這寥寥數語，已可概見一般。萬曆十年春，徐階八十壽辰，江陵有序文祝賀，序文說：「……萬曆以來，主聖時清，吏治廉勤，民生康阜，綱紀振肅，風俗淳樸；粟陳於庾，（指太倉之粟可支十年。）貫朽於府；（指太僕亦竟存金四百餘萬。）煙火萬里，露積相望；（指人口繁盛。）嶺海之間，氛廓波恬；（指肅清海盜，與敉平粵亂。）漠北驕虜，來享來王，咸願保塞，永爲外臣；（指吉能等歸順，與義順三世臣服。）一時海內，稱爲熙洽。」這一段話，都有事實可證，並非夸言；將此壽序與致耿楚侗之書，兩相對照，則江陵旋乾轉坤之功，豈不顯而易見。

可是，這不能使人無疑，因爲是出於江陵自己之口；人類本有一種誇耀自己的天性，而在政治舞台上，自吹自擂，已成習慣，人們懷疑，是有理由的。我們再看看呂坤的評判，他與江陵同時，耳濡目染，看得眞切；而他又是比較恬澹的人，非一般趨炎附勢者可比。在江陵文集書後中，他說：「今上以十齡御九五，當是時也，兩宮有竝后之稱，諸璫操得肆之權，外戚有夤緣之藉，宣大値那吉之入，兩廣興懷遠之師，海內多頹靡之政，當斯任者，（首輔）顧不難歟？先生念顧託之重，受聖主之知，以六合重擔，荷之兩肩，以四海欣戚，會爲一體，無所諉託，毅然任之。顧任天下之勞易，任天下之怨難，先生以一身繫社稷安危，愛憎毀譽，等於浮雲。以君德之成敗責經筵，故帝鑑有圖，日講有規；以監局之縱畏關治亂，故付之主者，嚴其約束；立考成以督撫按；節驛遞以恤民窮；限進取以重學校；核田畝以杜分欺；額刺擧以塞私門；（檢擧貪汚不法）倂催科以繩勢逋；（問官豪要稅）重誅讁以儆貪殘；申宗藩之例；裁冗濫之員；核侵漁之餉；（被剋扣的軍餉）淸隱占之屯；（淸理被佔公產）嚴大辟之刑；俾九圍之人，兢兢輯志；慢肆之吏，凜凜奉法；橫議之士，息邪說而尊主。事可安常者，不更張以開後釁之端；時當變遷者，不因循以養積重之勢。內亂不萌，外患不作，五兵朽鈍，四民安康，此之爲功，伊誰功哉?!則先生肯任之志，能任之手，斷斷乎其敢任之效也。……」

呂坤之言，頗爲扼要，亦不失爲公正；然猶不能使人無疑，因爲他是萬曆五年的進士，做過侍郎，和江陵有師生之誼猶雖說他寫序文時，江陵已逝世，他亦已致仕，但弟爲師隱，亦是恒情。我們且看呂坤以後，明朝官員一般評判又如何?「終神宗之世，朝臣不敢言江陵功」，這是因爲天下是非只有一個，說江陵是，便等於說皇帝不是，得罪皇帝，那有官做?但神宗死後，舉目有滄桑之感!於是講公平話的多起來了；天啓元年，至崇禎十三年，有很多奏章，表白江陵功勞，以羅喻義等所說最翔實，李日宣等所說最簡明。他們說：「故輔張居正，受遺輔政，事皇祖十年，肩勞任怨，舉廢飭弛，成萬曆初年之治；其時中外乂安，海內殷阜，綱紀法度，無不修明。……」而尤難能可貴的，是鄒元標，他在萬曆五年，因神宗强迫江陵奪情，而上彈章，廷杖八十，謫都勻衞，到天啓元年，侍經筵時，步履仍不方便；而天啓二年首先主持公道，說江陵「功在社稷」的就是他。爲何這般人，要講公道話?那就因爲是「日久論定，人益懷思。」

萬曆十年前之眞承平，與十年後之大混亂，又是一個强烈的對照，天啓以至崇禎時代的人，親耳聽到，乃至親眼看到，嘉隆萬三朝亂而復治，治而復亂的情形，他們如何不懷思江陵?但這仍可說是激於義憤，可能不無溢美，我們且再看清朝人所編的明史吧!寫明史的人，對於江陵，是懷有極深成見的，(後當論及)他們採信怨者之言，故意歪曲事實，橫加貶損；但亦不得不說：「居正當國，務尊主權，課吏職，信賞罰，一號令，雖萬里外，朝下令、而夕奉行；神宗初政，起衰振敝，綱紀修明，海內殷阜，居正力也。」如此說來，江陵一生功業，可謂經得起考驗，不是自我宣傳，浪得虛名的。其實，仍未盡其才力，以達到他的理想；假使他能如楊士奇輔政四十餘年，或至少如楊榮楊溥，輔政至三十年，他的成就，又何能量？

九　超軼絕倫之用人本領（上）

古今中外大政治家，凡事業聲稱，經得起考驗的，都各有其特性；然亦有其共同之點，那就是有信心，而無私心；信心越堅强，成就越豐碩。此處所謂信心，實兼自信與信人兩義：讀書多，入理深，洞悉政治利弊，見微知著，識大慮遠，且能擇善固執，不爲浮議所動，環境所移，這是自信；必先有自信，才能產生好政策。「開誠心，布公道，」與天下賢俊共天下事，任之不疑，獎借而保護之，使能伸其志，竭其才，竟其事功，這是信人；能够信人，賢能才樂爲之盡。作爲一個政治領導者，他的責任，就在於掌握政策，掌握幹部。政策完善，幹部健全，則成功可操左券。但先決條件，仍在於沒有私心。如事事存個私字，陰賊褊忌著於心，幽曲譎詐以待人，則其失敗，亦可立而待。管子上說：「有私視，故有不見；有私聽，故有不聞；有私慮，故有不知；私者壅蔽失位之道。」（任法篇）

前面已略說江陵的政策，現再略說他領導幹部的本領。江陵之所以能成就大功業，除了他有好的政策外，就在於他有過人的用人本領。從來當國的人，非至不肖，都希望能得士，希望人才爲之所用；而十之八九，適得其反。原因何在？胡林翼說過兩句話，極有道理，可視爲正確的答案。他說：「人才因用人者之知識而生，亦由於用人者之分量而出。」前者是說用人者，須具有相當知識，才能鑒別人之才與不才。後者是說人才之興盛衰落，與用人者之志量、才略、和襟度，大有關係；沒有這些條件，便不足以容納、作育、任使人才。人才之所以可貴，被稱爲國之瓌寶，就因其行與能不同於庸衆；如其以看待庸衆的方法，來看待人才，就必然難得到人才。得不到人才，就必然用奴才；奴才多了，劣幣自然驅逐良幣，人才便更難見容。政治是最現實的，政治上表現的好或壞，不必一一細究得失之理，只看用人，就可知道。司馬光考究歷代政治得失，得到兩句話的結論：「治亂之機，在於用人。」

明朝隆慶萬曆之際，文武大員，如楊博、譚綸、嚴清、葛守禮、馬自强、王崇古、方逢時、王之誥、吳桂芳、潘季馴、傅希摯、劉應節、王宗沭、李世達、王廷瞻、殷正茂、耿定向、凌雲翼、郭應聘、侯東萊、張胤佳、曾省吾、徐栻、梁夢龍、楊巍、俞大猷、戚繼光、劉顯、李成梁，……可以說極一時之選；文臣都能盡職，武將都能打仗。任用他們的是皇帝，而選拔、舉薦，乃至支持保護他們的，則是江陵。如坦白的講：亦可說任用他們的就是江陵；因爲皇帝是個娃兒，不能行使黜陟大權，江陵輔政，言聽計從，他對於進賢退不肖，當然有進言的機會。他自己曾經坦白的說：「僕自去歲，曾面奏主上，曰：今南北督撫諸臣，皆臣所選用，能爲國家盡忠任事者，主上宜加信任。」（答殷正茂書）足見他對於人事，有極大的影響力。

不過，他雖當政而有力量，却無私心，他沒有濫用權力，援引他的親故鄉黨，乃至將義子乾兒，厮養賤類，一起帶進政府；更從未以國家名器，濫予他所喜愛的人。即如前述諸人，有的登第比他還早，在嘉靖年間，已嶄露頭角；有的雖是沉於下僚，却早已通籍；並且都是循正途出身，不是走邪門，鑽狗竇，混進政府的。其中只有一個王之誥，和他有戚誼，却不是由他援引的。（王之誥是石首人，嘉靖二十三年進士，登第比江陵早三年，隆慶以前，便已通顯；萬曆初年，官刑部尚書，其時江陵正得勢，他就在此時決然引退。這證明了他們之間，沒有關係，也說明了楚人特有的風格。）正因他能存皦然不利之心，心如一張白紙，沒有半點汚染，他才能獨秉虛公，衡量驅策天下士；天下士，才樂於爲他所用。

陸象山說：「事之至難，莫如知人，事之至大，亦莫如知人。」此中有至理，因爲用人是一項大學問；有許多人，終身由之而不知其道，就因爲沒有這項學問。（究竟什麼是學問？我的理解是對於一件事，洞悉本末，確知利弊，能很透澈的說出道理來，便是學問。）江陵是有用人學問的；雖說有些論調，前賢多已說過，但從一種有系統的觀念看來，實有度越前賢之處；其境界之高，更非尋常人所可企及。略擧他的用人理論，並試加分析如次：

首先，他認定每一時代，都有人才；「天生一世之才，自足一世之用。」（答李漸菴書）只因當政者不注意培養人才，不知道使用人才，便覺才難。他說：「才者材也，養之貴素，使之貴器；養之素則不乏，使之器則得宜。……世不患無才，患無用人之道；今國家於人才，素未嘗留意以蓄養之，而又使之不當其器，才惡得不乏？事惡得有濟？……古今人才，不甚相遠，人君操用舍予奪之權，以奔走天下士，何求而不得？而曰世無才焉，臣不信也。」（陳六事疏）一般人總覺得人才是古代多，這是錯覺。人才和知識是分不開的，愈到近代，讀書的人愈多，累積的經驗愈厚，何致遽不如古人？

問題係於用人之道。「養之不以其道，則才不成，求之不以其方，則才不至，任之不以其宜，則無以使之效其用。」（震川文集）國家的事，是大事，亦是公事，需要集天下聰明才智之士，共同努力，才能治理好。江陵說：「天下之賢，與天下用之。……無問是誰親故鄉黨，無計從來所作眚過，但能辦國家事，有禮於君者，卽錄而用之。」（答張崌崍等書）能辦國家事，是有才能，有禮於君，是能忠於國家，用人條件止此，其餘一概不問。這是一種海濶天空，無所不容的境界；（歷史上，只有李世民約略有此境界，所以能有貞觀之治。）有這樣境界，才能放手用人。從來用人的人，只因襟懷不寬，不敢放手用人，只好在親故鄉黨中兜圈子，找不到人才，便以鷄鳴狗盜之徒充數。「鷄鳴狗盜之出其門，此士之所以不至。」

所謂人才，原沒有一定標準，更與出身無關。只因有了科舉，只因非科舉不能做官，世俗便以爲只有科第出身才是人才；髣髴現代人，以爲有博士碩士頭銜，便必定是人才。江陵以爲這是謬見；他說：「僕以爲良吏不專在甲科，甲科亦未必皆良吏。……（答李督峯書）今朝廷濟濟，雖不可謂無人，然亦豈無抱異才而隱伏者乎？亦豈無羅微玷而永廢者乎？臣以爲諸非貪婪至無行者以外，儘可隨才任使，效一節之用。」（請定國是疏）他不以爲只有浮在社會上面，每事都染一指的少數活動份子，就是人才；因而又說：「博求廊廟山林之間，必有才全德備之士。」（乞休疏）能求之於山林，求之於科第之外，尺度放寬，人才的來源，自然會多起來。

江陵對於人才的看法，境界亦極高。他說：「智周萬物，而不自用其明；勇蓋萬夫，而不自用其力；隨事而應，弗膠於成心；循理而行，弗牽於功利；兆朕未萌，法象未著，淵然獨慮，而百姓莫見其迹；不世之功，永世之澤，驀然丕建，而百姓莫知其然；天下所謂智者勇者，舉莫得而望焉；品之上也。」這當然是一等人才，但不是常有的。退而求其次，是「聰明秀出，智力絕殊，所以樹立人紀，綱翊世運」的英雄豪傑；他們能够「晰微制決，持危定傾，於轉盻咄嗟之間，而豎倔儻不羣之績。」依他看來，這樣人物，自然是人才，却免不了都會有缺點，不是「過於自恃，有眇焉輕天下之心；」就是「識不能勝其才。」（程策三），他認爲大禹周公孔子以外，就很難得到一個無瑕可指的人才。因此，他對於人才，雖懸着極高的標準，並不求全責備。他說：「人有所長，亦有所短，酌長短之所宜，委任責成，庶克所濟。（陳六事疏）所薦諸賢，皆一時之俊；雖未免各有所短，然堯舜在上，翕受敷施，取其所長，皆爲國器。（答張峆崍書）得分有多寡，賦才有兼偏，細節多踈，則不能無負俗之累；氣質偏勝，則不能無瑕纇之存。」（程策三）

明朝的官場風氣，是最壞不過的，「椎魯少文者，以無用見譏，而大言無當者，以虛聲竊譽；倜儻伉直者，以忤時難合，而脂韋逢迎者，以巧宦見容。其才可用也，或以卑微而輕忽之；其才無取也，或以高明而尊禮之。……」（陳六事疏）江陵看清楚了那股邪風，所以一面勸人敦本務實，預養其所爲；一面提倡「爵祿鑒賞，一歸之於節義廉恥。」他以爲天下有兩種人不可用，一種是傾危輕浮的人，一種是剝下媚人的人；——都是無廉恥的人。他說：「剝下媚人，諂諛鑽刺，猥云有才，緩急甯足恃乎？（答張心齋書）天下事。惟知幾識微者，可與圖成；而輕躁鋒銳者，適足以僨事階亂而已。」（答郭華溪書）這兩段話，語簡而意深，應該略加說明：前者是指那班專虐待下屬，在部屬面前，裝腔作勢；見了上官，聳着肩膊，柔若無骨，百般阿諛奉承，表示忠順；逢人信口胡吹，專誇自己能幹的人。這種人，一見風色不對，就會反面無情，甚至趕快向敵人投靠，怎可與共艱危呢？後者是指那班小有才，專暗伺顏色，潛窺低昂，出歪主意，以中權勢者之意；專醜正惡直，離間中傷別人，作損人利己的事；反覆無信，朝秦暮楚，惟利是圖的人。這種人，可以出賣朋友，可以挑撥是非，怎可與共事業呢？

然則當用何種人，才爲可恃？江陵認爲一種是篤實而重根本的人；他說：「任本質者，誠以達材，騖空言者，辯而無當。（贈羅惟德序）言不蘄工，期盡誠款，行不蘄卓，取裨實用；側席寤寐，欲求忠信誠愨，直諒不欺之士而任之。」（辛未會試錄序）另一是有恥心，有朝氣的人；他說：「將官負氣，正可駕馭而用之，固愈於頹靡懦弱，剝削以事結納者也。（答劉凝齋書）黃副憲才志似亦可用，但負氣不能下文吏；若稍假借而用之，亦可當一面。（答宋山陽書）王君銳意任事，小有失損，無害大計，其才足恃，未可深責。……」（答張懷洲書）負氣是有恥心的表現；（被人辱罵，而面不改色的人，決不會負氣。）如其負氣，而兼有才，而近於傲，那就是昔人所謂「坼弛之士，泛駕之馬。」這種人頗有傲氣，不肯委曲遷就，隨俗俛仰；但從古冒大險，犯大難，立大功，以至殺身成仁，捨生取義的，必定是這一種人。

說明了江陵對人的看法，再略說他是如何去求才。他說：「夫人才難，知人固不易也！不穀平日無他長，惟不以毀譽爲用舍；其所拔識，或出於杯酒談笑，或望其丰神意態，或平生未識一面，徒察其行事而得之，皆虛心鑑物，匪借人言；故有已躋通顯，而其人終身不知者。如公所言，咸冀援於衆力，借譽於先容，若而人者，焉足以得士？而士亦孰肯爲之用哉？（答賀濬菴論得士）僕平生所薦達保全天下賢者甚衆，皆不使人知。（答徐古學書）僕平生好推轂天下賢者，及待罪政府，有進賢之責，而勢又易以引人，故所推轂尤衆；有拔自沉淪小吏，登諸八座，比肩事主者矣；然皆不使人知。（答賀濬菴書）自在詞林，迨入政府，其所保薦引拔，甯止數十百人？然以爲國，非爲私也。……」（答王疏菴書）前面所謂察其行事，就是平素留心人才，從別人實際行爲中，來加以考驗。在辛未會試錄序中，他說：「某也賢，克稱厥位，某也能，克任厥職，輒心記而手存之，薦達之恐後。」所以他能察其行事，不借人言。所謂得之於杯酒談笑，就是胸無城府，沒有與我善者是善人的謬見；所以他亦沒有市恩望報之心。「受爵朝堂，謝恩私室，」是說人無廉恥。今人動輒說「某公栽培，」那就是不知廉恥爲何事。惟不市恩望報，因亦不會庇護壞人。他說：「今爲僕所引薦者，往往用餽遺相報，却之，則自疑曰：『何疏我也？』及不能殫乃心，任乃事，被上譴責，則又曰：『何不終庇我也？』凡此皆流俗之見，非大雅之倫。」（答張處濱書）至於所謂冀援於衆力，就是呼朋嘯侶，結成幫口，包圍有權勢的人，互相標榜援引，把持政府。借譽於先容，就是憑着背景用人，「以朝廷威福之柄，爲人臣酬報之資。」像這樣的用人，或求人用，怎會是人才？

江陵知道人才是必待人去求，而不妄求人的。所以他說：「僕之求士，甚於士之求己，雖越在萬里，沉於下僚，若誠賢者也，誠有志於國家也，必多方引薦，始終保全，雖用此冒險蒙謗，而無悶焉。（與吳自湖論用人書）人臣能具誠擔任，國之寶也；使僕苟可薦達之，保護之，卽蒙嫌樹怨，亦所不避。（答萬恭書）爲國任事之臣，僕視之如子弟、既獎率之，又寶愛之，惟恐傷也。……」（答張心齋書）爲何他要如此勤勤懇懇，去發掘人才，羅致人才？依他自己解釋是「有進賢之責，本一念好賢之眞。」但依我看來，則是因他有攬轡澄清之志；他要平治天下，致君澤民，他不能不注重人才。當國的人，不注重人才，那能把政治搞好？

再進一層，看他是怎樣用人才。他說：「人之才質，有昏明强弱之不同，須涵育薰陶，從容接引，使賢者俯而就焉，不肖者企而及焉。」（答周乾明書）這就是所謂嘉善而矜不能，是善於用人者都知道的。問題在於何以能知甲之强，與乙之弱？他說：「人品亦無定論，惟在試之，而責其成功；毋循虛名，毋求高調，則行能別矣。」（答耿楚侗書）用實事來試驗一個人的品行才能，是最好亦是最要緊的事，只有試之以事，才可以分出行之高下，能之强弱。莊子列禦寇引孔子一段話：「人者險於山川，難於知天；天猶有春夏冬秋旦暮之期，人者厚貌深情，故有貌愿而恭，有長若不肖，有順而儇達，有堅而縵，有緩而釬；故其就義若渴者，其去義若熱。故君子遠使之，而觀其志；近使之，而觀其敬；煩使之，而觀其能；卒然問焉，而觀其知；急與之期，而觀其信；委之以財，而觀其廉；告之以危，而觀其節；……九徵至，賢不肖得矣。」這是說人心很險，形之於外的，譬如脅肩諂笑，貌爲柔恭，大言炎炎，自云有才，都是不可靠的；只有試之以事，才可以考驗其長短虛實。如其只聽其言語，看其笑貌，便論斷其長短，則就眞會「以容取人，失之子羽，以言取人，失之宰予。」

所求的人，經過試驗，知道强弱昏明，可謂得人，却不一定能使之效其用；因爲人事是錯綜複雜的，甲所謂長，正是乙所謂短，很難有一致的看法。更加用人的人，都免不了有主觀的好惡之見，亦卽是偏見。譬如劉恒劉徹祖孫二人，都號稱能用人，而「文帝愛老，武帝愛少」這就是偏見。有了偏見，就會有疑心，有疑心，就會被讒慝之口所搖動。所謂「讒不自來，因疑而來。」（劉基語）江陵明白這個道理，所以他說：「僕生平所推戴保護天下賢士甚衆，於人之賢否，略窺一般；內不敢任愛憎之私，外不輕信毀譽之說。」（答董嵩河等書）不任愛憎，不信讒言，當可使泛駕之馬，「範我馳驅」；却仍不一定能使人中心悅而誠服。所以他又說：「必廉而愛人者，乃能得士心」。此處所謂廉，不止是不做汚鄙的事，並且要有一種高尚品德，足以爲人表率。所謂愛人，亦不是以小恩小惠，籠絡人心，而是有一種視人如己的恕心，能用人之長，而恕人之短。——用其剛正，而恕其戇直；用其恢廓，而恕其豪放；用其堅强，而恕其拘執；用其明敏，而恕其疏略；用其大節，而恕其小疵。……能夠有這種恕心，不但「天下之士，皆願立於其朝；」並皆願竭智盡力，爲之效死。

以上，是略舉江陵用人的觀念與見解；以次，將略述他在用人行政方面的重要措施，及他如何將他的觀念，實際應用於人事上，使之效其用。這兩項，有很多足可效法之處，故不厭求詳。

十　超軼絕倫之用人本領（下）

江陵在用人行政方面，所爲施設，績效顯著，而較爲重要者，約可分爲飭官常、汰冗濫、愼保薦、嚴考核、行久任、一事權、重功實、謹刺舉、勵賢能、信賞罰等項；皆爲針對積弊而發。從名目上看：都爲官場習用術語，巧官奸吏，以及專務沽名者，亦常引用這些名詞，以誑騙屬下；但在江陵作來，可以說是實事求是，亦可以說是獨爲其難，因爲這都是很重要的事，亦是衆所畏忌，而不敢發的。一層是政府中人事，與權門貴要，以及士大夫之奔競利祿者的私人利害，必然糾結在一起，投鼠忌器，難於澈底。一層是內閣職掌，並不管理人事，如爲全面革新，別人不說是侵官，便說是弄權。另一層是澈底有效的革新，必然利弊互見，不會有百利而無一弊；因而不免予姑息苟且者以借口，而加以反對。江陵以爲「事無全利，亦無全害」只問對於國家是否有利；「苟利國家生死以之。」有此決心，何事不可爲？於是他把握時機，巧妙的運用皇帝的權力，來貫澈他的主張。

明朝在嘉隆之際，人事上弊病，是多方面的；最顯露的是「衆官遝曠，百司不任其責。」因爲長期疊床架屋，因人設事，滿目都是駢枝機構與冗員。「成化五年，武職已逾八萬，合文職蓋十餘萬。」（明史劉體乾傳）明人論冗官，有「一羊九牧」之說，是極言其浮濫。人事之所以浮濫，由於當權者濫用權力，他們不但設額外官職，引進其親故鄉黨，並設額外機關，虛糜公帑，豢養游食無行之人。

遂致「官職耗亂，人莫能盡其才。」江陵得到了皇帝支持，便斷然裁併那些駢枝機關，一舉淘汰了十分之二三的冗員。萬曆八年，又再淘汰一次。他的理由是「官多民擾，供贍費繁。舍其專職，而另設官，於事權不便。……」他要「祛積習以作頹靡，振紀綱以勵風俗。……開衆正之路，杜羣枉之門。」這眞是「大破常格，掃除廓淸；」沒有這種實事求是的精神，人事是無法上軌道的。但他並不以此便爲滿足；他更進一步，責成吏兵兩部，「虛心訪覈，」即使在編制以內，如不稱職，或有劣跡的，也要予以整飭。對於全國文武職官的能力强弱，品德高下，職務繁簡，有了瞭解，然後一一寫在屏上，置於皇帝左右；消極方面，是使皇帝瞭解部屬，緩急之間，不致用錯人，亦不致爲人事機關所朦混。積極方面，是要「使賢者將兢兢焉爭自淬勵，以求見知於上；不肖者，亦將凜凜焉，畏上之知，而不敢爲非。」（進職官屏疏）

明朝用人，一向是只講資格出身，不問行能高下的；合乎資格，雖至汚鄙，毫無實學，亦可任官，循例擢升，年資愈深，官位愈尊。這有很明顯的毛病，一是有資格的人，成了「保障名額，」除死方休；國家較高名位，被少數人佔踞，好人新人，無法出頭；於是暮氣沉沉。一是引起官場浮競之風，一班想早出頭的人，不擇手段的奔走活動，公行賄賂；於是「賄多者崇階，巧宦者秩進。」江陵提出了一個有力的對策，就是「用舍進退，一以功實爲準。」不管你是博士碩士，亦不管你曾經做過部長院長，只問你在現職上，有無實在的功績；憑功過以爲升降。「如其功過未大顯著，未可遽行黜陟者，只將誥勑勳階等項，酌量裁與，稍加差等，以示激勸；」決不因其年資已滿，「濫給恩典。」

因爲專務資格，亦常使人與事不能相適應。同一學校出身，其能力，未必無長短；同一地方郡縣守令，其業務，亦未必無繁簡；不別人之長短，則才長者無以發揮其所長，而才短者，適足以僨事誤公。江陵說：「今用守令，與遷轉之法，率不量地之難易，事之繁簡，一以資格爲斷，即有卓絕異等，殫精畢力，亦不得驀常格；而優遊簡僻，縱無他長，亦得積日累歲，擢升是官；是勞逸無等，即人心何勸？」(贈袁太守序）於是，他實行「調繁調簡，」將能力較强的人，放在繁劇地方，而以能力較弱的人，置於淸簡地方，仍憑成績遷轉。這不但可以鼓勵有能力的人，還可以防止大才小用，或小才大用的毛病。

在明朝另有一個保舉制度，亦是人事上一大漏洞。一面是大官保薦小官，一案可至數十人；這是機會，當然盡量援引私暱，還可博薦賢之名。一是小官保薦大官，給事中御史之流，常可推薦尙書大學士；於是大臣都不敢輕易開罪言官，甚至朋比爲奸。江陵首先指出了這種辦法的毛病；他說：「今撫按官任滿，不論官之大小，不辨才之常異，一槪保之，多至數十；或地連數省，耳目所不及，誤采人言，至於黑白淆混，賢否倒置，視爲常例；殊非收羅異才之初心。」就保薦制度言：源流遠長；即在隋代開科取士之後，還有存在理由，因爲它可以補考試制度之不逮。國家爵祿，雖足以勸士，却未必能激上才；故太平盛世，亦有不求聞達的才智之士。有了薦舉，可以將這班才智之士，致之廊廟。所以江陵並不主張廢除這個制度。不過，他要求薦舉必須出於愼重，而不許循例濫舉。他說：「旣有考課之法，又有考察之典，各該上司，皆註考語，銓部據之以爲遷轉，何煩舉薦？惟是才德出衆，又屈居下僚者，恐上未及知，故煩特舉耳。」（以上雜著）特舉旣以才德出衆者爲限，濫舉之弊，就自然減少了。

由於「官職耗亂，」浮競之風太盛，自然引起人事上的異動頻繁；人事常有更動，官吏不能安於其位，人人存着五日京兆之心，視官位如傳舍，怎能安心辦事？前人對於國家官員，應否久任問題，可能經過研究；其結論是：「吏治之壞，多起於不久於其職。……官不久任，必無善政。……官必久任，然後事無不習，吏不能欺。……」江陵亦是主張久任的；他說：「官不久任，更調太繁，遷轉太驟，眞才實能之士，何由得進？百官有司之責，何由得舉？」但無原則的久任，亦非絕無毛病；若是擇人不當，考察不周，必俟期滿，始行遷轉，就必致貽誤。而年資已滿者，久不升遷，亦難免無觖望。特別是在一個地方太久，容易與豪右猾民串通作弊；故昔人常說官久必疲。江陵力主久任，亦並不忽視久任之弊病；他指出：「朝廷用人，當愼之於始。」這是說要爲事擇人，人不適合，不要勉强用他，不但單位首長，要愼之於始，重要僚屬，也不應忽視。所以他又說：「各衙門之佐貳官，須量其才氣之所宜者授之，平居使之講究職業，贊佐長官；如長官缺，卽以佐貳補之，不必另索。……」至於地方長官，他的意見是：各地巡撫，果於地方相宜，久者就彼加秩，不必又遷別省；布按二司，久者可升參政，不必互轉數易，以滋勞擾。……」對於郡縣守令，有治行異等的，他主張以其他方法獎勵，不許輕易更調。如此，重要幕僚，可以希望升主官，自必更加努力；資格老的，就地加其官階俸祿，亦不致有觖望；成績殊優的，獲得了榮譽金錢（如皇帝召見，或以金綺相勞。）的獎勵，並有破格超遷的機會，自然都安心供職。官吏安心供職，是促成政治清明的一個重要原因。就制度言：官吏考滿更調，不問功過，是一種形式主義；而互易數轉，更是毫無道理，徒使公務脫節，事多曠廢，迎新送舊，轉滋勞擾；國家財物，亦無形受到損害。（官場一般新舊交替，舊官席捲所有，如同洗刼；新官另起爐灶，乘機侵漁；這項損失，是很可觀的。）至於官久必疲，亦由於制度有缺點而來；而今有考成法，「月有考，歲有稽；」又有刺舉，隨時檢舉糾彈；在江陵看來，是不足爲慮的。

歷來統治者，都工於謀己，對於本身權力，惟恐其不集中，而對部屬權力，又惟恐其不分散；權力分散，才便於控馭。明朝五府六部，各不相屬，政權「分而散之諸司，合而收之禁密，」其用心是很明顯的。因此，中央機關的事權，往往互相牽制，過則互諉，功則互爭。譬如款降的事，本應屬於兵部，却推到禮部，便是一例。其在地方，更爲淆混，影響最大的，是太監監軍，牽制統兵邊臣；巡按干政，欺凌疆臣，牽制地方長官。江陵說：「文網牽制，邊臣無所措手足。……撫按不思各舉其職，每致混亂，下司觀望，不知所守。……直指使者，往往捨其本職，而侵越巡撫之事，違道以干譽，徇情以養交。……」（答曾士楚等書）這可以看出當時事權，是如何混亂；事權不一，是百政廢弛的一個重大原因。於是江陵力主罷監軍使者，以伸將權。他說：「巡關御史，何事不可督察，又何必另爲監軍名目以撓之？」監軍是廢除了，而御史又踵而繼之，同樣干涉軍事；御史又是不可廢除的。江陵用了一個釜底抽薪辦法，定制不許御史報軍功；無功可爭，自然罷手。對於撫按權責，他亦作了明確劃分：各道巡按御史，只管風憲，察舉姦弊，糾繩官吏；軍政民事，則委之巡撫，御史不得干涉。

對於郡縣守令，更明白規定：「守令之賢否，監司廉之。」至於中央權責，如科道之爭，六曹之爭，亦作了適當的區分。他的目的，不止於要保持一個整然有序的體制，尤重在事權歸一；只有事權歸一，才可委任責成。

凡千年來，政治上一個通弊，是財力人力，都集注中央，而不顧基層，因而形成頭重脚輕的毛病。基礎沒有打好，便不能使人民與政府力量凝結，而充分發揮國力。江陵曾說：「惟百姓安樂，家給戶足，則雖有外患，而邦本深固，自可無虞。」（陳六事疏）可見他早知道基層工作的重要。因此，他柄政後，極重視郡縣守令人選；屢次呼籲，「愼選良吏，牧養小民。」並要求吏部，「訪覈有司賢否，惟以安靜宜民者爲最；其沿襲舊套，虛文矯飾者，雖浮譽素隆，亦列下等。撫按以此覈屬吏之賢否，吏部以此別撫按之品流，朝廷以此觀吏部之藻鑑；若吏部不能悉心精覈，而以舊套了事，則吏部爲不稱職。」（請擇有司以安民疏）他還要如考覈不實，「並撫按官一體論黜，」以防上下扶同作弊。其最高明的，是他對於郡縣守令的考課標準；他認爲「守令賢否殿最，以守己端潔，實心愛民，乃與上考，不次擢用。若但能事長官，幹理簿書，而無實政及於民者，雖有才能器局，止與中考。……」弄虛文，事趨謁，以要浮譽者，考語雖優，必置下等。重視守令，不因其位卑而輕之，人才才會下注；監司之外，不許大官橫加干擾，守令才不致苦於事上，無所適從；守令得人，基層政治才可辦好。此處應附帶提及的，是江陵不但重視郡縣守令，對於一切小官，亦都能尊重其人格地位，而予以獎借。人之才不才，是斷斷乎不可以官階大小作標準的。從古名臣，出身於小吏的，不可勝計；其憑藉背景，或碰運氣，驟躋顯要，而鈍如鉛刀，無一割之用的，亦更僕難數。如因其官小而卑視之，不予以上進機會，國家重要官位，調來換去，只是幾個顯宦，便不能起新陳代謝作用。從另一角度看：國家的事，亦必須所有官吏，陳力就列，各盡其能，才見功效；決不是只靠幾個毫無生氣的「萬歲閣老，泥塑尚書，」可以坐致昇平的。江陵顯然持有不同的見解，所以他說：「良吏不專在科甲。……越在萬里，沉於下僚，其人果賢，亦當剔滌而簡拔之。……賢能有司，果有成績，當破格處之。……」也就因爲他不問官之大小，只問人之賢否；所以「六部尚書郎，積有功能，得派卿寺；郡國守相，有治行異等者，皆進於廷階；小吏得爲令長。」

明朝十三道御史，巡行全國，他們的主要任務，原是刺舉；也就是監察糾彈貪汚不法的官吏。(刺舉這個名詞，可以追溯到漢代刺史，甚至上溯到古代「觀民俗，知得失」的采風之官，不是江陵創制的。）後來因職權混亂，官風日壞，又有了派系，於是一部份御史，侵官攬權，一部份賣法養交，另一部份甚至勾結商人牟利；差不多都捨棄其本職了。只因巡按御史，名義上，是直接對皇帝負責，權限很大，無人敢管他們，就是誣枉了好人，亦不負法律責任，這就對於政事，只有妨礙。江陵看清了癥結所在，一面劃清職權，不許他們侵越地方官的權；一面責成他們加强刺舉，不許徇隱；「舉不及格」的，還列入考成。這看來似亦有毛病，似乎太看重小報告，因而使得傾危之士，乘機誣陷好人。爲防止這個弊病，「凡有罣誤，許所刺吏得執奏；刺舉不實，或有異同，必令推詳；其或有賞罰疑誤者，許覲吏得廷辯之。」依此，就顯然和東廠西廠的小報告完全不同了；東西廠太監的秘密報告，直送皇帝，不容有分辯機會，所以能指盜爲盜。刺舉是一個公開的制度，被告有充分申辯機會，乃至可以當廷質證，覆盆之寃，自必少有。

以上許多措施，所以能够貫澈；江陵之所以能够鈐勒官吏，以法繩天下；天下之所以無不奉法之吏，朝廷亦無格焉不行之法；完全得力於兩件事，一是考核，一是賞罰。先說考核：江陵之不可及，是他不隨便創制新法，予攻擊者以借口，他只是細考成規舊法，行之無弊的，卽付實施；但必力求適當公允而澈底。明朝早期所制定的考核方法，分考滿考察兩項：前者是通計每一官吏的資歷，分爲三等，三年初考，六年再考，九年通考，依此以爲升降；如係署職，必考滿始得實授，故曰「考滿。」後者是通計天下官吏行能，依平時考察，（各直屬長官考評）區分爲貪、酷、浮躁、不及、老、病、罷、不謹、八類，而爲處分。處分辦法：或令致仕閒住，或予降調，或革職爲民；「凡受計處者，不復叙用。」（據明史選擧志）這個人事考核辦法，直到隆慶年間，仍在沿用；但已分割爲兩半截，其下半截重要部份，已成爲具文。亦卽是只講年資，不管功過。因其偏重資格，做官的人，只要出身合，年資够，不只是能力不問，卽品行卑汚，亦所不計。爲何形成這種樣子？主要的是一切權門貴要，弁髦法令，管人事的機關，對於他們的親故鄉黨，不敢認眞考察，講功過是非。其次是法律本身亦有缺點，至少是沒有一個明確的標準，可以論定功過。久而久之，這一個國家行政最要緊的人事考核權，便落到小科員手上，臨到考核時，隨便寫上幾句善惡混的空洞詞句，虛應故事。你只看歷來人事考核表，大官們從不過目，連一個閱字都嬾得寫，就可以知道他們是何等輕視考核。國家設官分職，是要立政行法，治理國家的事，資格固應講究，以限制倖進，維持一種有秩序的進退；但如不計功過，不講行能，則就會賢愚無別；賢愚無別，就無人肯於認眞辦國家的事。江陵首先認定功過比資格更爲重要，他說：「京官及外官，三六年考滿，毋得概行復職，濫給恩典，須明白開具稱職，平常不稱職，以爲殿最。」這是說不能因其年資够了，就照例升遷，還須問他行能成績如何。於是他進一步要求吏部負起應負的責任，認眞考核，「如吏部不能悉心精覈，則吏部爲不稱職。」同時他提出了一個具體而有力的標準，「審名實之歸，一以功實爲準。」所謂名是指職分，實是指職分上規定應做的事，要問你究竟做的如何。到了考核時間必須提出具體事實，還須舉出確實數目字，不可以「尚可，已遵辦，大約大概……」等之空言塞責。甚至還要你說明你是用何種方法，達成任務。譬如郡縣守令的任務，是撫字催科，理刑捕盜；假如你徵兵徵糧，都能如期如額，而你所用方法，近於暴虐，雖是達成了任務，亦爲失職。用這種切實的考核方法，不但巧宦奸吏，無所遁藏，賢愚不肖，不致淆混，國家的事，也將大有進步。當國的人，是應該如此的，假令你是眞心謀國的話。可是，當時的官吏，以爲嚴刻，因爲他們自從朱元璋死後，（他生前覈吏治，是極嚴厲的。）大家苟且混了一兩百年，他們都覺得很方便，——便於營私作弊；至於國家的政事，管他娘的。而今有人檢束，堵塞了他們的方便之門，自然會反對。江陵不是一聽到反對聲，就會動搖的人，他據理而行，毫不顧却；他說：「今部署已定，仍當綜覈名實，一一吹之，第恐人樂混同，必有以爲刻核者；然非是無以考成績，而亮天工也。」可知他曾遇到阻撓。這個實事求是的辦法，並且一直維持到他死爲止。

考核之所以能使官吏循法奉職，而成為一種治事的利器，是因為有公正的賞罰持其後。劉彥和說：「賞罰為治國之二柄。」現且撇開這二柄當由誰操持的問題不講，只講萬曆初年的信賞必罰，大公無私，已足說明江陵是最善於操持二柄的人。他對於賞罰觀念，與前人所論，頗有不同之處；他不贊成「有功不為損刑，有過不為虧法」的主張；因為這將使道德崩壞，人情澆漓，而流於殘刻。他亦不贊成「功疑惟重，罪疑惟輕的」模糊說法；因為刑賞固應存忠厚之心，却不能姑息養奸，縱人為惡。當然，他亦不相信什麼「不賞而勸」的神話。他說：「明王刑賞予奪，皆奉天以行事，棄有德而不用，釋有罪而不誅，則刑賞失中，舒慘異用。（請決重囚疏）人之才具，亦不甚相遠，惟賞罰明，而信任篤，則人皆可使。（答耿楚侗書）韓信驅市人而用之，卒以成功，信賞明罰，任當其才也。……一二年來，言者率云責實，而又不明賞罰以勵之，則人孰肯冒死犯難，為國家用哉？」（答薊撫等書）管子上說：「法嚴令行，則百吏皆恐；罰不嚴，令不行，則百吏皆怠。」對於官吏，沒有賞罰，斷乎不會使人心振奮，政治修明。所以他又說：「國家欲興起事功，非有重賞必罰，終不可振。」（答凌洋山書）

前面是說賞罰的功用，和治國不能無賞罰的道理。再看他對於施行賞罰的理論：「自僕受事以來，一切付之大公，法所當加，貴近不宥。（答李漸菴書）慶賀之典，激勸攸關，必當其功，乃能服衆。（辭恩命疏）是非賞罰，宜付之至公，不宜依違兩可。（答方逢時書）賞罰須至公至平，乃能服人心。……」（答戚繼光書）這幾段話，歸納起來，就是說賞罰要公允謹嚴；能公就無私，就能施一概之平。能允，就能賞當其功，罰當其過，沒有輕重偏叵。能謹，則什麼勛章獎狀等等，才不被人輕視，人以得此爲榮；記過，降級等等，才會被人重視，人將以此爲辱。能嚴，才無人敢於以法徇私。國家要行賞罰，不是爲點綴門面，而是爲昭勸懲，使賢者爭自淬勵，不肖者勉於爲善，而不敢做壞事。所以他又說：「賞罰明當，乃足勸懲，未有無功倖賞，而可以鼓勵人心者」（答吳近溪書）

其實，賞罰的功用，還不止於鈐勒官吏，獎賢懲不肖，並可使天下人嚮風慕化，培養愛善憎惡的是非之心；因爲公平的賞罰，是昭示天下人何者爲是，何者爲非。昔人說：「賞罰隨是非。」我們亦可說有是非，才有賞罰。那裏有一個國家，不講是非的？當國的人，與其專務威重，空談教化，心勞力拙，一無是處，不如講是非，明賞罰，更爲切實有效。江陵柄政，能够「總天下之要，治海內之衆，若使一人；」（荀子）就因爲他能講是非，明賞罰。茲略舉實例如次：

萬曆六年，有所謂遼東大捷，副總兵陶成嚳率軍出塞，一戰而「殺敵四百七十餘級；」本軍竟然毫無死傷。捷報傳到北京，朝臣都認是大功；更加在皇帝婚禮舉行時，有此湊熱鬧的事，正是錦上添花。於是皇帝下命令，要大行升賞。這時江陵正要回籍葬父，他囑咐閣臣呂調陽、張四維等和兵部稽勛議賞之後，就起程了。陶成嚳的報告，是必然要誇張的，其中少不了有什麼「我軍英勇無敵，敵人望風披靡」之類習用語；朝臣是必然要逢迎皇帝的，自亦少不了什麼「皇帝英明領導，始克奏此膚功」的恭維話，於是內內外外，凡是可以扯得上的人，都附名在稽勛案內，得到儻來恩命；江陵當然也得到了一份。迨他假滿回京，仔細看過捷報，便發覺有漏洞；在致本兵方逢時函中，他說：「如敵擁八百騎詐謀入犯，必有準備；今我偏師一出，即望風奔潰，駢首就戮，未曾見有奮螳臂以當車轍者；其所獲牛羊等項，俱類住牧家當，與入犯情形不同；此中情勢，大有可疑。」這近似察察爲明；其實就是認眞。認眞是對職守負責任；他的責任是要使國家賞罰，至公至平。可是，恩命已經行過，木已成舟，升官的人，已經在名片上加印了新官銜，領賞的人，已經買地蓋了新房子；主其事者，又是幾位體面的大官，情面攸關；更加皇帝正在慶幸大捷，宮內宦寺小人，仰承顏色，自然高喊什麼「天威、神勇」口號，盡量使皇帝高興；而且自己也得到一份賞賜，可能比別人還厚；反正名器是無主之物，明知故昧，不了了之，豈不皆大歡喜？若要查究，必得罪人。但怕得罪人，明知故昧，何以爲江陵？他認定：「功罪賞罰，勸懲所繫，萬一所殺非入犯之人，而冒得功賞，將開邊將徼功之隙。」當國的人，是應該防微杜漸，毋使有隙的；如其不查究，人人都寫假報告，冒功徼賞，則就會使人輕視功賞，民衆連帶的輕視政府。因此，他定要澈查。結果，果然查實所殺的是一羣全無抵抗力的游牧——是被土蠻驅逐，前來歸附的。這是存心濫殺無辜，冒功徼賞；於是將恩命一齊追奪，陶成嚳並因之得罪。

六年春天，長定堡之捷，是冒功徼賞；但同年冬天，東昌堡之捷，則是實有其事，且爲數年來僅見之大勝；立功的，是總兵李成梁。他在當時將領中，最能打仗，戰功最高，可惜他是「雜牌」，沒有什麼冠冕堂皇的學校資格，亦沒有什麼顯要，爲他撐腰。從他帶兵以至獨當一面，瞭解、同情、支持他的就是江陵。他們之間，沒有任何社會關係，他亦不知道江陵支持他；但他知道江陵權力最大，可以作福作威，曾經送一份厚禮到張公館去。江陵在答遼東周巡撫書中，說：「李帥去歲曾餽我以厚禮，當即謝却。不肖於渠，獎提愛護，皆以為國家；渠誠以國士自待，惟當殫忠竭力，以報國家，即所以酬知己，不在禮文交際之間也。」這一次打了大勝仗，江陵力請封他為寧遠伯，這是最高爵賞。當時有人以為賞厚，因為他是「雜牌；」亦難免不有人以為江陵徇私，因為過去帶兵官都有錢，都曾在權要方面下注，而得到非分的官職與爵位。

在李成梁封爵以前及以後，發生過幾件為封爵而爭持的事，江陵以無畏精神，定要據理力爭。第一樁是慈聖李后，要封她父親李偉伯爵，她是神宗生母，比皇帝更有權，朝臣阿諛之不暇，誰敢說不該封？江陵獨上疏諍諫，他說：「……恩雖無窮，必裁之以義；貴戚之家，不患不富，患在不知節，富而循禮，富乃有久，非分之恩，非所以厚之而使自保。」第二樁是神宗要封他岳父王偉伯爵，（先封之後，才傳諭內閣。）江陵亦引朱元璋「非軍功不封」的規定諍諫。這兩個貴戚，終於都封爵，那是因為所謂祖制，事實上早已破壞，世宗以前，貴戚已有封爵的例子，李后和神宗援例，亦稱祖制，亦是應當遵守的。江陵可能很憤慨，（貴戚們無功而受厚爵，那得不令人憤慨？）他於王偉封永年伯之後，立即上疏，說：「夫爵賞者，天下之爵賞，人主所恃以勵世之具；今使椒房之屬，與大有勛勞之人，並享茅土，非所以昭有功，勸有德也。今除已封現任者，姑准終身外，此後凡皇親駙馬，俱要查祖宗舊制，不許夤緣請封；有違制奏請，希圖恩澤者，聽本部科道官，即行舉劾，以為貪冒不知止足者之戒。」稍後，神宗又要封王皇后的叔父與兄弟，並且指定了很高官位，定要照封；江陵持之甚堅，這一案爭論了許久，終於只循例給了一個指揮僉事與千戶。從此，可知江陵對於國家爵賞，是何等重視。惟當國者珍惜爵賞，爵賞才有勸獎的功用。他不私於太后皇帝與皇后，又豈肯私於邊將？這才算得有大臣風烈，才配稱正色立朝。

當國的人，能够做到這種地步，已算盡其能事；所謂善用人，不外是能知人，量才任使，持之以公正嚴明的賞罰。但這是平時對於一般的人，所應有的用人方法；若是處亂世，若是要澄清天下，建大功，立大業，這仍是不够的。因爲這種時候，不但要用人才，還須加以體諒，予以必要的支持與保護，並爲幹部負責任。是人才，都必定有某種短處，諸如坦率、强直、矜持、高亢、傲慢、和負氣等小疵；都要講理性，直道而行，不甘曲從，不肯逢源。……這就必然對事對人，都會遭遇困擾。若是不加以體諒保護，遇有折挫，就難安於其位，盡其才力。江陵於此，極爲注重；他說：「僕無他長，惟一念任賢保善之心，有植諸性而不可諭者。」（答吳桂芳書）如何才算得是任賢保善？且看下面例子：

殷正茂是一個幹才，當嶺粤叛亂，疆臣棘手時，江陵選派他去做巡撫，是最適當的人選。但他面臨着很多困難：一則朝臣不知輕重，以爲兩廣遍地是匪，有「非我版圖」之說，並不重視那裏的剿匪工作。二則是國家久已沒有體統，有背景的小官，可以不聽長官命令，因而發生了指揮困難的問題。三則是有人懷疑殷正茂要錢，（高拱亦說過）甚至不主張用他。江陵能決定用舍，却不能制止別人不議論短長；殷正茂受命之後，自然感到不安。江陵深信他有能力辦事，便寫信加以鼓勵。他說：「廣事之壞，已非一日，今欲振之，必寬文法，假便利方可。近來議者紛紛；然朝廷既以閫外託公，任公自擇便利行之，期於地方安寧而已。雖彈章盈公車，終不爲搖也。……諸文武官吏，有不用命者，宜照勅書以軍法從事，斬首以徇，則諸不逞之人，皆破膽而不敢旁睨矣。」殷正茂得到了這樣有力的保障，果然奮厲無前，達成了一項艱鉅的任務。

明朝的河工，是一樁任務既艱鉅，而又要躭風險的差事，不必定要堤防潰決，洪水氾濫，只須言官一紙糾彈，便可得罪。因此，吳桂芳一任河道總督，便誠惶誠恐，寫信給江陵，說：「恐流言之搖撼，慮任事之多怨。」江陵知他是幹才，足以勝任這項艱鉅任務，便立刻拍拍胸脯，爽朗而堅定的答覆；他說：「古人臨事而懼，公肩鉅任艱，安得不爲兢兢？若夫流議怨謗，則願公勿慮焉！……望公固審熟慮，廣思集益，計定而發，發必期成。至於力排衆議，居中握算，則孤之責也。」

我在前面所說的江陵所爲興革之事，幾乎無一不是與特權階級，及社會一切惡勢力的非法利益相衝突的，他們要保有非法利益，要以私害公，阻撓破壞，乃勢所必然。事實上，還不止於特權階級，要與新政作對，就是人民也多有安常守舊的毛病，所以前人說：「商鞅廢井田，人民怨；王莽復井田，人民亦怨。」當一個有利於多數人的新政推行時，是必然免不了有阻力的，這就有賴於當政者主持不惑，才能成功。江陵不止是對於他的政策主持不惑，並對於執行政策的地方官吏，全力支持，使其能順利推行。譬如清丈田畝，阻力是很大的，而且是執行官吏所難於克服的，這就不免有人要畏首畏尾，猶疑觀望。江陵以無比毅力，爲官吏們作後盾；在致順天巡撫宋山陽書中，他說：「公第任法行之，有敢撓公法，傷任事之臣者，國典具在，必不容貸。」（像這種例子很多，不備舉。）當宰相的人，有這等魄力，肯於爲僚屬撑腰，使國家政策貫澈到底，我翻爛了一部念五史，還未發現第二人。有人說：「魏文侯之於樂羊，雖謗書盈篋，而終不爲動，可與竝論。」須知魏文侯是一國之主，而江陵只是「異姓羈旅之臣；」前者保善任賢，只有一樂羊，而後者則遍及天下善類。

「任賢保善，」無疑的能使人能盡其才，事能竟其功。但是，不同的人，在不同的事中，常常會遭遇到不同的困擾，姑名之日個別的人事現象；這種因人因事而異的個別現象，不是用一個方式，可以解決的。這就必須要瞭解個別的事與人，瞭解在各種不同的環境中，已然與未然的問題，如此才能體諒幹部；能體諒別人，才容易將事辦好。江陵是一個最能體諒幹部的人；我仍用實例來作證明：

潘季馴是有明第一位水利專家，由他所刱立的治河防水方法，一直到清朝，仍被人重視而效法。但在當時，言路囂張，專吹毛求疵，一言不合，一字不妥，則執爲口實，以困擾任事的人。潘季馴主持河工，先後所見不同，他和別人建議，因有矛盾，他需要變更計劃，以期於事有濟，却又怕言路攻擊。江陵知道他有困難，寫信給他，說：「果皆無足慮，皆無足採，則堅持前議；如嫌於自變其說，請密以見教，俟台諫建言，可也。」另一個例子：是宣大戰區的總兵馬芳，他和趙岢兩人，是最先出塞殺敵的將領，亦是言路指爲功微賞厚，和認爲桀驁不馴的人。他立功以後，面臨着許多困難問題，不能解決；江陵要鼓勵他殺敵立功，特予優假；並寫信給他，說：「一切事體，不必過慮，如有難處之事，一一說來，僕自有處。」（但馬芳後來犯了法，他立刻主張依法制裁；這才叫功過分明。）這是體諒幹部。爲了體諒，他還不止於爲幹部解決困難，甚至在萬忙之中，「戰勝攻取，代爲奏稿，當以某事咨稟；功成凱至，又諭以朝意，當以某事入告，某事善後。……又必命其書銜，擇其重大緊要者，一一陳說於天子之前，而使至尊識其勞苦，知其姓名。」這就是代幹部出主意，因勢利導，使皇帝更信任幹部，使幹部更效忠國家。亦即是自始至終的體諒，保護幹部，對每一個人，都是如此。所以他說：「凡任事任怨之人，宜預爲將護，俾其展佈。」（答應天巡撫書）

總說起來，江陵是政治領導者，他盡到了領導者應盡的責任，而其中最重要的，是爲幹部負責，而不居人之功。領導者應否爲幹部負責，是一個值得研究的問題。從一般情形看來，是不負責的。舉例來說；韓侂胄在南宋當然是罪人；但他還有志復國；開禧用兵，是寧宗同意的，一旦戰敗，則函首以娛金人，這算負責麼？歷史上，由於上級不負責任，而使得下級一籌莫展，甚至蒙寃莫白的事，比牛毛還多！從道理上講：一個領導者，對於幹部，又是應該負責的；一層是上級威重，足以懾服人，得其支持，易於圖功；一層是幹部做了事，必歸功於上級，什麼「指導有方」之類的話，爲公牘中所習見。居人之功，而不爲人負責，這種人，是斷乎不能得志的。

林潞論及江陵用人，說：「量其才，專其責，湔其瑕，勵其志，鼓之以爵祿，假之以事權，凜之以三尺，破之以疑畏，責之以實效。……」再加上保善任賢，體諒幹部，爲之負責，已可算得是天下第一等的用人本領。但江陵之於用人，還不止於此，他以爲他還有一個道義上的責任，那就是耐煩的教導幹部。姑以戚繼光爲例：大家都知道他是名將，却不知道他之所以能成爲名將的原因。他被調到薊門去練兵，是一時權宜措置，所以他以都督同知的本官，另加一個臨時性的總理頭銜。他對於這種特殊的虛銜，頗為不滿；他說：「官為創設，諸將視臣為贅疣，臣安從展布？」他亦不知道有人妬嫉，有人破壞，更有人根本懷疑他的能力。他一開始就提出很多要求：要招更多的浙兵，與西北壯士；要分設砲手，與馬軍步軍，任由他訓練；要沿薊邊建敵台千二百座，每座用百人防守，由他指揮；還要「軍中所需；隨宜取給。」這都是不易辦到的事；因此朝臣說他「求望太過，意志太奢。」（以上見戚傳）有了這種評語，在北方軍人反對南方軍人的局面下，他不但不想立功，並且隨時都有得禍的危險。嘉靖末年，幾年之間，「易大將十人，率以罪去；」多半是因人事不協調；甚或是莫須有，不必實有其事，也可以構成罪名。朝臣知道戚繼光的，原有譚綸；但譚綸在高拱任首輔時，自身亦岌岌難保。故瞭解保護、信任他的，只有江陵。他們之間，既不是親故鄉黨，江陵更無意於勾結武人，把持政權。然則目的何在？江陵於此，曾有答語；他說：「僕何私於戚哉，獨以此輩國家爪牙，不稍優假，無以得其死力，凡皆以為國家耳。」他對於戚繼光之懃拳教誨，對於他的關切，眞是「愛之如子弟，惟恐傷也。」譬如戚繼光的總理官銜被取銷，而實授總兵職務時，他又表示不滿，理由是他要兼管保定、昌平、薊鎮三總兵，他的官位，應比總兵更堂皇，才好統衆。江陵寫信勸導，說：「願以欽命為重！足下自處，務從謙抑，勿定執己見，勿心口異同，與人爭體面，講閒氣。南北軍情，務須調適，法行一概，勿得偏重。凡浮蠹冗食之人，悉宜淘汰，畜之無用，徒招物議。……」他又不但正面規勸，使戚繼光識大體大義，還從側面無形獎飾；每致譚綸凌雲翼等書，必語及戚，委婉曲折，致其愛護之意。如：「總理體面，比之鎮守爲優，今既易銜，禮則稍損，宜加優借，以鼓勵之。……但乞諭意戚帥，努力功名，以答羣望，僕亦與有光焉。……戚帥不知近日舉動如何？折節以下士夫，省文以期實效，坦懷以和暌貳，正己以振威稜，乃渠今日最切務也；相見幸一勉之！……戚帥威名，雖著於南土，然觀其才智，似非泥於一局，而不知變者。……今人方以此窺戚之釁，公如愛戚，惟調適衆情，消弭浮議，使之稍得展布，卽有裨於國家。……」譚凌等都是戚繼光的直屬長官，得到這種體恤與吹噓，自然多予優假，至少不會爲難他。戚繼光是一個人才，但他必定遇到識者，得有展布機會，才能顯示他的才能；如其不然，他亦只是一庸衆，非老死於行伍，卽暴骨於戰場，泉壤蟲沙，何足齒數？而今幸遇一位如嚴父，如慈母一般的長官，「既獎率之，又寶愛之，」他又焉得不感激奮發，以功業報答知己。

江陵之所爲，亦是通常當國者所能做到的；用人固是一項大學問，亦不離於人情事理，只要通人之情，明事之理，把前人經驗揣摩通透，便可做到。江陵能做到，而別人不能做到，我以爲最主要的是因他有公心，而無私心；有公心，是事事必爲國家設想，必以國家利益爲前提，如此才能克己，才能制約，才能人之有才，若己有之。如一有私心，則百弊叢生，其所顯現於外的，亦大不相同。不但玩小圈子，耍派系，引用親故鄉黨等，是明明白白的自私；就是裝模做樣，作出一種神聖不可侵犯的樣子，也只因先有私心，（自大由於自卑而來）怕別人瞧不起。如此搞法，就必不能調適衆情，必不能協和暌貳，必不能洞悉幽隱，也就必然會造成人事上許多隔膜。人與人之間，有了隔膜，同僚無異於路人，還有何話可說？

總之，對於用人之道，能突過江陵的，似乎還未多見。錢牧齋說：「江陵所用之人，良馬也，江陵以後，所用之人，狐鼠也，江陵能馭良馬者也；江陵在政府，豈以奴寇遺君父哉？」（庚戌呈策）錢牧齋的人格，是有問題的，但他讀書很多，又是明代人，熟悉政治情形，他為此評語，必有根據，我們不能因人廢言。

十一　江陵之奇

劉芳節說：「讀太嶽集，眞是手舞足蹈，而不能已；千古奇人！千古奇書！……蓋氣運闔之數千年，而始生此神異品。」以上各章所說，只見其能與賢，尙未足以見其奇。行實說：「由質以徵奇，則見其抱負奇，結構奇，踐履奇。」其抱負器局之奇，可於其事功中得之；此處只說他學問、識力、風格、踐履之奇。此爲傳江陵者，所必不容忽略的；必須瞭解這些事，才能完全瞭解江陵，才能看出他的偉大，和他與衆不同的地方。

我國古代文武合一，必集文韜武略於一身，始能安邦治民，始得稱爲人才。諸葛武侯是一個不世出的人才，畢生治兵，努力恢復；而陳壽却說軍事非他所長。漢唐名相，多不知兵。趙宋以降，宰相多不懂軍事。此固由於制度改變，——中書樞密，分持二柄；亦由於宰相不習兵事。因此，遇有兵戎之事，倉皇失措的故事，史不絕書。明代「土木之變，」當事者，只是主張焚燬倉儲，遷都以避；若不虧有一于少保，撐起脊骨，說：「言遷者可斬；」正不知成何景象？萬曆年間，薩爾滸之役，三路倉卒出師，廟堂盲目催戰，一敗塗地；天啓年間，輕棄熊廷弼佈置三方之策，輕信王化貞戰乃可守之言，全軍盡覆；皆由於當事者不學無術之故。

明朝大學士，本是可以不管軍事的，袖手旁觀，坐視成敗，不爲失職。嘉靖年間，夏言只因附和曾銑出兵主張，曾銑被殺，他亦枉死。嚴嵩則「高明」極了！「庚戌之變，」俺答的軍隊在北京城外焚掠三晝夜，火光冲天，他依然很悠閒的在寫「青詞」諛鬼。世宗問起起火原因，他說是市民不愼，燒了幾幢違章建築房屋；這是朦騙。朝臣問計於他，他說：「（敵）飽將自去；」這是無責任感。他之所以朦騙而不負責任，就因爲他已過慣苟且日子，更不知兵，他又怎會有什麼好主意？江陵則大不然！他認爲軍事是國家一等大事，他負國之重，不應該逃避責任。他又對於山川形勢，地利平險，敵我長短，以及兵機戰略，事事究心，瞭如指掌；其智謀勇略，足以應疆場之變，而操制勝之柄。因此，自隆慶至萬曆十餘年間。內安外攘，直以身任之。

人世間，事事都可作假，惟獨學問不能作假；事事都可以僥倖於一時，惟獨當國者，不能行險僥倖，藉一技以自顯庸於世；如其是本無眞才實學，僥倖得志，便會誤國禍民。江陵的學問，和他事功一樣，是禁得起考驗的；雖說著作不多，確是「禁鼎一臠，嘗者可以知味。」此處只說他軍事方面的學問。一般人但知萬曆初政，邊吏勤勞，武臣奮勇，攻取戰勝，因而奠定了四十年太平之局；而不知運籌帷幄，指揮若定者，乃是一書生。

明人林潞說：「江陵匪直相也，而直以相將將，數萬甲兵藏於胸，而指揮乎千里外，貫乎將士之心，而戴乎將士之首；戰勝攻取，勇怯强弱，進退疾徐，洞若觀火。……」（救時之相論）或許有人以爲溢譽；現且將他在軍事上所爲措畫與言論，略述於次，以爲林文作註脚。

江陵用兵，首重知敵，即求確實瞭解敵人情形；他要邊臣縱諜深入，時時注意敵情。他說：「兵家之要，必知彼己，審虛實，而後可以待敵，可以取勝。」萬曆初年，有一段時間，敵人沒有進犯，防範不免稍懈，他提出警告：「虜情狡詐，萬一彼以虛聲恐我，使我驚惶疲於奔命，久之懈弛不備，然後卒然而至，是彼得先聲後實，多方誤之之策，而我犯不知彼己，百戰百敗之道；故臣不以虜之不犯為喜，而以邊臣不知虜情為憂。」（論邊事疏）不眞瞭解敵情，無視敵人長處，胡亂猜測，是很可慮的。

正由於他注意敵情，瞭解敵情，他才能算無遺策。譬如萬曆二年，邊報說：「土蠻卽將進犯。」他立刻指示：「但令薊將斂各路之兵四五萬人，屯聚要害；令諸縣邑村落，皆清野入保，勿與之戰；而上谷遼左，不必俟命，卽各出萬人，選驍將，從邊外將諸屬夷老小盡殲之；別令大將領萬人入關，不必衞京師，徑趨薊州，伏於賊所出路；彼雖已入內地，見我不動，必不敢散搶，不過四五日，虜氣衰矣。衰則必遁，然後令薊師整陣以逐之，以宣遼兩軍，合而蹙擊；彼既飢疲，又各護所獲，敗不相救，而吾以三鎭全力擊其惰歸，破之必矣。一戰而勝，則薊鎭士氣旣倍，土蘇諸酋，不敢復窺，而夷屬亦皆可脅而撫之，以為我用；薊事舉，則西虜之貢市愈堅，九邊無事矣。」（致薊遼總督方逢時書）這是成算。這一次誘敵深入，包圍殲滅，雖未完全成功，而他的戰略，却是成功的；敵如更深入，就必難逃被全殲的命運。

萬曆三年，又有邊警，巡撫急忙申報請援，連兵部譚綸，亦信以為實；言官並請浚壕掘塹，防守京師。神宗亦甚覺驚慌，問及江陵；他從容敷奏，說：「時當盛暑，非敵虜進犯之時，不宜自相驚擾。」不久，吳兌有報告，說：敵人旋聚旋散，無進犯意；果不出所料。

萬曆七年秋，薊遼總督梁夢龍，又報敵人進犯；江陵於定策之後，對神宗說：「已令梁夢龍率勁兵二枝，爲遼東聲援；令戚繼光選精銳乘間出塞，或擣其巢，或邀其歸；遼東收保已畢，虜以十月初二至寧前向中所，此中人稀地狹，虜衆無所掠，勢不能久，朝夕必退遁。」這亦是善於料敵，並且打了勝仗，稱爲紅土城之捷。

萬曆九年，卜赤再入犯，江陵指示戚繼光說：「不穀料此賊必窺灤東；今日之事，但以拒守爲主，賊不得入，卽爲上功；薊門無事，則足下之事已畢，援遼非其所急。賊若得入，則合諸路之兵，堅壁以待之，毋輕與戰，我兵不動，賊亦不敢開營散搶，待之數日，賊氣衰墮，然後示微利以誘之，乘其亂而擊之，庶幾萬全而有功。」這一次戚繼光「經營薊事十年，乃得一當單于，」果然打了一次像樣的勝仗。

薊遼正面的敵人，當時稱爲東虜，屢犯屢挫，到萬曆五六年，已成强弩之末，因之屢請款貢，如俺答例。此時薊門防守甚嚴，更加李成梁奮勇敢戰，雖說「禍中於薊遼，」其實是不足爲慮的。（論者並以爲明朝當時力量，不難盡殲東虜，只因江陵有意留此弱敵，以儆國人，故未爲犂庭掃穴之計。其說甚奇！也許是因爲江陵說過「外寧必有內憂」的話；然亦足以見當時之國勢。）現須略說西虜，其中最主要的是俺答吉能等部；雖說他們早已款降，而虎狼之性，遽難改變。加上他們部族複雜，沒有體統；邊地壤接，小小騷擾，不能絕無。江陵雖力持納款，却並未因款降，被勝利冲昏頭，而於邊備，稍有鬆懈。他的策略是：「外示羈縻，內修戰備，必使虜爲所制，不可受制於虜。」如何才能使爲所制？在他心目中，敵人只不過是一隻狗；他說：「譬之於犬，搖尾則投之以骨，狂吠則擊之以箠；擊而復服，則復投之，投而復吠，則復擊之；不可與之較曲直，論法守。」（答宣府巡撫書）

用江陵之策，終俺答之世，沒有犯邊。於是他更進一步，使其內部對立，而趨於分裂。俺答要向西發展，邊臣怕他沿途滋事，江陵獨主張任其西行，使其耗消力量。及其返巢，果極狼狽，故事明朝，益加恭順。俺答死後，內部益分化，江陵說：「俺酋未死數年之前，僕已逆料及此；……虜中亦須有此情狀，乃可施吾操縱之術。」（答三邊鄭範溪等書）他操縱之術，仍是以敵制敵，他支持虜酋中最稱强悍的黃台吉襲封號，而責成黃酋控制其他各部；支持三娘子，而以三娘子控制黃酋；故朝廷不費一兵，西陲得保無事。

前已談過，萬曆初年，內外都有軍事行動，而統一指揮的都是江陵自己；他對於不同的戰役，都有不同而又極爲扼要的指示：「守堂奧者，必於門外據險扼守，乃爲得策；自古未有千里襲人，越險無繼，而能成功者。（答陝西巡撫石毅菴書）兵貴速拙，未覩巧與久也；攻險必以奇勝，若不奮死出奇，欲以歲月取勝，是自困之道。（答四川巡撫曾省吾書）大將貴能勇能怯，見可知難，乃可以建大功。（答遼撫張心齋書）用奇之道，疾如脫兎，若歷以爲常，非握奇之算。（答薊撫楊晴川書）戒勵諸將，併堡堅守，勿輕與戰，卽彼示弱見短，亦勿輕乘之；多行間諜，以疑其心，或遣精騎出他道，搗其巢穴，使之野無所掠，勢窮自遁。（答宣大總督王崇古書）以賊攻賊，乃策之最善者。（答粵撫殷正茂書）斥候嚴明，偵探的實，必知賊之嚮往，乃可出他道以奇制之。（答薊遼總督方逢時書）虜情叵測，勿恃其不來，恃吾有以待之；……兢兢自治，常若待敵。（答薊撫書）炎荒瘴癘之地，屯數萬之衆，役不宜淹久，貴在臨機速斷，沉謀遄發，先併力攻破一寨，餘賊自然寒膽，次第可平；若與之相持於欽岑之間，使賊跧伏溪洞，以逸待勞，非計之得者。（答桂撫郭應聘書）……」

因以上各地，正在用兵，情形各異，其所指授，皆合機宜，故各舉一例；而江陵之所蘊藏者，斷不止此。譬如他與戚繼光論士釁一書，就可抵得半部兵經。他說：「古之論戰者，必不全恃甲兵精銳，尤貴將士輯睦，合則一以當百，不合則雖有衆弗能用；軍情乖離，人自爲心，鼓之而弗進，禁之而弗止，雖有嚴刑峻法，將安所施？……時時查軍情向背，布大公，昭大信，勿信讒言，勿徇私情，勿以喜行賞，勿以怒用罰。佈署諸將，宜以食多而養厚者當先，勿令失職怨望者當劇處。虛心受善，愼勿偏聽；察軍中如有隱鬱，亟爲宣達。平日號令，如有未妥，不妨改圖。士卒無分南北，一體煦育而拊循之，與最下者同甘苦。務使指臂相應，萬衆一心，愛護主將，如衛頭目；則不待兩軍相遇，而決勝之機在我矣。」孫吳所論，亦不外如此。朝堂之上，萬機之餘，縱筆而成，隨宜指授，謀如涌泉，而悉合古法；則林潞所言，並非溢譽；「以相將將，」可謂事奇而論允。

江陵才氣太高，睥睨天下，目無餘子，因而他被人說他驕亢，甚至說他「好諛成風；」而事實絕非如此。他對於僚屬不但不頤指氣使，而且謙而有禮；對於職分上應當過問的事，如有疑問，或者持有不同見解，他必定虛心和別人商量；他所提出意見，卽使已成定論，無可訾議，他亦必定說「謹供參考，」決不自以爲是。其所以如此，是因爲他的基本觀念，是要盡其在我，將國家事辦好。所以他說：「僕於天下事，不敢有一毫成心，可否興革，順天下之公而已。（答楊二山書）天下事，非一人一家之事，以爲可行而行之，固所以利國家，以爲不可行而止之，亦所以利國家也。（答胡檟書）僕凡處事，無一毫成心，理之所在，舍己從人，亦無一毫系吝；不可謂事出鄙見，黽勉相從，不復質論。（答賈春宇書）……」從這些話看來，他和剛愎自用的人，顯然有不同之處。

再看他處僚屬的態度：當兩廣叛亂時，江陵主張寬文法，假便宜，不容有人掣肘，但那是很大的變亂，不能不關心。他向殷正茂提示了很多意見，而其結語，是：「萬里之外，事難遙度，用兵之機，忌從中制，惟公熟計而審行之！」同樣，當郭應聘率大軍進勦府江叛徭時，他有書函指示機宜；其結語：仍是「兵機不敢遙制，特獻其瞽見如此，惟高明採擇焉！」當薊遼緊急時，他對薊遼總督提示了一個詳盡的攻守方案；而其結語，亦依然是：「閫外之事，書生不敢妄談，亦不敢遙制，惟熟計之！」

最突出的例子，是都蠻之役，負全面責任的是四川巡撫曾省吾，而帶兵進勦的，則是總兵劉顯。他和戚繼光李成梁一樣，能打仗，亦同樣是沒有背景，而憑戰功起家的。他在福建一帶，平劉一本等，立過極多戰功，也犯過一次錯誤；「一動之差，衆口訾之以爲病；」即曾省吾亦不能無疑。江陵寫信給他說：「用兵之道，全在將得其人，不宜輒易大將；劉帥名著於西蜀，一切團攻之計，宜聽其自爲便利，勿中制之。」（中制是從中掣肘，事事要秉命而行。）他並警告言路，「有以閩事論劉總戎者，罪且不貸。」劉顯得到他的鼓勵，因得迅速勦平都蠻，卒成名將。

於此，要附帶一談的，是他爲何不許牽制？昔人論將，說「秉命則不威；」其實，不止不威，還足害事。兵機呼吸之間，便有變化，是斷乎不可遙遙牽制的。如不信任，便不該用，既已任用，便當信任；所以從來命大將，必定愼重，必不只取便駕馭，以庸庸者充數。因爲大將受命之後，就得有專征之權，便於應敵。如其不然，昔人也不會說：「閫以外，將軍主之。……將在外，君命有所不受」了。

因爲兩廣當時，遍地是盜，剿不勝剿，因而有人主張以撫代剿，這和江陵主張是大相逕庭的。他於內部叛亂，一貫的主張是：「禁於未發，制於未萌；」如其已發已萌，則「急撲滅之，厚費勿惜；」以期一勞永逸。因此，他說：「山寇坐守虜耳，宜殲其渠魁，乃可議收撫；」這是命令。最後他仍說：「正恐亂本不除，餘毒再作，終當復勞尊慮，惟公熟審計之！」（答兩廣熊近湖書）這全是朋友口吻了。

在差不多同時期，雲南一帶的夷族亦常滋事，疆臣動輒請用兵；江陵知道那些土族無意背叛，只因官吏不明夷情，不善拊循，才激成民變。他對滇撫何萊山提示了一個安撫土族辦法，說：「制禦土夷之道，禁戢四方奸徒，勿令教唆播弄，致生嫌隙；鎭之以威，示之以信，但令遵守約束，不廢貢職而已，此外，不必過求。或有忿爭相訟，概行勘察，視其理直而爲衆所服者撫之，卽疆場定矣；何致紛紛勞動民衆，敝內而事外乎。」他顯然不滿意於疆臣邊吏之低能；但他依然很有禮貌的說：「管見如此，惟高明擇之！」像這樣待幹部，何曾是驕亢？又何曾如「束濕」？

江陵以一介書生，一旦爲王者師，功高百辟，名滿天下，而於僚屬無一毫驕矜之色；虛懷若谷，謙卑自牧，不以權勢才氣凌人。這亦是歷史上所罕見的，亦可謂奇。

明朝官府，很久以來，就是賄賂公行的，受者不以爲恥，社會亦不以爲怪！官場中人，爲着競逐權勢，鑽窺隙竇，至於不擇手段；偶或有人不肯招權納賄，而鑽營者，亦必千方百計，拖人下水；在這種情況下，要保持淸白，孤芳自賞，是很難的。江陵在當時，是最有權勢的人，雖然他說過要「堅平生硜硜之節，上不負天子，下不負所學；」但鑽窺隙竇的人，決不會相信，在他們經驗中，越是嘴喊不要錢的人，其心越狠，而手越辣。於是有一傅姓給諫，貿貿然將紅包送上張公館。江陵在北京，只有一普通寓所，房屋雖小，而規矩甚嚴；「平時戒閽者，不許妄收一刺。」名片都遞不進，何況紅包？他誤以爲嫌少，又添一條名貴玉帶送去，依然不收；到第三次，江陵知道了，寫信給他說：「往者別時，曾以守己愛民四字相規，故屢辱厚惠，俱不敢受，蓋恐自背平日相規之言，而虧執事守己之節；而乃屢却不已，愈至愈厚，豈以區區嫌少而加益耶？謹仍璧諸使者。執事從此，亦當思所以自勵焉」

紅包送不進張公館，於是有人不憚千里之勞，而送往荊州張家，以爲造成旣成事實，使他欲拒不得。這一次是一劉姓巡撫。江陵知道，頗爲忿恨，立囑家人退還。但仍婉言勸告，說：「用市道相與，餽之以厚儀，要之以必從，陷之以難却，則不知僕亦甚矣！若必欲爲流俗之所爲，舍正道而由曲徑，棄道義而用厚賄，僕不得已，必揚言於廷，以明僕之無私；則僕旣陷於薄德，而公亦永絕嚮用之路，是彼此俱損也。」

正因明朝官員受賄是公開的，所以置册登記，亦有以黃白米爲金銀代名者；逢到籍沒，抄出册籍，則與者受者姓名，款額，赫然在上，不須調査，贓證並獲。現今有人送到荆州，天衣無縫，大可笑納；卽不然，發交法院，亦大可博拒賄之名。但江陵不願自欺，更不願輕易糟踏人，他知道君子該愛人以德。

綜觀江陵一生行事，大開大闔，敢作敢當，爲國家行法，如滄海揚萬里之濤；爲社會除暴，如驚風摧萬仞之木；其魄力足以使天下無不奉法之人。顧其律己，則又束身如處子，淸明在躬，纖塵不染，亦是一奇。官場本是藏汚納垢之所，要氷雪自保，只有與人盡量隔離，使窺鑽隙竇的人，無隙可鑽。但這是有困難的；像江陵那樣切實做到，並且堅持到底的，實不多見。他說：「內外隔絕，倖門盡墐，朝房接受公謁，門巷閒可羅雀，亦無敢有以閒言譖語，入於僕耳者。（答薊遼總督書）僕自受事以來，閉門却帚，士大夫公言之外，不交一談。……士大夫公見之外，不延一客，不交一語。卽有一二親故，間一過從，不過相與道舊故，遺客懷而已；無一語及於時政。」（答王繼津等書）他當時在北京，眞可說是「內無瑣瑣姻婭之親，門無交關請謁之釁。」行實於此略有補充，說：「杜絕私門，戒閽者，無敢通一詞，爲一造請；諸公咸亮其特介，亦不爲私謁。」我認爲這是可信的；如其不然，必將門庭若市，卽江陵欲自欺，又焉能掩盡天下人之耳目？握有極大權勢，何求不得？而定要「

堅平生硜硜之節；」甚至「於人絕無私語，絕無干托。」（答辛應乾書）這豈是常人所能做到的。

明朝政本所在地，久已不在朝堂，而在私宅；（太監亦有公館）正如從前日本在藝妓館，我們在鴉片鋪一樣。故嚴嵩能將機要公文，夾囘公館，要「小兒東樓」參決；劉瑾能將重要章奏，帶囘公館，讓市儈張文冕擬辦。江陵當國，獨不爲私謁，那班走慣公館路線的人，自不免覺得奇怪，說他矯飾。他在答劉凝齋書中，說：「自僕受事以來，私宅不見一客，非公事不通私書，門巷闃然，殆同僧舍，雖親戚故舊，交際常禮，一概屏絕，此四方之人，所共聞見，非矯飾也。」矯飾是矯糅造作的欺詐行爲，亦只能狡猾一時；江陵柄政十年，一貫如此，在他只是我行我素而已。「私宅不見一客，」本是小節，然亦是大事，不可輕易看過。官場中「交關行事，」不都是在公館，並有女眷家奴，交手爲市麼？公館既然不見一客，醜事也就必定少有了。

律己如此，即古之介者，亦無以復加。但在官場，僅是個人淸介，亦不一定能保其名節；因爲窺鑽隙竇的人，仍有許多方法，陷人於不義。他們利用僕從，利用副官、總務科長，淸客篾片，乃至利用老媽子，亦同樣可以「交關行事。」故嚴嵩的僕人嚴年，士大夫爭稱「蕚山先生，」都樂於與之交遊。（江陵答薊撫書中，說：「異時當國者之家奴，與邊將結拜，鮮有不受其啗者。」就是指的那班奴才。）凡是奴才，都必仗主子勢而作惡；社會上攀高結貴的人，往往先通其奴，而及其主。

不過，江陵是明足以察秋毫的人，他豈肯縱容家奴，在外面招搖撞騙？在致保定巡撫張滸東書中，他說：「家人往來，有妄意干澤者，即煩擒治，勿曲徇其請，以重僕之罪。」這封書，可能是他初入閣時寫的；因爲保定是通往荆州必經之道，故預先關照。但在巡撫看來，未免過情；那一個大官，不因利乘便，揩公家的油？於是仍照舊例，供給車馬；亦不免要在招待所請兩桌客，以圖巴結；反正可以報銷，不須掏自己腰包。江陵在另一書中，說：「亡弟南歸，辱給勘合，謹繳還。例禁森嚴；頃有頑僕，騎坐官馬，卽擒送錦衣衛榜之至百；其同行者，俱發原籍有司重究。小兒去歲歸試，一毫不敢驚擾有司，此台下所親見者。」他還說：「小兒回籍應舉，自行雇倩。……遣人歸壽老親，身負儀物，策蹇而行。……小兒往來途中，皆不敢乘官馬。……」（答宋陽山王少方等書）……

照上述情形看來，江陵平時約束他的僕從，不爲不嚴。無如社會上誘惑力太大，貪圖非分利益的人亦太多；所謂人倫冠冕的士大夫，亦多出賣廉恥，博取非分利益，又何論不知廉恥的奴才們？萬曆初年，天下官吏，眞如劉臺所說：「畏居正甚於畏陛下。」故奴才們得乘此以售其奸；官吏亦因此而爲所愚。曾經發生過兩件騙財的小故事；但亦只此而已。

一件是一個棍徒，冒名張梅，詐稱張家族人，在江南貿易，地方官聽說是張家人，未曾究詰；大概還予以免稅免檢查種種方便。江陵知道了，不及行文官府緝拏，便派他次子張嗣修，親往跟查，終於破了案。他在致應天巡撫書中說：「小兒輩家居，閉門讀書，卽敝郡有司，亦罕與接見；相知有惠，亦概不敢領；豈復差人遠事貿易？此後再有奸人假稱不穀族姓家人者，不論眞僞，請置之重法！如公不忍加刑，卽差人拏解來京，願得而甘心焉。」就因爲發生了假冒首輔官邸的人，在外行騙的事江陵特刻製一種信牌，分託地方官稽驗眞僞，以杜假冒。

另一次是張家奴才，得了考生幾兩銀子，答應爲人打通關節。江陵在案發之後，立刻致書荆州知府趙汝泉，說：「僕以淺薄，謬當重任，日夜檢點此身，思以率先百辟。而頑奴乃敢故犯憲條；孽由自作，死不爲枉，幸爲速除之！」（在致操江撫院書中，他說：「前稱小兒名目，卽送本府杖死」。就是指這宗公案。）

偶而有人假冒族姓家人，或騙取幾兩銀子，在現代人看來，固屬尋常；卽在從前，亦是細故。但如研究，並非細故。所有奴才們，仗主子勢作惡，大而至於貽害社會國家，無一不由於縱容；而有權勢者，招權納賄，以勢欺人，亦多半藉手於那羣奴才。詐騙幾兩銀子，知而不究，那班奴才膽子，會越來越大，乃至無所不爲。如「以小惡爲無傷，」必至「積惡而不可掩。」

僕從家奴之外，另一媒介，就是家屬；這是從政的人所最難防亦最難處的事。本人不貪汚，家屬得了紅包，就會逼你走上貪汚之路。「其父攘羊，而子證之；」這種人在古代亦不多見。明王朝的貪汚風氣，到了嚴嵩柄政，算是到巔峯了。卽如徐階，亦頗謹飭，而其諸子在蘇，則無惡不作。因此，我們不能以江陵之清介，而概其家屬。但江陵於其家屬，亦約束極嚴，則無可疑。他屢次將他約束家屬的事，形之書牘；說：「嚴飭族人子弟，無敢輕受餽遺；雖相知有惠，亦概不敢當。（答劉紫山書）敝族家人，雖頗知奉法，銜勒鈐制，不敢一日釋。」（答趙汝賢等書）……這一類話，依我看來，不會是矯情語。據他說：「雖親子弟，無敢以毫釐干於官府。」據另外的記載說：他的子弟登第服官以後，見他的面，只能屏息侍立，從不敢言國家事；朝廷黜陟，如不看邸報，根本無從知道；可以說都是不通世故的書呆子。當他盛時，他家人及其親族，在荆州共應納糧七十石，都照章繳納，無敢後時。這都是因爲他嚴加約束的原故。此外，還有一有力證據，那就是凡屬有關他家屬的事，十九是寫信給地方官員，十目所視，十手所指，無論江陵不會當面說謊，見輕於人；卽那班官員，亦不會爲他隱諱；特別是在他家得禍以後。

朝廷公行賄賂，緣賄而富，以富驕人，滔滔者，天下皆是。貪汚久已被社會默認是致富致貴之道，並不算是醜事。社會旣不反對貪汚，士大夫自可不講廉恥。江陵又何故獨爲壁立萬仞，而一介不苟取於人？依我想：他不單是爲個人名節，還有比名節更爲重要的事，那就是他要爲國家行法。孔夫子說：「欲政之行也，莫善乎以身先之。」（家語）江陵深知其理，所以在奏疏函扎中，屢次提及。他說：「大抵爲政必貴身先。……僕忝在執政，不得不以身率之……不敢以人之難率，而懈其率之之心。……」執政的人，或說政治領導者，不以身循法，爲天下作表率，則法必窒礙難行；法從上面壞起，則必難於補救；懸法以繩天下，又先自壞法，則必失信於天下。「禍莫大於無信。」政治家失去了人民信仰，尙有何事可爲？江陵是懂得政治道理的人，他詘己信法，以身率下，不足爲奇。奇是奇在他功業彪炳，尊榮無倫的時候，一念不敢自恕。因此，他才對於他的家族，他的僕從，「銜勒鈐制，不敢一日釋。」亦因此當一班奴才，在社會上仗其主子權勢，橫行無忌的時候，他的家族僕從，不敢恣肆，爲害社會。

一般論人，常常只就其人之一言一行，善可爲法，惡可爲戒的，揀擇一二事，以推斷其人之生平；而不就其人之所言所行，以觀察其人之生平；故所爲評論，多與實情不合。譬如「言忠信，行篤敬，」本是一種極高品德；但必時時如此，事事如此，所謂「顚沛必於是，造次必於是，」乃算是眞具有這種品德。若有人焉，畢生爲惡，偶而做一件好事，便自負不世之節，這算不得是有道之士。江陵一生言行，粗看似無大過人處；但他所言所行，從不違背他所信所守。他主張忠，他便不惜沉家破族，忠於謀國。他主張信，他從不「苟以詐僞，偸合取容。」……而且始終如一，未嘗以榮辱移其志，以險夷易其操。因此，綜觀他一生行事，就決非常人所能企及。舉例來講：他自隆慶元年入閣，便毅然以天下爲己任，每日戴星而入，日不遑食，夕不遑寢，慘澹經營天下事，十六年如一日。他但知有國家，「不復計身爲己有。」他將他寓所，比作僧舍，無疑的，他就是那廟裏的苦行僧。生在那種糜爛的社會，大家都在醉生夢死，圖眼前享樂；而他獨「摩頂放踵，自苦爲極。」豈非大奇？

說江陵之抱負、結構、踐履，有大異人之處，亦必有人以爲過譽；這亦難怪，因爲官書並無如此說法，名家亦無如此說法。可是，人與人相比較，又確有不同之處。試放眼看天下人，頭同是圓，足同是方，初若毫無差異；但類而別之，則有忠有奸，有烈士，有懦夫，有高尙其志，不事王侯的狂狷，亦有習爲脂韋，苟合取容的祿蠹。有人拔一毛利天下不爲，亦有人「摩頂放踵」而爲之。……

人與人相比較，何以會有種種差異？因爲才不同，養不同；合才與養與環境，形成了不同的人格與人生觀，故有所爲，有所不爲。才得於天，而養由於人，屬於先天的才，可以說不期而得之；天地造化自然之理，是很難解釋的，正如王充所說：「自然之化，固疑難知。」屬於後天的養，則不外於學問、信仰、傳統習尙、自然環境中得來；而一地特有之風氣，亦大有影響。因此，甲地的人，與乙地的人，往往有顯著的不同之處，特別表現在性格方面。每一個地方的人，都必有他的特殊性格；其在個別的部族或國家，則通稱爲民族性。現代學者，都承認民族性有常在不變的根源，可以上溯至其最早的祖先。如你能知道古代各民族的特性，你就可以在稠人廣衆之中，鑒別出誰是猶太後裔，誰爲蠻族子孫；因爲任何人都免不了保有祖先遺留下來的特性。

我們雖早已是一個混一的大民族，但每一地區，仍或多或少保有一種特性；所以常有人說燕趙之士如何，三晋之士如何，甌越之士如何。……說到楚人，則稱「其氣燥剛，秉性强梁。」這兩句話雖只說了楚人性格之一部份，尙爲接近事實。一般的楚人，似乎都有負氣、好勝、固執，和倔强的脾氣；其形於外的，則是高亢、自負，不輕易佩服人；說話切直，欠婉轉，而不知迴護；是非看得很眞，不肯隨聲附和，取悅於人；勇於負責，有幾分英雄思想，不怕困苦；遇拂逆之來立刻發洩，不顧後果。……因此，楚人常難於得到別人諒解，常被視爲是難與合作的人。但在大的方面，楚人又常能爲人之所不能爲，尤其處危難之中，邪正之間，當進退之時，取舍之際，他們多能淸淸白白，做到「臨大節而不可奪；」決不苟且，投機取巧，亦不畏縮，逃避責任。這種性格，往往與世相忤，而不相容；楚人寧願如此，而不願苟合取容，因爲他們惡居下流。

江陵是楚人，亦最能代表楚人的性格；他說：「楚之有江漢衡巫，山磅礴而水渀湃，故其人多任率、簡諒，有礌砢倜儻之概。」前面兩句，是說一個大自然環境，磅礴以見其厚，渀湃以見其深；

惟其深厚，所以凝重。後面兩句，是說人民特性，任率是豪爽，簡諒是正直，礌砢是堅勁，倜儻是灑落；由於這些特性，故楚人有剛强之一面，亦有澹泊之一面。惟其澹泊，故從來耿介之士，楚人爲多。惟其剛强，故楚人敢於任天下事；「艱難之事，衆所不敢承者，率楚人當之。」

是人都不免要受別人影響的；從古魁奇雋偉之士，特立獨行，或立功立言立德，成其不朽之業，對於後人影響力，是很大的。孟軻說：「聞伯夷之風者，頑（貪）夫廉，懦夫有立志。」楚人在歷史上，出現過很多非常人，只要稍微讀過書的人，都會知道。我在這裏，只舉兩個名宰相：鬬穀於菟相楚成王，毀家紓難，「三仕不喜，三已不慍，不爲爵勉，不爲祿勸。」孫叔敖相楚莊王，「施教導民，吏無奸邪，盜賊不起。」他亦是三次柄政而不喜，三次罷相而不悔。他們的襟抱，眞如淸風明月，萬古常存。江陵出生在孫叔敖的故里，熟知先賢的美德，他無形中受其影響，是很自然的事。不然，身處極貴，又誰肯隕首不顧，以濟天下？

王闓運說：「江陵之重於天下，自周以來，非獨山川形勝之奮，蓋必有與國俱立者。……自承平時觀之，循循隨流，亦無以別人才；及夫臨大節，任重遠，盤根錯節，乃別利器。往者寇難，海內波靡，湖廣之士，起里塾，棄帖括，飢困奔走，以成大勛。……江陵近代名人，未有如張叔大相國者也。……廣江陵於天下，而楚學昌矣。」（江陵書院記）他所謂楚學，亦只是從前那班魁奇雋偉之士，任率簡諒，礌砢倜儻，惡居下流，以及飢困奔走，以濟天下之急的精神，累代相傳，爭相淬勵，蔚爲一種風氣；以爲不如是，無以爲楚人。

於此，還須略說的有兩點：一是我所說的楚人，有其一定的界說；因爲由楚而荆楚、而三楚，在地域上，經過很大變遷。譬如戰國時代，吳越地亦併於楚，故漢初淮北廣陵會稽一帶，皆稱爲楚。史記劉濞列傳，說：「楚人輕悍；」其實，他所說的是吳越人，非我所謂楚人也。二是我所說的楚人的特殊性格，亦只是說多數人是如此，並非說人人必如此。當然，楚人之中，也有柔佞、險詐、貪婪、懦弱、不講氣節，不知廉恥的人；「物之不齊，物之情也。」這是莫可如何的事！

十二　所謂刻核、嚴急、與霸術（上）

江陵自始至終，一派大刀濶斧的强硬作風，施之於沉疴積病已久，上下痲木不仁的時代，「熊羆眼直，惡人橫目；」他被人指摘批評，乃至毀謗，是勢所必然的。當時的人，對時政所爲批評，散見於明史列傳；私家筆記，亦多有記載；綜合起來，不外刻核、嚴急、與用霸術三事。言者亦自成理，髣髴實有其事。其實只是一個怨字；江陵柄政十年，有公無私，豈能無怨？萬曆年間，詆毀江陵者類而別之，不外三種人，一是失意官吏，一是新進言官，另一是僞道學。

官吏之所以致怨於江陵，除被淘汰的冗員外，主要的是由於考核。從來考核是照例行事，掩耳盜鈴，上下已習而安之；至江陵，始力主「嚴考課之法，求名實之歸。」考察考滿之外，又行「閏察；」更令「撫按考成章奏，每具二冊，一送內閣，一送六科」，政事不及格者，「撫按聽參，守令聽調。」如此認眞，不但一切貪、酷、浮躁、不及、老、病、罷、不謹者，都在罷黜之列，即能任事，而考不及格者，亦在降調之班。他們有資格亦有背景，本可混到老死爲止，多爲子孫撈一筆，忽因考核而丟了官，焉得不腐心切齒，痛恨江陵。

其次是言官；一批年青人，急欲成名，故爲偏激之論，徼恤民之譽，沽敢言之名。或已參加小組織，借題發揮，攻其所忌。這種壞風氣，由來已久，「言益多，而國事益淆亂。」江陵惡其淆亂國事，有些言官，因而得罪，他們又必然怨恨江陵。還不僅身受者抱怨，其同路人以至所謂清流，亦都抱不平。他們不承認自己是「莠言亂政，」而說江陵是「杜塞言路，摧折正士。」

說到僞道學，人數更多，勢力更大，影響更爲深遠；他們都自以爲是學者專家，到處開設書院，「以功名利祿鼓勵士大夫，」却又滿口的道德仁義；講「學」之風，一時大盛。據說當時聶豹程文德之流，在北京演講，聽衆至數千之多。沒有書院的，則露天佈道；王門大將王心齋，「自製小車北上，所過招要人士，告以守仁之道，聚觀者千百，同門皆駭異！……人以怪魁目之。」「心隱（卽梁汝元）在京師闢各門會館，招徠四方之士，方技雜流，無不從之。」「方與時得黃白術於方外，皆目之爲奇士，車轍所至，倒履相迎，老師上卿，皆拜下風。……」（明儒學案）這已然不是講學，而是招搖撞騙了。更壞的是他們訕謗別人，議論朝政，蠱惑人心。於是江陵禁止講學，並「毀書院。」書院是講習之所，所講是「聖賢」之道，禁止講學，分明是得罪聖賢，於是羣起而攻，無一不打起「衞道」的旗號。（明朝以及清初的衞道者，最不滿於江陵的，就是禁止講學。）

因此之故，江陵便成了衆矢之的，或指爲刻核，或指爲嚴急，或說他不知爲政，但用霸術。江陵生前，似乎不屑爲枝葉之爭，門戶之辯；我們本無須爲他爭辯。不過，明史說的太不成樣子，顚倒是非、完全抹煞了事實，故不得不略述其眞相。仍先從考核問題說起：

「三載考績、三考黜陟幽明，」始見於尙書；「三歲則大計羣吏而誅賞之，」再見於周禮；這是祖宗留下最古老的考核制度。明代三年考察，九年考滿，猶師其意。考察考滿以外之「閏察，」武宗時已施行；官員自陳，世宗前已施行；江陵當國，率由舊章，並未另立新法，以苛責官吏。劉臺所說的「考成章奏，」只限於「轉行、覆勘、提問、議處、催督、查覈」之公文，與人事考核原為兩事。萬曆十三年，吏部楊巍請停閏察，說：「六年京察，祖制也，若執政者有所驅除，非時一舉，謂之閏察；羣情不服。」這幾句話，對於江陵是極不利的，耳食之徒，將因而相信江陵會眞有「排斥異己」的事。

武宗時代，太監劉瑾盜國柄，借閏察以驅除不附者，實有其事。萬曆初年，內閣的權力，顯然已提高，而人事考核權，却完全掌握在吏部與都察院手上；（一主功績，一主風憲。）並且甚為鄭重，每到考察時，期先由各衙門自行考核屬員，提出名單；再由吏部與察院主管，詳加查訪，評定優劣；然後由部長核定，報請皇帝明令發表；內閣並不直接干預其事。我們承認官場中，不能全無徇情的事，並且承認以江陵之威望，不能說他於人事全無影響力；但無心偶一，則容或有之，如說他明目張膽，束縛馳驟，凡所喜者皆擢升之，所不喜者，皆驅逐之；無論與江陵性格不合，而事實上，亦難辦到。如果徇私舞弊，一至於此，他又何能以法繩天下？另一方面，當時被擢用的人，如資格不合，或有劣跡，不但言官糾彈，非言官亦可檢舉；雖是首輔，亦不見得能完全庇護。例如萬曆六年京察，禮部郎中章禮，在被議中，他是張家西席，江陵亦礙難援手，只有聽其降調。足見執政並不是如所想像，可以肆無忌憚，任意驅除的。

嘉隆之際，「庶官瘝曠，人有玩心，」官場人事，一片混亂。江陵立志要澄清天下，當然要先澄清人事。他於考核，堅持「一以功實爲準，」言事言人，都必須舉出具體事實。易言之，就是循名責實。名是職位與任務，實是事功，居一定職位，負一定任務，應有一定事功。由建立事功之多寡遲速，以別能與不及；由執行任務之循良貪殘，以別賢與不肖；據此，以爲賞罰，是很公平合理的。國家設官分職，不考成無以底績，不分賢愚不肖，無以昭勸懲；就認眞考核而言，江陵並沒有錯。然亦不能斷言沒有萬一之失，職官繁多，主其事者，縱無私見，但世間任何人總不能絕對毫無主觀，偶爾偏差，委屈好人，勢所不免，但這是無可奈何的。而且，我相信這種偏差，以江陵之公忠精明，也必定犯得極少的。

江陵與言官之轇轕，自余懋學始。萬曆三年，國家威信剛建立，新政剛開始，政治剛納入軌道，余懋學建言，要行寬大之政；從反面看，就是說時政苛猛，因而受到革職處分。傅應禎爲余抱不平，繼起譏彈，嚴用和、劉天衢、徐貞明、李禎等，又爲傅抱不平，漸漸變成對人而不對事，講感情，而不講理智，於是都受到斥責；後人遂以爲眞是「摧折正士。」

這一批新進的御史與給事中，因建言得罪，江陵可能有所主張，至少他是同意的。他說：「二三子以言亂政，實朝廷法紀所繫，所謂『芝蘭當路，不得不鋤』者。」（答汪道昆書）從政治觀點看，盛世開創容易，衰季變革困難。當時的言路，能有幾個懂得政治道理的人？才出茅廬，識得幾個字，便自以爲是，信口胡說；江陵所謂「天下事，惟知幾識微者，可與圖成，而輕躁鋒銳者，適足以僨事厲階」，就是指那班好事之徒。

就當時政治實況看：正如一個沉疴瀕篤的人，幸遇一良醫，苦心診治，剛有轉機，方欲厚植其本元，使臻於健康，豈能容不負責任的人，亂改已經見效的藥方？管子上說：「號令已出又易之，禮義已行又止之，度量已制又遷之，刑罰已措又移之，如是慶賞雖重，民不勸也，殺戮雖繁，民不畏也。」（管子法法篇）江陵所定政策，既切合時宜，主持不惑，是他的責任；如果朝令夕改，乃至一有人議論，便改弦更張，人民不勸不畏，又何以爲治？那班輕躁鋒銳的人，故意逞其臆說，動搖人心，這就是「莠言亂政。」少正卯實無大罪，只是「言僞而僻」，足以亂政，就被孔夫子斫掉了腦袋。後人的評論，不以爲苛，而說：「孔子誅少正夘，魯國之邪塞。」（淮南書），敗羣不除，善羣不殖；薄責一二輕躁鋒銳之人以安定政局，少數人之不幸，正是天下之大幸。

什麼是僞道學？讓我先抄一段官書評語，讓人先看看他們的醜惡面目。明史儒林傳說：「明初之學皆朱子門人之支流餘裔。……姚江之學，別立宗旨，門徒遍天下，其敎大行，其弊滋甚。……有明諸學，衍伊洛之緒言，探性命之奧旨，錙銖或爽，遂啓歧趨，襲謬承僞，旨歸彌遠，經學非漢唐之精專，理學襲宋元之糟粕。……」這種「學者專家，」本無眞才實學，他們所講的，不是儒學，亦不是理氣二元說，而是儒釋道一元論。

只因社會上先失去了一個公正的衡量標準，大家都很迷惑，不知什麼是學問，甚至不知什麼叫着人；於是纔識之無的亦自以爲是學者，衣冠傀儡的人，被視爲是上流。風氣壞了，人們膽也越來越大了，於是恬不知恥的登壇演講，發表文章，開設書院，都以名流自居。「成弘以前，學術醇，而士習正，其時講學之風未盛也；正嘉之際，搢紳之士，遺佚之老，聯講會，立書院，相望於遠近，氣盛招尤，物議橫生，薰蕕雜猥。……」（明史顧憲成傳）最後一語，極爲的當。當時立學派、聯講會，把持文化教育界的，有新理學，有冒牌文士，有江湖術士，亦有造假金銀的騙子；他們「坐在利欲膠漆盆中，」「尤喜談鬼神夢寐，」也就是專說鬼話，騙人圖利。「只緣他一種聰明，」亦居然「能鼓動得人。」於是他們到處演講寫文章，都登載報刋上，優先拿稿費。他們辦的「學店」，不論販夫走卒，只要繳費，「有教無類，」亦名利雙利。（可看明儒學案，）

嘉靖至萬曆間，更不成樣子；據江陵說：「……其徒侶衆盛，趨異爲是，大者搖撼朝廷，小者匿蔽醜穢，趨利逃名；（名當作責字解，也就是到處打主意要錢，而躲在幕後，以逃刑責。）嘉隆之際，深被其禍，今猶未殄，此主持名敎者所深憂！」（答屠石平書）這班僞學者於談虛論寂之餘，裁量人物，譏議朝政，更利用各種機會作醜事，甚至向政府敲詐，怎能使人不爲名敎躭憂？如此烏煙瘴氣，自然與江陵格格不入。他又說：「今人妄謂僕不喜講學者，實爲大誣；蓋僕所爲，皆欲身體力行之，是以虛談者無容耳。（答周友山書）夫欲舍學以從政，譬之中流而去其楫，蔑以濟矣；故學無間於顯晦。……世言政學二者，妄也。（贈畢安石序）吾所惡者，『惡紫之奪朱也，莠之亂苗也，鄭聲之亂雅樂也，』作僞之亂眞也。夫學乃吾人本分內事，言喜道學者妄也，言不喜道學者，亦妄也。』（同上）僕願今之學者，以脚踏實地爲功，以崇尙本質爲實。（答屠石平書）今之談學者，利而已矣，烏足道哉！……」（答鄭藩伯書）

如何始爲以僞亂學？明史王畿傳有一說明：「（周）汝登欲合儒禪而會通之，盡採先儒語類禪者以入。」儒與禪與道，本無可通處，强而通之，就變成了儒釋道雜交的變種。（顧亭林所謂：「自舍經學以言理學者，而邪說以起；」可謂慨乎言之。）然而他們却自以爲是孔門「傳授心法，萬世聖學之淵；」在社會上招搖、誤人子弟。於是江陵建議封閉部份書院，禁止游食無行者講學。這亦是相激相盪而演成的，一面是執政者厭棄僞道學譏議朝政，一面是僞道學因其厭棄，愈加訕謗執政。

明史於此大書一筆：「萬曆七年，毀天下書院。」還有私家筆記，直書「張居正令毀天下書院。」究竟天下書院有多少？除已封閉之六十四所，另外還有無書院？還有無講學之人？都未淸楚交代，這是故意含混其詞。從史籍及私家筆記看：正常的書院，與眞有學問的人。並未受到禁令影響；例如耿定向，就在此際「集十四郡名士於崇正書院，（講學）請焦竑爲之長」。足見當時所封閉的，只是部份「學店。」

說明江陵招怨原因，是有助於瞭解當時政情的；江陵爲政，重事功，講實效，其目的在於「隨俗救弊。」譬如上下公文，要按道里遠近，嚴立程限；撫按考成章奏，要分送內閣，月考歲稽；那是因爲其時「朝廷詔旨，廢格不行，文卷委積，多致沉沒，……」非如此，就無以救廢弛之弊。又如田賦不均，民苦於兼併，非淸丈田畝，整頓徭役，無以收均濟之效。又如賄賂公行，紅包滿天飛，非痛懲貪墨，嚴覈吏治，無以挽頹靡之風。……江陵柄政，是如此，別人柄政，亦應當是如此，否則便是「苟且之政。」

至於傳說中之刺擧，決囚等都要如額，這就近乎危言聳聽，更與事實不符了。比方說決囚要如額，就是要刑殺一定數量的囚犯；只見於艾穆趙世卿傳，「張居正法嚴，決囚不如額者，罪之。」據說艾穆任刑部員外郎時，奉命往陝西錄囚，「與御史議，止決二人，御史慮不稱；穆曰：『我終不以人命博官。』」史家以此作爲證據，却不知這個證據，不足採信。一層是說話的人，並未指出究竟要殺多少人，才算「如額」？一層是艾穆趙世卿兩人，都是怨者，是在萬曆年間因莠言亂政，受到處分的人；怨者之言，怎可輕信？如果要知道眞是非，就必須合其他記載，而會通觀之；看過其他記載，就可以斷其必無。例如江陵與操江御史論錄囚，他說：「人非善良，而曒屬影響，事起株連者，宜加詳鞫，開其可生可死之跡，欲殺不忍之狀，請上定奪；積年重辟，可以開銷，然亦不可求多。……」這有須解說者兩點：一是雖不是善良，已受株連的，亦須詳細審訊，期於無枉無縱。二是所謂「欲殺不忍，」即是多開生路，讓犯人有獲得赦免的機會。在致楚撫王見峯書中，他又說：「法行而當，人心乃服，『一夫不獲，時予之辜。』果有寃枉，宜從辯豁，僕亦不敢執前旨，致令天下有寃民。」他又何曾居心要草管人命？亦何曾說過決囚要「如額？」

天下事，須從根源看，從整體看，乃能明白是與非，而不致倒因爲果，以偏概全。江陵是主持政策的人，政策如沒有錯，他已盡到責任；如執行偶有偏差，是不應完全歸咎於他的。譬如清丈田畝是一種均濟政策，而有「以溢額爲功」的情事，則很明顯的是執行官吏，希圖邀功，其錯不在江陵。又如整飭學風，是一種正本政策，而竟有「更損其數，有一縣不錄一人者，」（鄒元標疏）「督學官奉行太過，有一州僅錄一人者」（明史選舉志）那是「有司希旨，」矯枉過正，豈是江陵本意？

再如清丈全國田畝，毀之者竟然說「短縮步弓，以求田多；」還說「田多而小民愈苦；」這簡直是混賬話。當時清丈，查出了三百多萬頃欺隱的田，偌大數目，豈盡由「縮短步弓」而來？這大批欺隱的田，查出之後，是要豪右猾民負擔賦稅，小民負擔，只有減輕，如何會更苦？人們的是非觀念太模糊了！所以蕭廩當時在陝西巡撫任內，承辦清丈，盡力敷衍，「只求如額；」明史還恭維他能體恤人民。這眞是故意顚倒是非。

在所謂刻核方面，我們還應將對人民與官吏，對好人與壞人分清楚，如其是對貪官汚吏，豪猾盜賊，即使刻核，也是應該的。照江陵全盤措施看來，惟一與人民有關，而又持之稍急的，是整理財政，當時征收田賦，是確實很嚴，而且要如額的；不則「撫按聽參，守令聽調。」但我們該知道嘉隆年間「庫藏空虛，可爲寒心！」也該知道國家正在安內攘外，其勢非整頓財政不可。到了萬曆四年，國庫已漸充裕，江陵在財政上，有了把握，便自動請減逋賦；他說：「有司官吏，不能約己省事，無名之征求過多，勢豪大戶，侵欺積猾，皆畏縱而不敢問，反將下戶小民，責令包賠；其甚者，又以資貪吏之囊橐；以致百姓嗷嗷，愁嘆盈閭。」（請免賦逋疏）稍後，他又建議，將萬曆五年前田賦，量行改折；說：「寬一分征求，便省一分民力。」五年以後，他上疏說：「各有司催征錢糧，不分緩急，一概嚴催，又畏富豪奸猾，偏累小民。」足見他要清理逋負，其對象是豪右，不是小民。七年，又下令減天下徭役。到了萬曆十年，天下已達富饒境地，他再請，「悉免天下逋賦。」疏中說：「百姓財力有限，不幸遇荒歉之歲，父母凍餓，妻子流離，豈復有餘力，完累歲之逋欠？其餘悉行蠲免，閭閻免誅求之煩，貪吏省侵漁之弊，是官民兩利。」從此可見他整理財政，只是急其所當急，並未因心存功利，而故爲刻核。

是政治家，必然有政治理想，其理想亦必然本其所學所信。一般人認定江陵是法家，亦只是見到表面現象，諸如綜覈名實，信賞必罰，看來近似法家，而未細考其所本。其實，他不只是對於儒家思想，拳拳服膺，並且是想施之於當時的。他曾向徐階建議，要整頓政治，但主張「清議已行，士氣已振，」便當「振之以無名之樸，醞之以醇和之氣，卽大化薰蒸，風俗長厚。」也就是以德化民的意思。他所堅持的因民立政，約而言之，就是「懷保小民；」而保民之道，亦不外富與教兩大端。在富民方面，他做了很多事，亦做的很澈底。尙有未足的，可能是教民，和儒家理想，還有距離。但這亦由於環境使然；一層是天下大混亂，救死扶傷不暇。二層是興教化，正風俗，不是一蹴而幾的；他柄政只有短短十年呀！他的心事，張懋修等親承庭訓，才能瞭解；他們說：「蓋獨見法網稍密，而莫能扞格，法可懸，而不可用；特以初引綱維，不得不固握其柄，而信用之。意俟天下遵制揚功，風成俗定，然後恢廓禁網，稍除繁苛，示民以長厚之道。」這才是江陵的本意；行實特表而出之，是很重要的。

萬曆初年，指摘江陵爲政嚴急的人，是很多的；江陵曾說：「僕秉政之初，人亦有以爲嚴急少恩者；奸人不便於己，猥言時政苛猛，以搖惑衆聽。」（答陸五台書）亦正因說者甚多，所以劉一儒才寫信相規；說：「論治功者，貴精明，論治體者，尙渾厚；今治功已精明矣，愚所過慮者，政嚴則苛，法密則擾。今綜覈已詳，弊端剔盡，而督責復急，人情不堪，非所以培元氣，而養敦厚之體也。昔皐陶以寬簡贊帝舜，姬公以惇大告成王，願明公法之！」劉一儒是致仕的刑部侍郞，亦是江陵親家，他可能是善意的，可惜「惠而不知爲政。」江陵本人，並不是不知道這些道理，他曾說：「積廢既久，舉當以漸，驟於操急，人或不堪。」但他是執政者，他不能不求時之所宜，與民之所安。

公孫僑爲政，主張以猛濟寬，孔夫子稱贊他爲「古之遺愛；」因爲他心出於愛民。江陵所爲嚴急，亦都是爲人民着想的，其對象是官吏。「士習澆漓，官方刓缺；」駕馭天下官吏，是寧可失之嚴，不可失之寬的。所以江陵說：「誅凶鋤暴，剔奸釐弊，有不得已而用威者。」政治是最現實的，忽嚴忽寬，一張一弛，動關天下禍福，豈是隨便可以改變的？其最重要之點，是假定江陵所爲，近似嚴急苛猛，他是對官吏，不是對人民；更假定古人眞有寬簡惇大之政，是對人民，不是對官吏；這是應當分清楚的。

然則對官吏，獨可以嚴急苛猛麼？這更需要將江陵的觀念與方針弄清楚，否則亦可說他是刻核。他說：「孫子云：『約束不明，申令不熟，將之過也；約束已明，申令已熟，而士不用命，士之過也，殺之無赦。』今於吏治亦然，科條已布，以身先之，有不從令者，姑令之申之；申令已熟，則不問官職崇卑，出身資格，一體懲之，必罪無赦。」（答張處濱書）執政者要用人，就必須先好好的教人，就必須以身作則，使人知法，再要求人循法；這是領導階層的責任。所以他又說：「約束不明，申令不熟，亦在上者之過也。」循法是官吏的天職，「卿大夫以循法爲節。」（禮記）但如領導階層，沒有盡到教的責任，沒有以身先之，官吏不循法，乃至紅包滿天飛；這種時候，如苛責官吏，是不應該的。江陵師兵法之意，以整飭吏治，對於不守法紀的，必罪無赦，不能視爲刻核嚴急，因爲他是先勤教而後嚴繩。他用此「數年之間，吏斤斤奉法循職，庶務修舉，賢者得效其勞，不肖者亦得免於罪戾，不蹈刑辟。」（答龎惺舟書）這不比不教而誅，好得多麼？不比縱千百虎狼，吮盡天下蒼生之血，好得多麼？

十三　所謂刻核、嚴急、與霸術（下）

明代士大夫階級中所謂清流，是很可怪的！他們自鳴清高，而又不甘澹泊，「以功名利祿，鼓勵士大夫。」不滿意於現實，而又惟務妥協，「以委曲遷就，謂之善處。」因其內心把持不定，故所爲言論，常常自相矛盾。嘉靖年間，官吏貪殘，豪猾橫行，盜賊蠭起，民不聊生！他們說：「虎兕出於柙，龜玉毀於櫝中，典守者，不能辭其責。」治亂世該用重典。一旦有人負起責任，用嚴刑峻法銜勒少數壞人，以安多數好人，他們又說爲政該學臯陶周公，寬簡惇大；刑罰應當措而不用；不如此，便是刻核嚴急。

江陵主張省議論，求實效，他自不屑於與人爭論無益之事。但他不是不學無術的人，偶爾亦有所表示，認定那些批評，空泛而不切實際。（在他全集中，亦只有數次。）他說：「今不曰嚴刑峻法，可以制欲禁邪，而徒以不欲率之；舜不欲之君也。臯陶不欲之相也，『蠻夷猾夏，寇賊姦宄，』猶不得不明刑作士以威之，況其餘乎？（答楊二山書）聖人殺以止殺，刑期無刑，不聞釋有罪以爲仁。異日有司者之不敢捕盜，以爲獲盜未必誅也，故盜者愈多，犯者愈衆。論者不惟臯陶所以致治之理，而獨用懦者姑息之說，衰季苟且之政。……」（答周友山書）這一類話，不在於駁辯，而在於表示他所持政策，並沒有錯。從客觀立場看：他以安民生、固根本、爲中心政策，亦實沒有錯，要使政策實現，他是不應該走姑息苟且舊路的。但當時士大夫，顯然有一種成見，那就是反對功利主義；因之所爲批評，更進一層，由寬與猛，而擴大到王道與霸術。最明顯的，可能是吳旺湖的批評；他說：「吾輩謂張公柄政，當行帝王之道；今觀其議論，不過富國强兵而已。殊使人失望！」據說當時持相同論調的人，頗不在少，吳旺湖只不過是代表者。

要行帝王之道，積極方面，是復古；消極方面，是反對霸術。復古是開倒車，亦是鑽牛角尖，凡是比較明理，比較踏實的人，都知道是行不通的。王荆公說：「今之世，去先王之世遠，所遭之變，所遇之勢，不一，欲一一行先王之政，雖至愚者，猶知其難。」（答仁宗語）幾千年前，不只是國家組織，社會結構，經濟生產方式，生活形態意識，……完全不同；卽所謂邦國大小，亦不可以並論。如不是糊塗蟲，不是故意唱高調，決不會盲目喊復古。江陵是深通世變的人，他當然不贊成生今之世，而行古之道。他說：「孔子持論立言，未嘗獨揭一語，不度其勢之所宜，而强聒之也。春秋所載，皆周官之典；夫孔子殷人也，豈不欲行殷禮哉？周官之法，豈盡度越前代，而不可易哉？生周之世，爲周之臣，不敢倍也。今之學者，皆言遵孔氏，乃不務孔氏之所以治世立教者，而甘於蹈反（復）古之罪，是尙能學孔也乎？（與屠石平書）夫政以人舉，法貴宜民，執此例彼，俱非通論。……」（答周友山書）他既然强調惟嚴刑峻法，可以制欲禁邪；既然說復古是一種罪過，就似乎默認了他贊成霸術；至少不反對霸術。自宋以來，士大夫有一抽象的概念，談仁義的，必是君子，談功利的，必是小人；這雖是一個極模糊的概念，但已深入人心。

因爲明人先指摘了江陵是申韓之徒，後之論者，才說他是外儒內法，說他援法入儒，或直接說他是法家。我不以爲言仁義的就是君子，言功利的就是小人；江陵是否法家原是不必解釋的。不過，我是爲江陵寫新傳，就不得不對他的思想信仰，作個交代。從江陵一生言論看：有些地方，近似法家；比方他說：「法制無常，近俗爲要，古今異勢，便民爲宜；法無古今，惟其時之所宜，民之所安。」（程策二）這和韓非所說世變則時異；……是以聖人不期修古，不法常可，論世之勢，因爲之備。」（五蠹篇）頗爲近似。江陵又說：「刑賞予奪，一歸之於公道；法所當加，雖貴近不宥，事有所枉，雖疏賤必伸。……」（陳六事疏）又和韓非所說：「是故誠有功，則雖疏賤必賞，誠有過，則雖近愛必誅。（主道篇）故有道之主，信賞以盡能，必罰以禁邪。」（外說儲篇）更少差異。公孫鞅說：「所謂壹刑者，刑無等級，自卿相將軍，以至大夫庶人，有不從王令，犯國禁，亂上治者，罪死不赦。」（商君書）江陵亦說：「申令已熟，不問官職崇卑，出身資格，一體懲之，必罪無赦。」此處所謂申令，卽是申國家之憲令；又與韓非所謂「憲令著於官府，言行不軌於法者，必禁。」意思暗合。又江陵曾說：「夫財不足則爭，信不足則僞，爭爲僞，大奸之所資。何以聚人？曰財；財贍而禮義生。」（題名記）又和管子上所說：「守在倉廩，倉廩足，而知禮義。」（牧民篇）意思全同。……只看這些言論，說他是法家，亦不爲無據。

可是，在另一方面，江陵又似乎是看不起法家的。他說：「法令刑政，世之所恃以治世者也，然要其本，則禮禁未然之前。……今議者不深惟其本，務爲一切之制，以愉快於一時。夫敎化不行，禮義不立，『至於禮樂不興，刑罰不中，』民將無所措其手足；當此之時，雖有嚴令繁刑，祇益亂耳。……故上之化下，猶影響也，何必刑政？『子之武城，聞絃歌之聲而喜之；』豈爲一絃歌足以治哉？以道化民，漸漬以禮樂，而孔子取焉。故曰：『君子學道則愛人』也。（修儒學記）『唐虞之世，道在皋陶；』知人安民二語，爲萬世治天下者之準則。（雜著）聖人之學，始於好惡之微，而究於平治天下；好惡得其平，則因應無爲，不降階序，而萬務咸理。……』（贈高肅卿序）這一類以禮義爲本，刑罰爲末，「急於教，緩於刑」的議論，在江陵遺書中，說得很多。只看這些話，他心目中，又何嘗特重法家？

我以爲與其說江陵是法家，是內法外儒，毋寧說他是儒家，是內儒外法。當其執政，除弊興利，救火揚沸，不得不兼用法術，以濟儒術迂緩之病；如其不執政，沒有責任，以言品質，則其心地志行，規模氣象，乃純然一儒生。質言之，江陵本質上是儒徒，而不是法家。（如只看他偶爾一時之言論，斷章取義，則他不僅有法家論調，並有道墨兩家氣息。）這須從他治學旨趣，處世待人態度，以及他平生所信所守，合而觀之，乃能見其本來面目。江陵一生所信所守，後當詳說，此處只說前兩項。他說：「學不究乎性命，不可以爲學，道不兼乎經濟，不可以爲道；故通天地人，而後謂之儒。（讀書記）大學所謂至善，中庸所謂中，皆事理當然恰好處；天理人情，適當其可，而無過不及，乃爲至善。非有致知格物之功，則不能得止；非有唯精唯一之功，則不能得中。（雜著）聖人之道，內以修身，外以理人，其道甚近，而其效可覩。（贈汪雲溪序）故推心以敷之，政罔不若，率性以順之，道罔不遵，覃愛以沛之，仁罔不懷，端軌以協之，義罔不終。（贈羅惟德序）學問旣竅頭腦，須知實際；『聖人能以天爲一家，中國爲一人，非意之也。』物理不悉，便是學問不透。（答羅近溪書）是以君子處其實，不處其華，治其內，不治其外；恢皇王之緒，明道德之歸，研性命之奧，窮經緯之蘊。……」（讀書記）他對於當時不務成己，亦不愛人，「趨風氣，追時尙」的學問，很不贊成。說：「近時學者，不務實得於己，而獨於言語名色中求之，故其說屢變而愈淆。」實得於己，就是，誠正愼獨的工夫。像這一類的話，他說過很多；雖無多新義，要不失爲儒學家法，而爲他有得於心者。

只因江陵心裏，先充滿了儒家思想，故當其在朝，常存仁民愛物之心；當其在野，常存惻隱不忍人之心。在農圃記中，他這樣寫着：「周行阡陌間，見田夫傭叟，被風露，炙熇日，終歲僕僕，僅免於飢寒；歲小不登，即婦子不相眄！而官吏催科，急於救燎，寡婦夜泣，逋寇宵行；未嘗不惻然以悲，惕然以恐！」這不就是民胞物與的儒家思想麼？他柄政以後，對於人民疾苦，念茲在茲；他說：「安民之道，在於察疾苦而已。（答楊二山書）僕今謬當大任，一聞嗟嘆哀愁之聲，痛心疾首，不忍民之失所！（答吳自湖書）早夜檢點，惟以正己格物之道，有所未盡是懼。……」（答劉凝齋書）行實說他「憂勞天下，若振濡，若沃焦，皇皇如不及；念一方歲飢，至深念廢寢食，必計安之，乃已。」這就是所謂悲天憫人，視民如傷的精神。再看他平時勤拳納誨，對神宗所說的話，博引曲喻，責難於君，亦無一不本於儒教。

儒家教人，着重修己，要先自我訓練成一種完美的德性；以仁爲體，以忠恕爲用；事事盡己爲人，推己及人，故能愛人，而無損人利己之心。時時省察，思分義之所當盡，故「無求生以害仁，有殺身以成仁。」能有這種修養的人，在政治社會，常能寬容，而無忮心；因亦能做到「己所不欲，勿施於人。」江陵是一個政治人物，在實際政治行爲上，最易看出一個人的品性，因爲政治場合，恩怨最多，而且多數是睚眦必報，誰也不願饒人的。嘉靖年間，嚴嵩取代夏言，而爲首輔，殺了夏言；徐階取代嚴嵩，殺了他的兒子；隆慶年間，高拱取代徐階，沒收了他的家產，還使他二子充軍；這一切都是報復。萬曆元年，江陵取代高拱，他們之間，本不愉快，所以高拱銜恨，畢生不忘；但江陵不但沒有報復，而王大臣案發生，還爲之冒險解救。當徐階被迫害時，江陵致梁鳴泉書爲之緩頰；書中說：「仲尼不爲已甚；牽牛以蹊人之田，而奪之牛，蹊者固有罪，而奪之牛，無乃過乎？」這不就是恕道麼？

還有海瑞在當時，算是一個傳奇性的人物，隆慶四年，他在蘇撫任內，因爲鋒芒太露，被劾落職，朝臣都說他「沽名亂政。」惟有江陵同情他，一面爲他解圍，致書繼任蘇撫朱東園；說：「海剛峯之在吳，其措施雖若過當，而其心則出於愛民；霜雪之後，繼以和煦，人自懷春，亦不必盡變其法以徇人也。」一面又寫信安慰海瑞；說：「三尺法，不行於吳，久矣；公驟而矯以繩墨，宜其不能堪也。訛言沸騰，聽者惶惑，僕謬忝鈞軸，得與參廟堂之末議，而不能爲朝廷獎奉法之臣，摧浮淫之議，有深愧焉！」（此時李春芳爲首輔，務求安靜，江陵愛莫能助，故引以爲愧。有人說海瑞是被江陵排擠的，乃是胡言。）到了萬五曆年，南京盛傳海瑞要上疏彈劾江陵；竟亦有人冒其名，寫了彈章散發，措詞可能很激烈，牽涉亦很廣，被操江撫院胡檟拿獲人犯，據以上奏，這是可以興起大獄的。江陵壓下了這封奏章，然後致書胡檟，說：「承示狂犯之獄，不勝駭異！……以海（瑞）君為世望人，故託之以陰鼓異類，竊竊虛名；大疏一上，主上自必震怒，根求黨羽，其所芟除，將恐不止斯人。公若不以告我，死生唯命；今既已知之，則願以解網之仁，乞之左右！」據說海瑞亦是反對江陵的；他不藉端報復，反而曲為保護，若不是於儒教，深入有得，怎會有這種恕心？

可能因為當時說江陵用霸術的人太多了，他才致書耿楚侗，說出他對於王與霸的看法：「（吳）旺湖過譽我矣，吾安能使國家富强哉。孔子論政，開口便說：『足食足兵。』舜命十二牧，曰：『食哉惟時。』周公立政，『其克詰爾戎兵。』何嘗不欲富且强哉？後世學術不明，高談無實，剽竊仁義，謂之王道，纔涉富强，便云霸術；不知王霸之辨，義利之間，在心不在迹，奚必仁義之為王，富强之為霸哉？」心迹之說，為道學先生所最樂道，（朱熹說：「天理人欲，不必求之於古今王霸之迹，但反於吾心義利邪正之間……」（答陳同甫書）江陵搬出了一隻擋箭牌，卻仍不能塞着呶呶衆口；因為說者都是宋人的「支流餘裔，」他們重視利欲，甚於天理，依然要無理取鬧。江陵有兩封信，說的很忿懣；他說：「上損則下益，私門閉，則公室强；壯根本之圖，設安攘之策，倡節儉之風，與禮義之教，明天子垂拱而治之，假令仲尼為君，由求為相，亦無以踰此。」（答宋山陽書）他反問那班虛談無實的人，說：「僕今所以上佐明主者，何曾一語一事，背於堯舜周公孔子之道？」（

答周友山書）

在學術思想上，有一常見的現象，那就是越是認眞反對某種思想的人，必定對於那種思想，先有研究，知其短長，而能究其極。否則便無定見，常常自變其說，以逢合流俗。法家學術思想，爲行政治人立言者居多，所以很多地方，講現實利害。惟其重現實，而不流於空疏，所以有些理論，仍有存在價値；雖「絕其道，勿使竝進，」而終不可廢。江陵「貫穿百氏，究心當世之務，」不能無視於法家，亦不能不受其影響。凡千年來，稍微像樣的政治局面，無不雜用王霸；稍微講究治術的人，無不暗地裏兼採法家之所長；江陵當亦不能例外。但他的基本信仰，乃是儒術，則毋庸置疑。

十四 所謂奪情、戀位

名教兩字，亦常被壞人利用作工具，正如革命兩字一樣，「天下許多罪惡，假汝之名以行！」據名教以詆毀江陵，由於奪情而起。孝道爲人倫之本，「五刑之屬三千，罪莫大於不孝。」三年之喪，「天下之通義也。」自天子以至庶人，都該遵守。明朝還特地規定官員丁憂守制辦法，如其匿喪不報，必加懲治。江陵當首輔，「儀型百揆，」爲人倫冠冕，父死不避位，不奔喪，社會指摘，言官糾彈，於理於情，都是應該的。吳中行首上彈章，說：「居正父子，異地相暌，音容不接者十九年，一旦長棄數千里外，陛下不使匍匐奔喪，憑棺一慟，必欲其違心抑情，含哀茹痛於廟堂之上，而責以訏謀遠猷，調元載熙豈情也哉？」這一段話甚合情理。趙用賢說：「莫若如先朝故事，聽其暫還守制，刻期赴闕。」更已兼顧事理與人情。惟鄒元標比之於「禽彘，」則爲過激。就奪情這樁公案而論，亦可說「在心不在迹。」質言之，如江陵爲貪名位，存心不奔喪，則罵他爲禽彘，亦不爲過；如有人强迫他不奔喪避位，而力不能抗，勢不可抗，則又當別論。

天下惡名，沒有比不孝爲更甚者，如說江陵爲名位，甘願蒙此惡名，甘願爲名教罪人，雖至愚不至此。他在當時曾說：「綱常人紀，士君子立身大節，豈可苟焉自越於名教之外。」這說明他不是不尊重名教的人。如說他怕避位之後，不能起復，更是愚蠢的揣測。萬曆五年，江陵的事業基礎，已經穩固，而神宗母子之依賴信任，則有加無已；當時大臣，亦沒有人比他才略更高，聲譽更隆；他要起復，決無問題。如說他因爲執法太嚴，樹敵太多，誠恐避位之後，有人報復，更是以小人之心度君子。假使他先存有這種心理，他不會直道而行，毫不寬假；至少在別人「猥言時政苛猛」的時候，他不會「持之愈力，略不少回。」他不是不知道調停人情，賣法養交，可以保身而遠禍的；他不惜沉家破族，來貫澈主張，壓根兒就沒有考慮到什麼報復問題。

平心而論，奪情一事，在江陵內心裏，是非常痛苦，而又莫可奈何的事！他有勇氣，以一身與天下奸宄抗，但大義名分，使他不得不向一個娃兒皇帝低頭；事情非常明顯，強迫他不奔喪避位的是神宗，他是主人，主人的命令，是不可抗的。我們且看經過情形如何：

萬曆五年九月，張文明死在荊州故里，江陵得到訃告，一面請內閣同僚代報皇帝，一面循例經由吏部奏請辭職，回籍守制。神宗第一次答復，是：「元輔受皇考付託，豈可一日離朕？父制當守，君恩尤重。」只准四十九天假，不隨朝，就在京寓守制。江陵再疏陳情，疏中有「臣以二十七月報臣父，以終身事皇上」數語（按禮：「二十七月禫，」故此處不言三年。）意思是待守孝期滿，永遠爲皇帝效勞。所得回答，則是「頃刻離卿不得，安得遠待三年？且卿繫社稷安危，豈金革之事可比？勉遵前旨，勿得固請。」江陵在這以前，曾經說過：「古之君子，澡心浴德，不有其身，以奉君親，故入以事親，出以事君。事君，鞠躬盡瘁，莫敢云勞；當其時，身、君之身也，親安得有之？及其解負辭榮，怡然膝下，當是時，身、親之身也，君安得有之？」（贈李漢涯序）他已然委質事人，而且是顧命輔臣，「主少國疑，」怎可拂袖而去？惟一辦法，只有哀哀陳情，用孝思來感動皇帝。於是繼續上疏，說：「老母素嬰疾病，囑臣早歸，知臣理必奔喪，倚閭而望；若知臣求歸不得，相見無期，鬱鬱懷思，因而致病，則臣益有不能自安者。……皇上以孝養兩宮，何不推此情以及臣之父母？」在另疏中，特別提到朝中大臣，以至百僚，多數是他所擧薦，可以信任，他雖暫時離朝，不會影響國事；皇帝亦不必專信任一人，應讓天下賢者，都有效勞的機會。又說：「若謂臣畏流俗之非議，忘顧托之重任，孤負國恩，欲求解脫；則九廟神靈，鑒臣之罪，必加誅殛，人亦將不食其餘。」總之，他爲奔喪守制，苦苦請求，說盡了事理人情。其中最誠懇而動人的是「臣幸未死，報國之日長。願賜臣歸葬，使得身自負土，加一簣邱壠之上，過此以往，生死惟陛下所用！……」

他未料到皇帝的答復，更爲誠懇動人；「連日不得面卿，朕心若有所失；七七之期，猶以爲遠，矧曰三年？……卿平日所言，朕無一不從，今日此事，却望卿從朕！」神宗除幾番親降手勅外，還面諭閣臣呂調陽等，說：「卽使張先生再上百本，亦不能准。」（一個堅請，一個强留，文獻具在，史家視若無覩，後人論奪情公案者，亦不提及；理不可解！）江陵堅持要先盡孝，說盡孝之日短，盡忠之日長；皇帝堅持要移忠作孝，說忠比孝更重要。這是所謂「兩倫相値」之會，該當如何辦哩？

就在相持之中，有人建議奪情；「奪情」是奪去孝子之私情，不待守制期滿，甚至於不守制，强起服官，墨經從公。明朝宰相，奪情例子甚多，首輔李賢，就曾經奪情；只因出於皇帝命令，不能算是不孝。孝經不是說過「君子之事親孝，故忠可移於君」麽？神宗知道有例在先，便斷然決定奪情。

江陵於萬不得已時，提出條件，一是承認他在京在制；二是七七期滿，入侍講讀，與進閣辦事，准許他穿孝服；（青衣角巾）三是章奏准他加守制兩字；四是祭祀吉禮，准免參加；五是准他辭去應得俸祿；最後，是要求翌年皇帝大婚後，准他歸葬。神宗毫不遲疑，一一批准。於是派官員偕同江陵次子翰林院編修張嗣修，往荊州治喪，這是環境迫之使然。不過，我以爲造成這種環境的，則是江陵本人，如果他不是毅然以國家爲己任，殫精竭慮，夙夜匪懈，使國家由混亂而復歸承平；如果他只做「萬歲閣老，」碌碌無所短長；皇帝又何至說：「頃刻不能離卿」，而堅決要他奪情。

吳中行說得不錯，江陵假滿復出以後，只在嘉靖三十七年，因策封崇端王，前往汝寧，便道歸省一次，違離膝下，已十九年了。他是張文明的長子，素日極重孝道，一旦死別，不能拊棺一痛，他內心悽惻悲痛，是可以想見的。他雖委曲順命，遷就皇帝，但天倫之情，云何能忘？在答高鳳翥書中，他說：「主上雖自爲國家計，而於孤之微情，則有歉矣；嬰茲窮阨，無可奈何，辭俸守制，預爲歸葬之請，誠不得已也！」儘管他說得很含蓄，而滿懷怨慕，仍然情見乎詞。（江陵素謙抑，對僚屬書函，必稱公，自稱僕；自此以後，自稱孤或稱不穀，因其居喪守制，不可誤會他是稱孤道寡。）

官員奪情，和一羣好名的青年提出糾彈，本無關重要，亦不能說都是朋比傾陷。不料竟因此引起軒然大波，卒使江陵受到求全之毀，誠如他所說：「此又不幸中之大不幸也！」明朝的皇帝，慣用高壓手段，稍有違誤，動輒廷杖，當殿打死朝臣，是尋常事。神宗母子，要江陵奪情，而言官說不該奪情，神宗認爲這是忤旨，很輕率的下命令廷杖言官。這本與江陵不相干（當時神宗詔書說：「綱紀倫常，君臣爲大；元輔受皇考付託，義不得復顧其私。……詎奈羣奸小人，藐朕冲年，忌憚元輔忠正，不便己私，乃借綱常之說，肆爲排擠之計。……」這足以證明廷杖完全出於皇帝之意。）他並沒有慫恿皇帝，施行廷杖；但經過王錫爵等一番穿插之後，又爲攻擊江陵的人，平白製造了一個藉口。廷杖命令頒下之後，皇帝固然是濫用威權，在朝大臣，亦充分暴露了鄉愿作風，他們不敢犯顏直諫，請皇帝收回成命，又要博營救「正士」之名，以免開罪言官。於是翰林院掌院學士王錫爵，禮部尚書馬自強等，出面營救，所用方法，是先後直闖孝幃，要江陵去向皇帝求情，這是不近人情的事；江陵此時，寢苫枕塊，悲痛欲絕，他拒絕這項不情之請，是應該的。王錫爵等所恃理由，是「皇上震怒，惟相公有回天之力。」這或許是事實；從前劉臺彈劾座主，神宗同樣震怒，不是江陵解救，始免廷杖麼？可是，現在他是居喪，他要守禮，不能披蔴戴孝，去爲人奔走說情。

大臣們不敢正面諍諫，小臣趙志臯等雖聯名論救，終於「難回聖怒；」吳中行等四人，竟受到廷杖之外，還加以革職或充軍處分。這似太不合理了，於是天下談名教的人，都同情吳中行等；他們不敢抱怨皇帝，却有藉口，責備江陵，因爲「相公有回天之力，」竟然坐視不救，如不是器量褊狹，便是有意與名教爲敵。於是謠言踵至，說江陵戀位，存心不奔喪盡孝；說李幼孜等疏請奪情，是出於江陵授意；說江陵「陽上書請守制，而陰以牘諷張瀚（覆旨），復令客說之；」還說「瀚不爲動；」結果被撤去了吏部尚書官職。……其實都是謠言。舉例來說：當時在北京稍有面目的官員，都曾到張公館，勸他不要過分違抗皇帝的命令。上疏請留江陵的，還有南京等處官員，並不止李幼孜一人；相隔數千里又豈盡是江陵所授意？江陵屢疏陳情，詞旨哀婉，俱載在文集；神宗屢勅强留，備極溫渥，俱載在實錄；而所謂以牘風瀚之「牘」，又在何處？張瀚得爲吏部尚書，原出於江陵推薦，因而有「瀚素親居正」之說；無論江陵不會太阿倒持，授人以柄，即張瀚亦不會故意爲難，開罪江陵，假如江陵眞是存心奪情的話。張瀚之去職，很明顯的，是由於他的鄉愿作風，他不敢違背皇帝，又怕得罪名教，猶疑觀望，「久不奉詔，」於是馮保攛掇皇帝，以中旨勒令致仕；因爲馮保是贊同奪情的。

現在且說由奪情而孳生的戀位問題：戀位並不是壞事，當大責重任的人，心乎爲國，不同於普通臣僚，可以見可知難，輕言去就；所以前人說：「戀之一字，古純臣所不諱言。」若是只爲官位，持祿自固，則又當別論。江陵在神宗大婚以前，他不輕言進退，但這並不等於戀位，這是因爲客觀形勢，使內閣變成了政治重心，而江陵又是這個重心中的神經中樞，他就是言去，亦無法得到神宗母子許可；他明知無法脫身，又何必潔志鳴高，以博恬退之名？在答陸五台書中，他說：「僕今所處何時也？主上以艱鉅之任，付之於渺然之身，今權璫貴戚，奉法遵令，俛首帖耳，而不敢肆；狡夷强虜，獻琛修貢，厥角稽首，而惟恐後者，獨以僕攝持之耳；其出處進退，所繫豈淺淺哉？」這攝持兩字，足以說明他一身所繫，動關安危。

從江陵一生行藏看來，他決不是貪戀名位的人，他有攬轡澄清的志向，亦有敝屣功名的情操。高拱當神宗卽位時，見天下多故，而皇帝又是一個娃兒，說皇帝這般小，該如何辦？顯然有綆短汲深，難爲輔弼之感。江陵只說：「聖人乘敝而達變，智者因難而顯功，」意思是非盤根錯節，無以別利器；這足以見他的豪氣。但他亦只想得志以行其道，於功名權勢，是很恬澹的。如此說法，亦頗難使人置信，因爲這不是恒情。不過，以恒情衡量一般普通人，「億則屢中；」若是一個磊落奇偉之士，則就難以衡量了。

當嘉靖中年，江陵成進士，選庶吉士時，只有二十三歲；庶吉士在當時，是人所艷羨的「儲相，」對江陵而言，可謂「青雲得路；」但他不久就請假回籍，一住數年。行實說他「翛然無當世意；」他自己亦說：「以病謝歸，前後山居者六年，有終焉之志。」（先考行略）這一段時間，他曾出外遊覽，還訪過很多朋友，他所謂病，可能是托詞。在遊南嶽記中，他說：「余用不肖之軀，弱冠登仕，不爲不通顯；然自維涉世酷非所宜，每値山水會心處，輒忘返焉，蓋其性然也。」這時他在田野，用不着唱高調，顯然他於利祿，看得很澹，至少他不是熱中利祿的人。

同時，在江陵早年其他作品中，亦可看到他的襟抱，與人不同之處；譬如他詠蒲草詩，說：「蒲生野塘中，其葉何離離，秋風不相習，靡爲泉下泥；履霜知冰凝，見盛恒慮衰，臨市嘆黃犬，但爲後世嗤。」這顯然他早已察覺到政治場合，升沉無常，最容易糟踏人，因而嘆李斯見機不早，致招敗辱。在適志詩中，說：「我志在虛寂，苟得非所求，雖居一世間，脫若煙雲浮；魯連志存齊，綺皓亦安劉，偉哉古人達，千載想徽猷！」這是崇拜功成不居的人。因此，他於漢初三傑，獨與子房。在致徐階書中，最能道出他的胸懷；他勸徐階「高視元覽，抗志塵埃之外，其於爵祿也，量而後受，寵而不驚，有皦然不利之心。」既已「量而後受」，則當「披腹心，見情愫，伸獨斷之明計，捐流俗之顧慮，慨然一決其平生；」不可「內抱不羣，外欲渾跡。」倘若幹不通，「吾道竟阻，休泰無期，卽抗浮雲之志，遺世獨往，亦一快也。」這是大丈夫光明磊落「用之則行，舍之則藏」的行徑，無所黏滯，亦無所顧却。

當他柄政之後，特別是他在政治上卓然有所樹立之後，他所行和他所言，處處顯示一致，看不出有何矯飾之處。他屢辭爵賞，眞做到了寵而不驚，皎然不利的境界。在辭恩命疏中，他說：「倘微志得伸。雖通侯之賞不爲貴，千鍾之祿不爲富。」他還說到「早已盟心自矢，不敢自背其言。」如果他生在王荆公的時代，如果他所事者像宋神宗一樣，是比較開明的長君，他很可能早已功成身退。凡是戀棧，老死而不知止的人，所戀者無非是權勢；有權勢則有利可圖。江陵既然存着皦然不利之心，而有遺世獨往之志，他又爲何要戀名位？

就奪情案而言：當「二三狂童，」提出糾彈時，目的只在於出鋒頭，（觀吳中行既已上彈章，復持奏稿，走報江陵，可知。）並不都是蓄謀攻擊江陵。但由於少數人之揚湯止沸，遂爲攻擊者製造了藉口；站在名教立場講話，是很正大的，誰能說不該維護名教？

其實，當時的人，言奪情非孝，亦只是反對新政，何曾眞是爲名教？明朝的士大夫，又有幾人，不是名教罪人？試舉一例；隆慶年間，曾發生一個諷刺性的故事，那就是吏部奏請令衍聖公終制；說：「孔子爲萬世禮義之宗，不使其子孫守三年之制，何以責天下？」因爲衍聖公「凡遇父母之喪，不行丁憂，卽請承襲，與軍職同。」文中有「凡遇」字樣，可見不行守制，已非一次；却未見衞道者因名教而爲曉曉之爭。說江陵丁憂，應當守制，是對的；說他無愛於他的父母，存心奪情，是不對的。昔人說：「忠孝不能兩全，故君子必以一端與之。」談名教的人，也應該知道這個道理。

奪情案，是由江陵門下吳中行首先彈劾的；接着上疏的是趙世卿和艾穆。於是吳中行便「大名垂宇宙？」一直到清朝，還有人稱他幹得好，說他先上彈章，然後以「副封」白江陵，是因爲「緩不及待。」袁枚曾經提出反問：「江陵並非謀反；所劾者，不過奪情一節，則是江陵一人之私罪，與宗社安危毫無關閡，有何緩不及待之可言？」他又說過幾句公道話，他說：「古名臣俱有奪情之事。……史稱江陵相萬曆十年，四夷賓服，海內充實，有霍子孟、李贊皇之遺風；然則中行果有愛國之心，方宜留護江陵，爲賢者諱過，可矣。……中行不諫其師，並欺蔽之，突出其不意，以相攻擊，其心術尙可問乎？」（答洪亮吉書）於此我們可得一結論：大臣奪情，只要理由正大，並不算違背禮法。江陵奪情，並非出於自願，而係出於皇帝强迫。彈劾江陵的人，亦並不是眞爲名教，而只是「冒險釣奇，以覬幸於後日。」硬說江陵本人有意奪情，企圖借此以加重其罪名的人，如提不出更有力的證據，則千載以下，亦難逃誣枉之罪。

十五　太監與所謂交結太監

「宦官釋氏不除，而欲天下治平難矣！」這是明代處士吳與弼有感而發的話。宦官舊稱閹寺，唐代管宮廷事務的多稱監，故閹人，亦稱太監。古代宮刑之餘，用之以供灑掃庭除賤役，原是廢物利用；不意竟然能干政，甚至竊威福自專，這是初料所不及的。歷代太監爲禍，史不絕書；唐代以後的皇帝，非至昏憒，都不肯縱容太監。而獨有明代皇帝，多與太監結不解緣；明代太監亂政，不止一次，隆慶以前，英宗用王振，幾乎喪生絕域；武宗用劉瑾，幾乎失去王位；而朱家子孫，寵信如故，並無戒心。「土木之變，」幾乎亡國，朱鑑因請罷內官，而景帝竟然拒絕。思宗雖戮魏忠賢之尸，而「甲申之變，」首先開城迎降李自成的，依然是太監。

太監在明代，可謂氣燄薰天。此處只說劉瑾，他在武宗時，只是司禮太監兼管廠衛，還沒有像唐朝的李輔國，仇士良等，掌握禁軍，而他的權勢，並不比他們爲小。他敢於將有名望的大臣如三邊總制楊一清，兵部尚書劉大夏等逮捕下獄：敢於以私意進退閣臣；敢於矯詔擅捕朝臣數百人，罰五品以下官，跪在奉天門，至於曬死。他所指揮的廠衛，可以任意逮捕、審訊、榜掠、乃至殺戮任何臣民。當他竊權擅政時，「勢如烈燄，稍不如意，卽被夷滅。」你可看出他是何等威風。

正因太監操國柄，有左右朝政，黜陟大臣的權力，做官的人，誰敢抗手？虛與委蛇，不助桀爲虐，在明朝已算是有氣節；但這種人，已是少見。等而下之，誰不走太監路線？認義子，稱翁父，餽遺不絕，只要有官做，誰管他娘的什麼禮義廉恥！這是邪氣，造成這股邪氣的，仍然是皇帝。

朱元璋雖是粗人，亦有聰明之一面，他亦知道太監是有百害而無一利的；他說：「求善於中涓，（太監）百不一二，用爲耳目，即耳目蔽，用爲腹心，即腹心病。」因此，他嚴申禁令，不許太監與聞政事，違令者殺無赦。不但如此，他還制定了嚴格的處罰條例，重者凌遲處死。並設專官，糾察太監。可惜他私心太重，誤以爲「內臣愛我者也，外臣自愛者也。」愛他的人，當然不會反抗他。因此，他殺戮外臣，如鋤草茅，而終於不能鏟除太監。（明朝太監，出使在外，就是他派內侍出外買馬開始的。）不過，因爲他性情殘暴，動輒殺人，鈐束太監較嚴，所以終他之世，沒有大作惡。

眞正能約束太監的，還是朱元璋的孫子建文帝，他規定太監出外，稍有侵擾，「許有司械聞。」也就因其約束較嚴。太監都不甚得志，所以靖難軍興，紛紛逃往燕軍，密告朝廷虛實。燕王朱棣得到太監幫助，達到了篡位目的，於是特別寵信太監。明史說：「宦官出使、專征、監軍、分鎭，刺臣民隱事諸大權，皆自永樂始。」

明初的太監，雖是服役宮廷，却是受禮部管轄；稍後，改爲直隸於宮廷，於是太監成爲無人敢管的內官。可是，儘管太監受到皇帝寵信，無人敢管，但他們原本都是社會無賴，自行閹割之後，再投拜老一輩的太監，引進宮內；他們無知無識，但知狐媚取寵，「進淫巧以蕩帝心，」就想干預政治，爲害亦是有限的。朱元璋曾禁止太監識字讀書，而他的曾孫宣宗，又開一惡例，爲虎添翼，他在宮廷設內書堂，選伶俐的小太監，命大學士陳山教他們讀書，並定以爲制。太監怎會把書讀通？當然只是一知半解，但這却比不識字更壞，因爲他們已經能够讀章奏給皇帝聽，能够代皇帝「批硃」，甚至草擬中旨，作惡的機會就多起來了。明史職官志說：「內閣之票擬，不得不決於內監之批硃，而相權轉歸於寺人。」單是批硃一事，就有這般重要。

爲何英雄豪傑之士，或竭智盡謀，或肝腦塗地，而皇帝不親近信任，却偏要親近信任那班如鬼如蜮的太監？司馬光於此，曾有答案；說：「宦官出入宮禁，人主自幼及長，與之親狎；其間復有性情儇薄，言語辯給，伺候顏色，承迎志趣，受命則無違忤之患，使令則有稱愜之效。……近者日親，遠者日疎，甘言卑詞之請，有時而從，浸潤膚受之愬，有時而聽；於是黜陟刑賞之政，潛移於近習，而不自知；如飲醇酒，嗜其味，而忘其醉也。」（資治通鑑卷二六三）歐陽修在五代史中，亦有深切之言；他說：「蓋其用事也近而習，其爲心也專而忍，能以小善中人之意，小信固人之心，使人主必信而親之；待其已信，然後懼以禍福而把持之。雖有忠臣碩士，列於朝廷，而人主以爲去己疏遠，不若起居飲食前後左右之親，爲可恃也。故前後左右者日益親，則忠臣碩士日益疏，而把持者日益牢。禍患伏於帷闥，則嚮之所謂可恃者，乃所以爲患也！」（宦者傳）

於此之外，我還要補充兩點：其一是凡是宮闈，都是骯髒的，皇帝和那班奴才共私生活，必有許多不可對言人的醜事，恐怕外洩，遂不得不優容他們。其二、是皇帝和那班奴才的知識水準差不多，談得來，別人說什麼微危精一，修齊治平，未免陳義太高，聽不入耳。那班奴才，只說某人不忠實於皇帝，某事不便於皇帝，睊睊之讒，最易入耳；於是，皇帝便以爲天下只有那班奴才忠實可靠。皇帝和太監們有了這種關係，如何可以疏遠？宋人張栻論蜀漢，責「諸葛瞻不去黃皓爲不智；」這是糊塗話。因此，我們國家的命運，很久以來，不是操在英雄豪傑手上，而是操在太監們手上！幸而遇着比較精明的皇帝，那班奴才，只能暗中做手脚，大權尙不致傍落；不幸而遇着像明武宗那樣荒唐鬼，連章奏都嬾得看，大權落在那班奴才手上，那得不擾害朝政，濁亂天下！

現在該說到嘉萬之際的大太監馮保了，他是史家所謂與江陵「深相結，」或說江陵所交結的太監；他在萬曆初年，是確有權勢的。馮保之所以有權勢，一則因爲他是「三朝元老；」太監向稱中官和內臣；我們現在看來，他們只是不能人道，而僅供賤役的東西，但在從前，他們也是官，也一樣封侯，主宰朝政。還有很多人，是因爲巴結他們，才當上宰相的。二則是他是司禮掌印太監。明朝宦官，共爲十二監，而以司禮爲首，權亦最大；若是掌印，他的職權，更大得驚人！「掌理內外章奏，御前勘合及硃批。」沒有經過司禮太監批硃用印的公文，就是宰相畫了押，六曹首長簽名蓋了章，也不能生效的。

其實，明朝的大太監，很久以來，眼裏就沒有宰相；「英宗時，批答多參以中官，內閣或不與。」（涂棐疏）「有所擬議，竟從改易。」（劉健疏）「凡調旨撰勅，或被改再三，或竟自改竄。」（李東陽疏）……李東陽等都當過宰相，他們的條旨，太監可以隨便删改，甚至根本不要他們擬辦。司禮監是政府與宮廷間一道關口，所以歷來宰相常要被大太監牽着鼻子走。

馮保在嘉靖時，就很得寵，做過司禮太監，世宗呼他爲「大寫字」而不名；並特地派他侍奉太子，這是表示寵信。穆宗卽位，他依然被寵信，亦依然被派侍奉太子。神宗卽位，他因爲「朝夕視起居，擁護提抱有力，」更加威風。依我推想：慈聖李后以宮女入裕邸，驟升貴嬪，甚得恩寵，馮保可能暗中幫過忙；從來大太監是有力量左右其事的。因此，當大權落在李后手上時，馮保更見寵信，李后將照應神宗的事，都付託他；神宗稱他爲「大伴，」朝夕不離左右。因此，神宗卽位才六天，他就趕走了掌印太監孟冲取而代之。

看過這段經歷，可以知道馮保在當時所處地位之重要；他並不是安分的人，他有野心干預政事；神宗剛卽位，便有中旨傳出，名義上是皇帝下條子，實際上就是馮保初試身手。中旨是從前所謂「斜封墨勅，」雖亦有效，究竟未經內閣票擬，有欠鄭重。但馮保眼裏，何曾有什麼內閣？他對於掌故太熟悉了，那個宰相，敢於與司禮太監爲敵？「正統五年，王振勢益盛，大作威福，百官小有牴牾，輒執而繫之，廷臣惴恐，士奇亦弗能制。」楊士奇是首輔，又是四朝元老，尚且如此。（明史楊士奇傳）「內閣中官之禮凡幾變：李賢爲首相，司禮監巨璫至者，以便服接見之。至彭時，必衣冠見之，分列而坐，送之出閣。商輅又送之下階。萬安則送至內閣門矣。」（金台紀聞）所謂閣老，顯然已越來越不值錢。順門上看門的小太監，不也說過麼？「昔日張先生（璁）進朝，我輩俱要打恭。後來夏先生，（言）我們只平眼看。今嚴先生（嵩）與我們恭恭手纔進。」（四支齋叢說）其實，嚴嵩見了小太監，不止拱手，還躬身延坐，執手爲禮；臨走又塞進一包金子在袖裏。馮保歷事三朝，他閱人太多了！皇帝幼小，兩宮竝立，有了像他這樣有權勢的太監，橫亘在宮府之間，居中用事，輔政大臣，任命是誰，都將感到棘手。

對付馮保，只有三條路，或說三種方法：一是巴結他，只圖保全自己名位，任他胡作非爲，一概不問。一是合理駕馭他，使他不能爲惡，而又不致離間宮府，妨害政事。另一是乾脆的驅逐他，像宋英宗時宰相韓琦，竄逐任守忠一般。江陵是走第二條路，而高拱則走的是第三條路。穆宗死時，高拱是首輔，已存心打倒馮保；迨中旨一出，馮保奪取了孟冲位置，又兼提調內廠，他便藉此發作，一面請皇帝「詘司禮權，還之內閣；」一面發動他手下言官雒遵陸樹德等，上疏攻擊。他們抓着了馮保弱點，說：「先帝甫崩，忽傳馮保掌司禮監，果先帝意，何不傳示數日前，乃在彌留後？果陛下意，則哀痛方深，萬機未御，何暇念中宮？」這證明是馮保矯詔，可以處死，豈止驅逐。高拱當時似乎很有信心，他在內閣大肆咆哮，因爲他是受遺輔政的首輔，他應該有此信心；如果連一個太監都不能制伏，還輔個什麽政？却不料被趕走的不是馮保，而是他自己；差一點，他幾乎死在馮保手上。這證明一個爲皇帝提尿壺的人，遠比輔臣重要；高拱倒了，誰還敢小覷馮保？

江陵繼高拱爲首輔，對付馮保，是一大難題；但他有旋乾轉坤的能力，他目空天下，怎會把馮保放在眼下？他有方法使馮保就範，不敢干預政事；他還要求「宮府一體，黜陟臧否，不宜異同；」亦卽宰相要履行職權，兼管宮中的事；內官犯法，還要一體治罪；這在明朝，都是創舉。且先看看下面幾段記載：「宮中府中，事無大小，悉諮於余而後行，未嘗內出一旨，外干一事。」（司禮馮公壽藏紀）宮中府中，皆宜預聞，臣不敢復以外臣自限；凡皇上起居，及宮闈內事，但有所聞，即竭忠敷奏；左右近侍，有邪佞不忠者，亦不避嫌疑，必舉祖宗之法，奏請處治。（請淸汰近習疏）宮府之事，無大無小，咸虛己而屬於僕，中貴人（太監）無敢以一毫干預，此公在北時所親見也；僕入養君德，出理庶務，咸獨秉虛公以運之，中貴人無敢有一毫阻撓，此亦公在北時所親見也。」（致南京都御史書）此處所謂「內出一旨，」即是中旨，亦即是皇帝下條子，這是常事；「隆慶初年，上任用宦官，旨多從中下。」（續通典）萬曆最初十年，太監不敢隨便出中旨，說：奉皇上諭如何如何；就政治營運來講，是一樁大事。如果天天下條子，事事干涉，司禮監取代了內閣，朝政必定紊亂。

於此應應橫插一筆，將明代廠衛，略加說明：衛是錦衣衛，朱元璋時已設，「錦衣旗校，至萬七千四百人。」他當時用以調查、監視，以至肆行殺戮的就是這個機構。朱棣更加重視，「文皇入立，倚錦衣爲心腹，恒與中官相表裏。」大概因錦衣與太監爭權，永樂十八年，復設東廠；憲宗時，再增設西廠；（東廠後改稱外廠，西廠改稱內廠。）都由太監掌握。這些機構，不在正常體制之內，但其權力甚大，他們可以任意逮捕，刑訊、監禁、乃至處死任何臣民，而不經過三法司定讞。天下人民，都怕他們，朝中大臣，都讓他們，因爲他們是皇帝的心腹；得罪了他們，一個小報告，可以置人於死地。他們管的事很多，據薛國觀對思宗說：「使廠衛得人，朝士何敢黷貨？」可見他們已取代御史，而兼管貪汙不法的案子。不過，萬曆初年，馮保雖兼掌內廠，卻不敢任意捕人，觀王大臣案可知。錦衣衛的指揮權，在當時，亦似乎不全是握在太監手上，因爲那一段時間，錦衣外出捕人的事，尚不多見。

以上江陵所說的幾段話，依我判斷，不會是謊言；因爲天下耳目，豈能盡塗？如果馮保曾經「內出一旨，外干一事，」別人豈能不知道？以有說無，譸張爲幻，豈不騰笑天下？江陵是最講信用的人，又豈能作此笨事？事實上，還不止約束一馮保，所有太監，亦無一不在鈐勒之中；凡太監出外，必派人詷查，若有干犯，卽皇帝最親信的人，亦必寘之於法。張懋修還提到一椿故事，說：「都督馮邦甯，以貴倨使酒凌人，先公致帖司禮，責其失儀；馮公卽杖其侄四十，奏請革職一年，方得與朝列。」可見馮保的侄子，亦在鈐勒之中，並未格外寬容。

自有太監以來，不知敗壞了多少大事！天下才智忠正之士，亦不知有多少人，栽在他們手上！看過劉瑾魏忠賢傳，而不髮指的，必無心肝。因此，交結太監，和那班賤人講朋友，在讀書人看來，是可恥的。說江陵不應交結馮保，並沒有錯；但須弄清楚的是他爲何要交結馮保，與他如何交結馮保；否則所爲指摘，便有失平允。如果盡採怨者捕風捉影之說，而無確鑿可信之證，則是毀謗，而不是批評。且先說爲何要交結馮保？張懋修說：「先公當主少之時，於左右近侍，調處之術，可謂深矣！不然，以先公之嚴毅，使左右不服其調處，亦將奈之何哉？苦心國事者，自當有推量其衷者矣。」這一段話，並無粉飾。試想：當時情形，兩個主人，一是孤兒，一是寡婦，權力掌握在他們手上，他們要江陵「代王行政，」而給予他的權力，又很有限，事事都要秉命而行，却又宮府隔絕，不能見面，只有太監，可作橋樑。李后相信江陵，同時更相信日夕在左右的太監；而太監都生來陰險狡猾，擅長播弄是非，如果不善處太監，如果輔臣與皇帝太后之間，稍有隔膜，又怎能爲國家辦事？關於這個問題，陳鑾評語，最爲透闢；他說：「當女主幼君宮府隔絕之時，欲奪司禮權，盡歸內閣，其謀已疏；無論不能逐（馮）保也，卽使去一保，則必復用一保，此曹鬼蜮，安得賢於保者而用之？且肘腋之間持之過激，則南宮甘露之變，可爲寒心！」既然去一獠復來一獠，則執政者便無法不和太監打交道；善處太監，使其就範，比之甘露南宮之變，朝臣被太監大肆殺戮，國將不國，豈不勝過萬倍？

就實際情形看：當時的問題，並不單純是一個馮保問題，還可能牽涉許多問題在內；很明顯的女主幼君，就是一個很難處的問題；提到內官，就和他們血肉相連。我們現在看來，太監何足齒數？但在當時女主幼君心目中，內臣如馮保者，是佔有重要地位的。作爲一個受遺輔政的首輔，不得不考慮全盤問題。何況江陵要得時以行其志，更應出之於愼重。萬曆初年，以江陵之聲威，以他那種嫉惡如仇的性格，是可能驅逐馮保的；他不岌岌於此，正以馮保可去，而太監終不可去。馮保既不甚爲惡，至少未妨害政事，正可馭而用之。（萬曆十年，朝臣以能逐馮保爲快。而繼馮保的張鯨，「掌東廠，橫肆無憚；御史何出光，劾鯨死罪八，而鯨竟不罪。」這是一個很好的證明。）

再說如何交結；假設江陵果如所傳，勾結馮保，排擠高拱，而謀取首輔，以及私下與馮保草遺詔，（一般指斥只此兩事。）都實有其事，則江陵人格，便大有問題。如其不實，史家就不該「徇聲而務爲深文」說什麼「深相結。」讀史的人，也該弄清楚，實在情形，不上那班「挾私而快其報復」者的當。譬如一說到太監，大家總以爲那是奮閹醜類，他們都是在宮廷中供賤役，爲皇后洗馬桶的人，不知他們也是官，並同樣是經過皇帝任命的；其中並有人官階極高。他們又不僅做內官，還做外官，「鎮守出征，督餉坐營，賜以印信，爵以公侯，禮同元輔，廕及弟侄。」（續通典）因此，官場中人，就無法和他們絕對不講來往。光宗時代的司禮太監王安，交際最廣，一時名流，包括大學士韓一爌及楊漣左光斗等在內，都與之往來；我們也可以說他們交結太監，却不能說是罪名，因爲他們並沒有「交手爲市，」只不過是尋常交接而已。萬曆初年，女主當家，宮府隔絕，司禮太監，掌「內外章奏，御前勘合及硃批，」要執政的人不和他來往，這是夢囈。昔人說：「無諸己，而後非諸人。」清初的道學先生，慣於以己所不能的事，苛責別人；而他們自己，却爭着拖豚尾，穿馬蹄袖，逢着韃子打千請安。我覺得他們是沒有資格，批評別人的。

排擠高拱一事，另有詳說；此處只說「草遺詔」這段公案。傳說中的誑言是穆宗臨死，馮保要江陵草遺詔，與三輔臣共受顧命輔政；「居正處分十餘事，使小吏投保，拱知而跡之，吏已入，拱恚，面詰居正，曰『密封爲何？天下事，不以屬我曹，而屬之內豎，何也？』」另一說是高拱責問江陵說：「我當國，奈何獨與中人具遺詔？」並且傳說江陵聽了，面紅耳赤，「乾笑而已。」這太逼眞了；然而漏洞也太多了，高拱爲了洩憤，可說這樣汚衊別人的話，史家却不可以胡亂附和。先說這個謠言的漏洞：其一、沒有指明時間，事件發生在何日何時。其二、沒有指出那個送信的小吏姓名。其三、既然高拱跟蹤時「吏已入，」他又怎知「處分十餘事，」而且知道是草遺詔？……事情非常顯明，穆宗是先一日中風，經過一夜就死了，其間爲時甚暫，根本沒有草遺詔的機會。（假設草遺詔，只有在四月廿五日夜晚，但這是不可能的。廿六日，江陵進宮受遺，高拱高儀同在，亦沒有可能。以後的公式遺詔，則是內閣主稿的。）高拱之爲人，江陵是知之甚諗的，如果眞有其事，以江陵之精明，他斷不會隨便假手於一小吏，而故使知之聞之。再退一步講：高拱如已確知張馮兩人，有這種不尋常的關係，亦斷不會將他要推倒馮保計劃，告知江陵。……這眞是最笨的謠言，然而不免有人被輕易騙過。

有幾個鐵的事實，可以爲這段公案作反證：萬曆初年，馮保是司禮監掌印兼管內廠，他的權勢職位，和昔日的劉瑾一般，炙手可熱；但却沒有大作惡，至少沒有干政的事實；如其他與江陵「交手爲市，」當時的言官，百般羅織，不會不列舉事實的。不甯惟此，馮保自恃擁戴功，久想封伯爵，但在江陵在位時，他終於不敢恣肆；直到張四維繼任首輔，他才要求封爵。如其是「深相結」，他不會等待十年，江陵亦不會不爲之助。還有，在明朝，像馮保這樣有權勢的太監，不用說他本人封爵，他的親故鄉黨，都會佈滿朝堂，稱盛一時；但江陵却未以國家名器，隨便給予馮保的親故鄉黨。明史所能指出姓名的，只有一潘晟，姑無論是否江陵在彌留之際，曲徇其請，薦充閣臣；而潘晟雖曾教馮保讀書，亦是科第出身，做過禮部尙書，並不是不可以做閣臣的。……總之，沒有證據，能證明江陵之於馮保，有何苟且事。

萬曆年間的怨者，或已想到說江陵交結馮保，一點證據沒有，難於使人置信；於是別用一栽誣手法，網羅一個游七，再牽到江陵身上。他們說游七是張家僕人，竟能做官；還和士大夫交往，招搖過市。（游七是「入貲爲官，」即依法捐的官。現代濶人的馬弁跟班常做高官；一般都是士大夫主動的去交往。有啥稀奇？）還說江陵授意他與馮保親信徐爵結拜，以便於勾結。關於游七，只說一點：那就是張家抄家案，沒有游七；徐爵被下詔獄處死，也沒有牽涉到游七。至於他有無資格做官，且不管他。此處要討論的是游七和徐爵往來，是否江陵授意？我後說理由，先作結論：我以爲斷斷乎絕無其事。這不僅是因爲與江陵的性格作風不合，且與人情事理不合。如說游徐交往，是在隆慶年間，則所謂「計傾高拱，」就用不着那個不知姓名的小吏，而大可假手於游徐兩人。（按當時習慣，宮府之間，傳遞公文，有文書官，「小吏」是不能入宮的。）如說在隆慶以後，事實上，江陵在皇帝面前，已是言無不聽，計無不從，又何須勾結馮保？就明王朝實例看：閣臣和司禮監，是可以亦是應該來往的，並沒有禁忌；因爲很多公事，需要接洽。（所以早期閣臣和內臣見面，還規定有一種禮節。彭時商輅等怕內臣，不守禮節，後人還非議他們哩。）江陵眞要勾結馮保，大可走直線，用不着假手於兩家奴才，而故意予人以口實。……像這一類事，士大夫非至不肖，猶不肯爲，而謂好不朽之名的張江陵爲之，豈合恒情？

然則，馮保又何以甘於就範，而不干政？這須分幾方面來說明，才見眞切。客觀方面：馮保雖非善類，似亦非窮兇極惡，如劉瑾之流可比。他能勸神宗勤讀，不以淫巧引誘神宗；遇到神宗有過錯，告訴李后，毫不隱瞞；他能約束所有內官，使宮內嚴肅，而無淫佚之事發生；他知道節省，不隨便向政府需索財物；他並且能知道張誠之類惡閹，足以溷亂宮闈，而斷然予以驅逐。……足見他天良並未全泯。主觀方面：是江陵馭之有方。他給予馮保以應有的禮遇，而適如其度；他誠懇的告誡馮保，不許他干涉六部事；他責成馮保，管理宮中事，但「黜陟臧否，」須通過內閣。……更要緊的，是以人格來感化馮保。馮保閱人太多了！在他的眼下，所謂輔臣，嚴嵩固不値一說，而其他所謂賢與能的，又何嘗不是欺世盜名的鄉愿？他歷事三朝，從未見過這樣輔臣，不但眞有本領，而且握有最大權力，竟無一毫自私自利之心。又不但不自私自利，而且夙夜匪懈，廢寢忘餐，以勤勞國事。——「嘗中夜振衣，即金馬門未啓，或先往以待旦。」馮保亦是人，如何不爲之感動？當然，更重要的是一個有利的形勢，促使馮保，不得不稍稍斂跡。高拱是當時頗有名望的首輔，他雖無赫赫之功，却也無重大過失；他因馮保播弄而被驅逐，已引起朝臣不滿；如再過分跋扈，就可能因犯衆怒，而激成政潮。並且事實上，顧命三輔臣，高儀死後，只剩下了江陵一人，黃台之瓜，無可再摘者。這是時機；江陵把握了這個時機，建立起自己的威信，馮保遂不得不就範。迨江陵威望日高，形勢已經穩固，馮保已感覺到皇帝需要他，不及需要江陵那樣重要，他更沒有力量，足以動搖江陵；他就只好「俯首帖耳，而不敢肆。」就已見到的記載看來：馮保之於江陵，不是貌爲柔恭，而是心悅誠服的。我們只看他伴神宗讀書時，便說：「張先生是大忠臣，是先帝簡拔以遺陛下者；先生講的話，皇上應留神聽。」當神宗在宮中燕處，偶有不謹時，他也和李后一樣，說：「使張先生知道，奈何？」……從這些小事看來，我們可以推想馮保對於江陵，是很敬重的。

就因爲官書和實際情形，有很大出入，結論亦自不同。所謂交結太監，別人以爲是江陵罪名，我以爲在這種地方，正足以顯示江陵的長才。同是一馮保，高拱執政，如斯跋扈；江陵執政，則不敢「內出一旨，外干一事。」同是一馮保，高拱馭之而顚蹶，江陵馭之而馴伏。這是事實，誰能否認？我們更應注意的，是駕馭馮保，在女主幼君，國是靡定的時候，不是一件小事；假如不能制服馮保，不但不會有萬曆初年的輝煌政績，甚或溷濁朝政，害及天下，亦未可料。

十六　江陵之剛與士類之邪（上）

我國社會長期的混亂，政治不能上軌道，君主獨裁，當爲禍根；而所謂士大夫，亦不能辭其責。什麼是士大夫？簡單解釋：就是那班介於統治者與齊民之間的知識份子。他們處則爲士，出則爲大夫；不能爲大夫的則爲吏。因此，他們一面是統治者的工具，一面又統治齊民。但在貴族制度未崩潰前，他們在社會上，並不發生大作用。儘管他們自高身價，說他們是君子；「君子尚能，而治其下，小人力農，而事其上。」說他們是勞心者；「勞心者治人，勞力者治於人；治於人者食人，治人者食於人。」但如得不到貴族支持，他們並不一定能做大夫；最多不過是貴族的「家臣外私」而已。

知識份子在社會上地位提高，是由於「游士」抬頭才開始的。那是因爲君主和貴族矛盾擴大，便援引游士，抵制貴族。（只看秦用客卿，排公族，可知。）這雖使知識份子有了參與政治機會，但決不是什麼平民政治的出現。相反的，君權或說獨裁政治，則因游士抬頭，而大爲提高。嬴政的威風，固不必說，卽劉邦的老婆，亦竟然能「政不出房中，而天下晏然。」史書上所謂「天下已集；」就是權力已集中。皇帝要用游士，就因爲他們沒有反抗力量。所以知識份子，永遠要依附強有力者，才有出路。不管他們依附的是偏霸、正統、僭主、軍閥、或打天下的桿子頭；亦不管他們是量能而授的官，抑或是鑽狗竇而得來的官；他們永遠是一種附屬品，因而永遠要仰承統治者的顏色過日子。人數日多，利祿有限，統治者乃用豢養狗的方法，以豢養士大夫，擇其最善搖尾乞憐者而奴蓄之；狗多骨少，則出於爭。士大夫所爭的途徑與手段，不盡相同，而其目的，則無不同。質言之，爭名與利而已。一部份人爭於朝，自樹立派系，攘奪權勢，以至於甘爲鷄鳴狗吠，以色笑博取利祿。其次，窺察時尚，趨炎附勢，强姦民意，把持輿論，並以之爲搕詐別人的工具。其次壟斷富源，擅衆所利，勾結官府，壓榨人民。其最下者，爲鷹爲犬，爲鬼爲蜮。……所謂士大夫階級，大抵如此！

章太炎說：「詐僞無恥，縮朒畏死，貪叨罔利，偷惰廢學，浮華相競，猜疑相賊；是六者，吾國之所獨有。」我以爲應說吾國士大夫之所獨有！（這種說法，或許有人以爲過偏；我亦承認我只是大量觀察。士大夫並不都是下流的，特立獨行，高尚其志的人，是任何時代，都會有的。）但士大夫之下流，似乎沒有比明王朝更甚的。以魏忠賢爲例：一個太監，目不識丁，雖然可以仗皇帝的勢作惡，亦不過播弄是非，蠱惑君心，勾結貪官汚吏，圖取非法利益，如此而已。假使士大夫有骯待，稍加裁抑，他何致於干預政治，乃至竊威福自專？即不然，稍有恥心，取一種不合作態度；他就是想亂政，亦難於達到目的。即不然，不附麗羽翼，瞎捧亂吹，他又何致於妄自尊大，那般恣肆？只因當時士大夫如「五虎五彪」之類，利慾昧心，甘於認賊作父，助桀爲虐，他才無所忌憚，肆其凶燄，毒痛天下。所謂閹寺，本是不齒於人類的東西；前代雖有太監擾亂朝政，亦有士大夫巴結太監，以圖富貴的事，但並無所謂「閹黨。」士大夫甘於爲「閹黨」，這不能不說是明朝知識份子共有的恥辱。

知識份子，高踞社會上層，社會抬擧知識份子，並不是因爲他們能鑽刺利祿，剝下媚上；或搖旗吶喊，譁衆取寵。而是因爲他們有學問，有道德，可以興教化，正風俗，使民智日新，民德歸厚。但如有學問而無恥心，放辟邪侈，無所不爲，則比愚夫愚婦，更壞千百萬倍。因爲專制皇帝，雖然獨攬大權，雖是以豢養狗的方法，豢養士大夫，而士大夫畢竟不是狗，畢竟比皇帝知識水準爲高；因而站在皇帝傍邊搖鵝毛扇的，仍是士大夫。他們對於皇帝，或多或少，仍具有影響力。他們如有意爲善，多出幾個好主意，國家便受其福；反之，便大受其害。這不是知識問題，而是廉恥問題；有廉恥，才會有責任感；有責任感，才不會「詐僞無恥，貪叨罔利，」而置國家人民於不顧。所以龔自珍說：「士而有恥，國家永無恥矣；士不知恥，爲國家之大恥！」（近三百年學術史）

朱元璋極端的威權統治，最惡劣的影響，是傷害了士大夫的恥心；他用利祿來驅策士大夫，用威權來摧折士大夫，使人貪利畏威，而不顧廉恥。他的兒子朱棣，簡直是獎勵無恥之徒，而仇視有氣節的人；比他更有甚焉。這種壞作風，傳到嘉靖萬曆間，經過了兩百年，爲時愈久，人心便愈益趨向於現實；所謂道義禮教，便不覺爲人所漸遺忘。這種時候，善奔競的，越富而越發亨通；講節操的，越窮而越發潦倒；這是現實。公私的事，走曲徑而用財賄，無往而不利；由正道而循禮法，無處不碰壁；這亦是現實。……士大夫之所以普遍的養成「苟生之唯我觀，」就由於只講現實利害。久而久之，大家習慣了，於是於事無所謂功過是非，有利於我者，便是好事；於人無所謂賢愚不肖，接近我者，便是好人。國家社會，原本是依賴兩大綱維來維繫的，一是法度，一是禮教；法紀既因皇帝昏憒而廢弛，禮教又因士大夫之無恥而沒落。國家社會失去了兩大綱維，於是士大夫奔競於魏忠賢之門，甘爲義子，爭建生祠；甚至捧之爲聖人，要將他抬進文廟，與孔夫子分庭抗禮。

明朝士大夫之下流，可謂前所罕見。前面已略說一般情形，此處只說嘉靖以至萬曆初年所謂言路；因爲這個時期的政治風波，以及黨派傾軋，十之八九，都由於言官所引起。所謂言官，包括內外御史與六科給事中，總名曰臺諫。這一類官員，本來是管風憲與主諫諍的。在唐代給事中御史建言，不涉及政事，而重在彈劾，不是漫無約束的；所以說：「唐代臺官，雖亦職在抨彈，然進退從違，皆出宰相。」（容齋筆記）御史論政事，以至無事不干預，是從宋代開始的。宋朝因爲比較重視文人，對於言官尺度，亦較放寬；宋史職官志所謂「元豐紹聖，著於甲令」；就是皇帝明令准允御史無所不問。南渡以後，風氣大壞；「臺諫官用事，執政畏其言，進擢尤速。」（宋史劉沆傳）「以立異爲心，以利口爲能。」（馬端臨語）大家都自以爲言事可以「樹奇節，求令名；」故「必勝而後已。」到了明朝，風氣更壞；「如庸醫治病，專務鬬藥爭方，而不顧人之元氣命脈。」「水火儐興，互相排詆，無一日休。」甚至「專務抉人陰私莫辯之事。」……

在明朝，御史所管的事，範圍更大，軍事亦包括在內。給事中更是各別獨立的，他們的「進退從違，」全由自己。而且他們都是年青小夥子，初出茅廬，既好名，又好勝，更不識大體；於是到處興風作浪，吹毛求疵。他們認爲居言路，「當取其風裁，取其戇直，不當取其德量。」既然不重德量，於是「是非淆於唇舌，稍或異同，輒加排陷。」「潛察低昂，窺其所向，攻其所忌。」「鼓煽朋儔，公肆排詆。」甚至甘爲鷹犬，以搏擊善類爲能事。言路到了這種時候，已無眞正是非觀念；他們叫囂浮動，不是爲利，就是爲名。他們的言論，都是以他們自己的利害爲前提，而以國家利害爲掩護。「論國事者，而至於愛名，則將惟其名之可取，而事之是非，有所不顧。」（明史張甯傳）這種搞法，使得喜歡小報告的皇帝，也感到厭惡。世宗用以抵制言官的方法是用威；「羣言事忤旨者，輒逮繫錦衣訊治，或杖之於廷，有立斃者。」「大禮議下詔獄廷杖者，至百三十四人。」而神宗親政以後，所用的方法，則是充耳不聞。

當時言官建言，不祇是淆亂是非，而且往往是講的不値一談的事；甚而「一字之誤，皆曉曉以言。」譬如皇帝因溽暑暫停經筵講課，有人連上三疏，糾彈講官，指爲失職。又如萬曆初年，南京有一個小太監，酒醉衝撞了官員，竟然鬧得滿城風雨。江陵致書南京都御史說：「台諫諸君，輕聽風聞，好爲激語；張進本一火者耳，酒潑放肆，送內守備笞撻之，革其管事，法如是，足矣。今以一酒醉內官，南北台諫，閧然並論，隨珠彈雀，殊可笑也。」這眞是可笑的事。

嘉靖萬曆間的言官，一部份，可比作長舌婦，本無知識，飛短流長，到處播弄是非；一部份，可比作惡犬，受人嗾使，吠聲吠影，爲門戶而爭；另一部份，則純是鋒頭主義者。造成這個樣子，依然應由專制皇帝負責。其一、自朱元璋起，動輒廷杖臣僚，毁了士大夫的恥心。廷杖就是打屁股；照士可殺不可辱的道理講，這是莫大的恥辱！成化以前，凡廷杖不去衣，「示辱而已」。而少數有恥心的人，已覺難堪。但多數則因已司空見慣，亦遂安之。故葉亘伯說：「今之爲士者，以鞭笞捶楚，爲尋常之辱。」蓋已不勝感慨！到正德時，「始褫衣重杖；」亦卽脫去褲子打屁股，更加予人以難堪！士大夫竟然不以爲恥，反而認爲是一條進身的捷徑；因爲一經廷杖，便被稱爲直臣，名滿天下。「罰最重者，名亦最高。」一旦有人薦舉，或是換了執政與皇帝，必定起復，加官晋爵；而且極受社會恭維。於是傾危險躁的人，願走這條邪路；江陵所謂：「冒險釣奇，以覬幸於後日」，就是指此。

其二、是皇帝不循正當途徑用人，開了枉邪之門；沒有背景，而急欲出頭的人，不得不追逐權勢，依傍門戶。於是官場中有了派系，各爲其黨，只有恩怨，更無所謂是非曲直。例如在徐階高拱鬭爭時期，給事中胡應嘉黨徐攻高，歐陽一敬等一幫屬於徐派的人，便羣起響應，爲之聲援；御史齊康黨高攻徐；劉良弼等一幫屬於高派的人，亦像一窩黃蜂，亂飛亂螫；都似乎講的公道話，而無一不存私見。

其三、是皇帝不親政，雖大臣亦稀得見面，（憲宗召對閣臣彭時商輅，舉朝詡爲盛事。——陔餘叢考）根本不知事之好壞，人之賢愚不肖；皇帝握有重權，而不知道是非，刑賞予奪，皆失其平。又「喜易制之人，屏度外之士，」造成了一股歪風；眞正有學問有能力的人，都不願言事，甚至絕口不談政治。這就只有讓那班不知不識的人，信口開河，胡說八道。

江陵自視甚高，自讀書應舉，直到作講官，很少有機會習染邪氣歪風；他看不起那班讀書人，其名，而便佞詐騙其實的人。他公開的罵他們說：「國家以高爵厚祿豢養此輩，眞犬馬之不如也。」對於朋黨，更是深惡痛絕。在他柄政時期，他不植黨營私，是有事實可證的。萬曆八年以前，他先後有幾次被諷議與糾彈，而直接間接糾彈他的人，差不多都是他的門生。在官場中，利用師生關係，成爲派系，陰謀詭計，把持權勢，擴大權勢，是習見的事；江陵獨不屑爲此。在官場中，執政者籠絡言官，優假詞色，給予金錢與名位種種便利，以塡其慾壑，使之瘖默不言，亦習見的事；江陵亦獨不屑爲此。原因在於無私兩字。惟其無私，才不怕人攻擊；所以他說：「機穽滿前，萬箭攢體，吾不畏也。」以他這種硬漢性格，他和當時那班言官，決不能合攏；他被糾彈，自在意中。

最早的彈章，是要行寬大之政，這是間接進攻。自劉臺起，才直接進攻，自專擅以至規利田宅，無所不言。王用汲繼之，詞旨更爲深刻險惡。劉王兩人彈章，是後來很多人用以裁量評論江陵的主要根據，須仔細分析一下。萬曆四年，劉臺首先上疏劾江陵，這是正面攻擊；劉臺彈章，主要部份是專擅兩字。五年吳中行以及鄒元標趙志皐沈思孝趙用賢等的彈章，表面是維護名教。六年李淶的彈章，是爭持禮節。同年王用汲的彈章，明攻陳炌，而暗攻江陵，主要部份，是阿附與竊權。吳中行等彈章，在前節奪情公案中、已講過，不須再說。李淶說神宗大婚，江陵守制未滿，不應穿吉服參加典禮。他不知道孝定李后有特旨，逼迫江陵參加。江陵亦曾懇辭，說：「古禮吉凶不得干，變服從吉，委爲未妥。」此乃小事，亦不值詳說。後人說江陵是權臣，有機心，器小，不能容物，又好諛成風，以威權刼持別人，大抵都是摭拾劉王兩人彈章，再加以臆測與渲染；所以此處只談這兩宗公案。

劉臺是何種人物，須先略爲介紹：他是隆慶二年進士，萬曆三年，任遼東巡按御史。明朝的巡按御史，不僅是掌管風憲，擿奸發伏，糾彈貪殘；於軍政民事，無所不管，職權是無限的。這種制度，有利的一面；但若用人不當，或是險躁好名的人，則往往害多於利。江陵常說：「文網牽制，致使疆臣邊將，無所措手足」；就是指那班御史與監軍，旁牽中掣，妨礙別人作事。此外，御史和地方長官，由於職權混雜，亦常發生齟齬；爭功諉過，更是常見的事。因此，江陵主張明白劃分職權；他說：「振舉綱維，舉姦剔弊，摘發幽隱，繩糾貪殘，如疾風迅雷，一過而不留者，巡按之職也。措置錢糧，調停賦役，整飭武備，撫安軍民，如高山大川，奠潤一方，而無壅滯者，巡撫之職也。」隆慶年間，石茂華任三邊總督，因御史干涉，軍事受到挫敗；於是明令規定：「御史不得報軍功。」這是國家制度，已然公布，是應當遵守的。萬曆三年遼東之捷，劉臺報軍功，這是違制；違背功令，不管是誰柄政，都是應該處分的；劉臺因此受到了處分。他可能因爲他是江陵的門生，老師有權庇護他，而不庇護，於是懷恨在心，聽了一些捕風捉影的話，便提出彈劾。就因爲他是挾嫌栽誣，神宗才大怒，要予重懲；還虧江陵解救，才得免於廷杖，革職了事。直到萬曆八年，戶部尚書張學顏，查出劉臺在巡按任內，有受賄情事，經過遼東江西兩省巡撫查勘屬實，這才科以應得之罪，流戍潯州。從經過情形看來，可知劉臺是罪有應得；亦可知他是一個傾危險躁的人。

劉臺彈章，首先指出：「以往大學士，惴惴然避宰相之名，居正儼然以相自處，擅威福。」這是全案要旨所在。爲了證實專擅，更列舉許多事證：「成國公朱希忠，生非有奇功，居正違祖制，贈以王爵。」……內閣冢宰，向由廷推，「居正私薦張四維，張瀚」，不由廷推；非專擅而何？「撫按考成，居正令具二冊，一送內閣；」內閣侵吏部與科臣權，非專擅而何？此外，「按臣回道考察，常不舉行」；江陵獨要認眞舉行，違者降調；「科臣受威脅，不敢言事」；這是「摧抑言官，讐視正士。」最後，他還說江陵「規利田宅」；說其貪汚「不在文吏，而在武臣。」這一類捕風捉影的話，是陪襯語；只有專權擅政，才足以搖撼江陵，才是宗旨所在。

劉臺所說，都是事實麼？朱元璋廢宰相是事實；他的子孫，都承認大學士就是宰相，公私稱謂，並不諱言宰相，亦是事實。大臣有九卿科臣廷推辦法，是事實；但多年以來，大臣不由廷推，亦是事實。其實，江陵又何止於引薦一個大學士與吏部尚書；「南北督撫，皆臣所選拔；……朝中大臣百僚，皆臣所舉薦」；這是江陵對神宗所說的話。他不避嫌，是因爲他沒有援引私暱。撫按冊報，必送內閣是事實；但江陵早在請隨事考成疏中，要求「一送科臣，一送內閣」，經過皇帝核准有案，亦是事實。朱希忠死後贈封爲定襄王是事實。但他家早有封王故事，「東平從文皇帝靖難，用決策力戰封；平陰因死土木之難封。」至於朱希忠，則以在衞輝行宮大火中，救護世宗，扈蹕有功封；所以神宗詔勅說：「朕今推皇祖意，王之不爲踰制。」這亦是事實。劉臺是外官，有許多事，他無從知道；而且他是挾嫌報復，故多揣測栽誣之詞。只看劉臺彈章，只聽片面之詞，便說江陵如何如何，是會犯錯誤的。卽如廷推，仁宣以後，就很少實行，大半是由皇帝指派；所以江陵請簡閣臣疏說：「先朝簡用閣臣，多出特旨，間有下部會推者；今次仍請聖明特簡，或勅下吏部會推。……」張四維可能是由江陵推薦入閣的，但那是奉御批「卿等推堪是任的來看；」才循例推舉的。事實如此，怎可輕信劉臺的話？

十七 江陵之剛與士類之邪（中）

如前所說：「專擅」是劉臺彈章宗旨所在，因其專擅，才「儼然以相自處。」且先略談宰相問題：宰相在歷代的名與實，及其源流變遷，已有人依據史籍，傍徵博引，論之至詳；如再細說，不免雷同。此處只略說明朝宰相，和我個人對於宰相制度一些膚淺看法。

朱元璋於洪武十三年殺胡惟庸，廢宰相。二十八年並有勅令：「嗣君毋得議置丞相；臣下有奏請設立者，論以極刑。」廢宰相後，五府六部，直隸於皇帝；據朱元璋說：「今革去中書省，陞六部，倣古六卿之制，俾之各司所事；……如此，則權不專於一司，事不流於壅蔽。」（昭代典則）後面兩句是眞情話，他就是怕別人專擅欺蔽，才廢除宰相。但國家政務紛繁，千門萬戶，總應該有個筦鑰；雖說他能勤政，而精力能力，都屬有限，一時衝動，廢了宰相，就會極感不便。所以十三年九月，也就是廢宰相後不久，就派王本等爲四輔官，希望能塡補那個缺陷。朱元璋曾說：「古者三公四輔，論道經邦；卿等皆高年篤厚，故告於太廟，以爲四輔官。」四輔的職務，是「協贊政事，均調四時。」（以上明會要）這是一種隆重的表示，所以論者說：「雖無相名，實有相道。」

王本等都是高年儒士，當然很謹飭，不會「操不軌之心，謀危社稷；」但他們未必能勝任秘書與顧問工作，所以過了不久就被遣散。到了十五年，才又倣宋制，置殿閣大學士以邵質等四人充任，名是侍左右，備顧問；其實是「詳看諸司奏啓，兼司平駁。」這比輔官，更進了一步。到永樂時，始開內閣，要大學士入直裏贊，專典機密。朱棣並常對閣臣說：「代言之司，機密所繫、且旦夕侍朕，裨益不在尙書下。」可見這時候的大學士，在皇帝心目中，已比六部尙書爲重要。

仁宗時三楊等皆以六曹長官職銜領大學士；稍後，並晉位保傅；「士奇至爲三孤，禮絕百僚。」於是「閣臣之體益尊，職亦甚重，遂爲眞宰相矣。」宣宗時，「大學士累加至三公三孤銜名，政無大小，悉付參決。」又宣德間，內閣已正式置官屬，並且有一定職掌，已是正式行政單位，所以「六部承奉意旨，靡所不領，而閣權益重。」至於朝位班次，「其後由侍郞、詹事入閣者，班皆列六部尙書之上。」首席閣臣稱首輔，餘稱次輔，亦出於皇帝手勅。（以上見明會要、明實錄及續通典等。）明史職官志，依據這些事實，更明確的列舉了大學士職掌，是：「獻替可否，奏陳規誨，點檢題奏，票擬批答，以平允庶政；九卿科道會議已定，按典制，相機宜，裁量可否，斟酌入告。」這明明白白是宰相職權。所以論者說：「明朝大學士，實質上是宰相；」不是無根據的。

從前百官的職權，皆出於皇帝授予，皇帝命令，一稱爲制，制亦可以說是制度；亦只有皇帝有權創制立法。雖同屬一朝代，原本可以有不同的制度。換言之，上一代皇帝有權廢止的制度，下一代皇帝亦應有權恢復，因爲權源或說政治主權是一樣，並無不同。就明王朝而言：以大學士之名，行宰相之實，是皇帝們所一致承認的；他們要避違祖制之嫌，是朱家私事，作大學士的人似沒有錯，更不能說他違法。

說江陵「儼然以相自處」，這句話非常空洞，不但劉臺沒有指出具體事實，即後來附和的人，亦並不能舉出事實。「朝堂倨見九卿」可能只是禮節問題。三楊時代，因其望重，位列本在朝臣上；他們都有一把長長的鬍子，無功有德，看起來還比較順眼。後來有些不成樣的人，亦做大學士；譬如焦芳萬安之流，都是閣揆，朝臣看不起，禮貌亦漸衰，是很自然的事。說不定還有人把脚蹺在寫字枱上，或者拍拍老焦老萬的肩膊，說：「嗨！你這小子，也入閣拜相，眞是天曉得。」這太不成統體了，所以江陵有所矯正。高拱當首輔時，曾說「以復百官總己之義」；那是眞引相體。江陵當首輔，只是要重要案件，由他親手票擬，並未要求過百官總己以聽。所謂「儼然以相以處」，只是取便形容，過甚其詞。

於此，又不得不略說宰相這個美名的名與實。從書本上看：從前的宰相，論其職權，是很堂皇的。「冢宰掌邦治，統百官，均四海。」（書經）「周公居冢宰，正百工。」（周書）「有君而爲之貳，使師保之。」（左傳）「丞相掌丞天子，助理萬機。」（前漢書百官公卿表）丞相的尊稱爲相國，所以又有輔相之稱，雖是天子佐貳，却是百官首領。「佐貳天子，出納王命，百官總己以聽。」「宰相之職，無所不統。」「天子不親政，丞相當理之。」（後漢書楊秉衞琯等傳）……同時，宰相還有一項重大的職責，就是皇帝有過，可以匡正；如皇帝有過舉，宰相不同意，亦可以拒絕；史書上有很多宰相「封還詔書，不肯平署」的故事。在禮貌上，皇帝待宰相，「御坐爲起，在輿爲下；」還可坐而論道。如果宰相是皇帝老師，禮遇更爲隆重。……因此種種，論者以爲這是一種好制度，因爲皇帝權太重，又多不解事，甚至不親政，在行政上，必須有一個代爲負責辦事，而又比較懂事的人。宰相負實際行政責任，掌握行政權，却不能世襲，如不稱職，可以隨時撤換。相對的皇帝雖世襲，雖有權力任免宰相，却不負實際行政責任，沒有機會濫用其權力。如此，便有制衡作用，彌補了專制政體的缺陷。所以黃宗羲說：「天子之子不皆賢，尙賴宰相傳賢，足相補救。」（明夷待訪錄）只因書面上的宰相，如此其重要，才有很多人認定國家政治隆替，繫於宰相。「政治很失，由乎輔佐，輔佐不明，則論失時宜，舉多廢事。」（後漢書桓譚傳）甚至有人說一個壞的或好的宰相之進退，關係天下人之禍福。

上面說的可以說是理想中的宰相，或說法理中的宰相，與事實亦頗有出入。事實上，偶而有些宰相，曾經履行法理上的職權，但必要在一定條件下，乃有可能；而多數是與理想不相符合的。人們最愛稱道漢代宰相制度，其實並不是理想的。舉例來說：漢代文景是被稱爲好皇帝的，申屠嘉是被稱爲好宰相的；他要除去皇帝的嬖倖鄧通和內史鼂錯，兩個皇帝硬要庇護，不但沒有成功，反而被氣死了。漢武帝於公孫宏之後，所用的六個宰相，就有五個死於非命；而「宦者典事尙書」，比之於「中丞相」。東漢光武也被稱爲是好的皇帝；而仲長統却說：「光武皇帝，矯枉過直，政不在下，三公之職，備員而已；權移貴戚之家，寵被近習之豎。」（昌言法誡篇）……

所謂「宰相之職，無所不統，」亦不全是事實。譬如軍權，漢代開始，是操在軍人手上；後由太尉主軍政，仍是武人。雖有「太尉官罷，丞相兼之，所以偃武修文」之說，（前漢書黃霸傳）而實際仍是一種「文武對持二柄」的局面。漢以後，掌握軍權的，不是皇族貴戚，便是太監軍閥，輪不到宰相管軍事。這種情形，一直到宋朝都是如此，所以富弼才說：「邊事係國家安危，不當專委樞密。」所謂「丞相所請，靡所不從」，（後漢書陳忠傳）過去可能實有其事；但除少數例外，實際上，或許在秦漢以前，有此可能；因爲宰相多由貴族中强有力者充任，這種貴族，「族大寵多」，不容皇帝不聽。（宋南渡後，皇帝非童騃，卽庸懦，權奸輩出，又當別論。）貴族政治瓦解，君權提高，屬於平民階級的游士，才有機會作宰相；因其是游士，所以說「恩命高下，出於聖懷。」亦因其是平民階級，皇帝有予奪權，所以說：「雷霆雨露，皆爲帝澤。」（唐書柳燦等傳）皇帝要殺要剮，宰相只好延頸就戮，還談什麼靡所不聽？總之在歷史夾縫中，有一重要事實，不可不察；那就是宰相之外，別有宰相。或說幕後別有一個操實權的人；多數宰相，無異傀儡，對於那個操實權的人，是無法與之抗衡的。

有人說明朝大學士，不是宰相，就史論史，原不算錯。如說明朝大學士不應做宰相職分上的事，或說只能做皇帝秘書，備顧問，這就未免太迂了。朱元璋不許復宰相官職，是有明令規定的；不許大學士做宰相所應做的事，却並沒有明令規定。依我想法：朱元璋當時要設大學士，必然仔細想過；雖說他是粗人，亦必定請教過別人；唐朝景龍二年，始置大學士，李嶠、宗楚客、趙彥昭、韋嗣立四人，皆以宰相兼大學士。宋朝「集賢殿昭文館大學士，以宰相充之，班承旨上。」以後，觀文資政等殿大學士，雖間有不任事的，亦必「以前宰執充，餘官不得與焉。」大學士的地位，如此重要，朱元璋又豈不知？他只是一時胡鬧，又加矯强，不肯認錯，故不准復宰相之名。國家官制，代有變更，名義上稱謂，是可以不同的。比方說秦漢時的侍中，本是丞相跟班，做的是提虎子、捧唾壺的工作；而晋以後，乃是宰相。漢代中書是太監做的；而六朝宰相，都稱中書。唐代同平章事，是位置資淺者的，所以位在同三品下；而到了宋朝，則是正式宰相。因此，我覺得就大學士而言，明朝皇帝，甚至可以說從朱元璋起，已然授權給他們，已然承認他們是實際的行政首長，並且已然以輔相相稱，說他們就是宰相，亦無不可。這等於我們說行政院長，就是內閣總理，是沒有大錯，不必爭論的。

何以有一個衆所推重的宰相制度，而有名無實？那是因爲一、權力衝突：宰相權力加多，皇帝權力便要減少；跋扈的皇帝，要攬盡權力，昏庸的皇帝，要寄權力於左右親信；宰相不能獲得應有權力，行使其職權。二、皇帝左右嬖倖，容易取得信任，一旦掌握實權，連宰相都須巴結他們，甚至要出其門下，（唐朝的宰相，就多出於太監援引。）聽命於他們。這種時候，宰相又多半是媮惰憚事，苟合取容的人，願意放棄其職權。然則明朝以前，又何以不廢宰相？這除了因其是有歷史的制度以外，於皇帝個人，亦有便利之處。宋仁宗說：「措置天下事，令宰相行之，而天下不以爲便，則臺諫言其失，改之爲易。」這是很坦白的話；有個傀儡，若是做錯事，可歸咎於宰相，皇帝可以不負責任。換言之，留着有名無實的宰相，可以爲皇帝作緩衝。

朱元璋廢宰相，許多人以爲失策；黃宗羲說：「使宮奴有宰相之實，廢丞相之過也。」這只是因爲他太過於嚮往於古代的宰相制度。實際的政治問題，是一個權力分配問題。就明朝而言：皇帝攬盡了權力，又多半荒淫昏庸，很需要一個負實際行政責任的人，——不論是宰相，抑或是大學士；但如無權，不能領衆，亦只能伴食而已。故明朝大學士，患在無權，不患權重。正因明朝大學士，不能獲得應有權力，所以沒有一個人，談得上竊威福自專。焦芳沈淮之流，巴結太監過日子，固不値一談；即比較正派又有名望的大學士，例如徐階，常說：「以威福還之主上，」又何嘗不是兢兢業業，仰承皇帝顏色過日子。總之，在明朝，皇帝威權太重，又和大臣保持很大距離，勢尊自蔽，威福莫測，誰敢專擅？

還有須當略說的，一是宣德以後，事實上，另有一個權力高於內閣的衙門，那就是由太監主持的司禮監，亦可名之曰機要處。天下章奏，必須通過機要處，上達皇帝；所謂中旨，亦必須經由機要處，下達內閣；即內閣票擬，（一稱條旨）「亦不得不決於內監之批硃。」太監權力，高於內閣，又與皇帝接近，便於操縱政治，所以明朝太監能專擅。

二是皇帝雖是童騃，或有狂疾，亦儘有主意，（多半出於太監）不是倚賴大臣，任令擺佈的。舉例來講：萬曆初年，給事中胡涍請察掖廷，體恤宮人，疏中有「唐高不君，則天爲虐」二語；神宗見了便大怒，問「意何所指？」江陵爲之解救，說：「涍言雖狂悖，其心無他。」神宗「怒不已，仍嚴旨切責，革職爲民。」可見他們對於威權，把持甚牢。

三是自朱元璋起，每個皇帝，都猜忌任察，內而六科給事中，外而御史，再加上廠衞，都負有詗查臣庶的任務，耳目遍及中外，防範「家賊」，甚於外寇。因此，世宗「臥治」了幾十年，以嚴嵩之奸，柄政既久，亦只能賣官鬻爵，不敢專權擅政。

江陵於劉臺彈劾後，卽上疏乞休；他在疏中，特說明他的處境：「……蓋臣所處者危地也，所理者，皇上之事也，所代者皇上之言也；今言者方以臣爲擅作威福，而臣之所以代王行政者，非威則福也。自今以往，將使臣易其途轍，勉爲巽順，以悅下耶？則無以逭於負國之罪。將使臣守其故轍，益竭公忠以事上耶？則無以逃於專擅之譏。況今讒邪之黨，實繁有徒，背公行私，積弊已久，臣一日不去，則此輩一日不便。……」這確是一個難境！巽順是柔佞的異名詞，模棱兩可，貌爲柔恭，自不會得罪人；江陵心知其然，而不屑出此，就因爲他覺得「違衆之事小，誤國之罪大。」

劉臺彈劾的是專擅，而王用汲則以阿諛立言，先說：「天下無人不私，無事不私，」爲被罷黜的人抱不平；繼言阿諛之害；最後結論是：「夫威福者，陛下所當自出，乾綱者，陛下所當獨攬，寄之於人，不謂之旁落，便謂之倒持，政柄一移，積重難返。」文章手法更高，用心更毒。劉臺只說：「畏居正者，甚於畏陛下，感居正者，甚於感陛下；」擅權到了這種地步，已足以搖動皇上。而王用汲居然說：「政柄一移」，暗示江陵有不臣之意，這眞是想置他於死地。並且乘江陵囘籍葬父時，放出這隻冷箭，是想使他不及辯解，糊裏糊塗蒙禍敗之辱。

江陵囘朝，知道此事，又不得不有所申辯；他上疏說：「夫國之安危，在於所任，今但當論輔臣之賢與不賢耳；使以臣爲不肖耶？則當亟賜罷黜，別求賢者。如以臣爲賢也，皇上以一身居九重之上，視聽翼爲，不能獨運，不委之於臣，而委之誰耶？先帝臨終親執臣手，以皇上見託，今日之事，臣不以天下自任，而任誰耶？……緣臣賦性愚戇，不能委曲徇人，凡所措畫，惟施一概之平；法所當加，親故不宥，才有所用，疏遠不遺。又務綜覈名實，搜剔隱奸，推轂善良，摧抑浮競；以是大不便於小人。而傾危急躁之士，遊談失志之徒，又從而鼓煽其間。……皇上不用臣則已，必欲用臣，臣必不能枉己以徇人；必不能違道以干譽；臺省紀綱，必欲振肅；朝廷法令，必欲奉行；奸宄之人，必不敢姑息，以撓三尺之法；險躁之士，必不敢引進，以壞國家之事；如有揑造浮言，欲熒惑上聽，紊亂朝政者，必舉祖宗之法，請於皇上。而明正其罪。」（請別忠奸疏）這次被劾，又虧神宗母子，信之不疑，幸免於禍。

前疏連用八個必字，語氣非常堅强；雖是理直氣壯，亦近乎剛。我們累代相傳的鄉愿哲學，喜柔而忌剛，什麼「水以柔全，木因剛折。」「太强必折，太剛必缺。」……這一類話，前人不知說過多少。「柔道」大行，所以唾面自乾，以妾婦之道事人，才算得有修養。其實，前人搞錯了！所謂剛，只是正直的意思；「主於天理則剛，徇於人欲則柔。」並不等於强暴，也不是任性。所以古人養浩然之氣，要至大至剛。（剛是堅緻，如同人身骨骼，柔是軟弱，如同人身肌肉；如只有肌肉，而無骨骼，還成個什麼人？）申言之，所謂浩氣，也就是剛正之氣，是人世間所不可少的；三百六十行，都着與這股氣，獨官場不與焉。江陵亦自知過剛，不合官場習尙，却又有不得已的苦衷，因爲他處於政治領導者的地位，他應該正己以正天下。在致陸五台書中，他說：「古聖賢所遇之時不同，而處之之道亦異；易大過棟橈象曰『剛過乎中。』當大過之時，爲大過之事，未免有剛過之事；然不如是，不足以定傾而安國。僕以一豎儒，擁十齡幼主，立於天下臣民之上，威德未建，人有玩心；況自嘉隆以來，議論滋多，國事靡定，紀綱倒植，名實淆混。自僕當事，始布大公，彰大信，修明祖宗法度，開衆正之路，杜羣枉之門，一切以尊主庇民，振舉頽廢爲務，天下始知有君也。……彼讒人者，不畏不媿，職爲亂階；且其蓄意甚深，爲謀甚狡，上不及主上，傍不及中貴，而獨剚刃於僕之身；又無所汚衊，而獨曰『專擅專擅』云云；欲以慫動幼主，陰間左右，而疑我於上耳。」

從江陵處當時士大夫態度看：起初他只是劃出一條鴻溝，和那班政棍政蠹，盡量隔離；繼而是堅持不妥協態度，稍有矜持之意；愈到晚年，更覺鄙棄，而愈難相容。這是一種異乎尋常的現象，亦是相激相盪而成。明朝政治，仁宣以後，如同黃河決口，澎湃洶湧，夾沙帶泥，奔赴下游；幸而有一張江陵，能挽狂瀾於既倒。如果士大夫眞知愛國，將順其美，匡濟其失，「刮磨微纇，致其瑩美，」不爲詖辭邪說偏激之論，亦未嘗不可合作；至少不至形同氷炭，各走極端。但這是不可能的。

自宋以來，士大夫好爲空言，「議論多，而成功少。」明代士大夫，染了宋人習氣，而人品則遠不及宋人；宋人論政，有浮泛處，亦有平實處，皇帝有錯，偶而也能直言不諱。雖然宋朝臺諫，也頗多輕躁鋒銳之徒，務爲意氣之爭，雖然還談不上什麼「言及乘輿，則天子改容，事關廊廟，則宰相待罪。」（蘇軾論臺諫）但總沒有像明朝言官那樣卑鄙，那樣不懂道理的。試舉御史李植其人爲例：他在萬曆十一——十三年，以「敢言」獲寵倖，煊赫一時，爲朝野所側目。我們且看他的高論；他說：「舍建言外，別無人品；建言之中，舍採摭馮（保）張（居正）舊事，別無同志。」（明史李植傳）

他在追論江陵以後，又很得意的說：「至尊（神宗）見珠寶則喜，至呼我爲兒。」這眞是「悅主耳目，和主顏色，而獲寵信」之徒，其人品可知。

明朝言路如此，大臣亦多是卑劣不堪的，他們的人品，並不比李植高多少；在這裏只引兩句話：「朝臣跪王振者十之五，跪劉瑾者十之七。」（觚不觚錄）他們見太監都下跪，其餘亦不必多說了。正因大臣卑劣，不能正色立朝，言官才非常囂張。江陵曾說：「大臣寧背明旨，而不敢結怨台臣，相與務爲扶同欺蔽。」因此，他對於言官，採不妥協態度，他看不起他們，他亦無所畏懼，因爲他沒有作任何不可對人言的醜事，怕言官挾制敲詐。

在萬曆初年，江陵作事，有些地方，似近乎專斷，這亦是無可如何的事。萬曆年間，不必說在野的僞道學，卽在朝的人，可以詢謀的，實在太少了。「不通於論者難於言，治道不同者不相謀。」（桓寬鹽鐵論）江陵將那班政論家，概稱爲「膚言澗論之士。」他說：「假令膚言澗論之士，誠得際會操柄，其所興發建樹，視彼何如？」（贈羅惟德序）我們且看看當時所謂「正士」，所謂「負時望」之人，他們表現如何？試舉幾個有代表性的人物：一是趙世卿，曾上匡時五論疏，要「開言路，省大辟，緩驛遞之禁，廣取士之額。」這眞是膚言澗論，亦竟稱頌一時。江陵時代，他以不謹罷歸，後以「正士」起復，並升了官；國家財政管理權，由政府轉移到太監手上，使得「國用益不支」，正是他任戶部尚書時；李廷機人事舞弊案，言官交章彈劾，正是他任吏部尚書時；萬曆三十八年，沒有皇帝允許，「拜疏出城，乘柴車逕去」的亦是他；其所建樹如此。另一個是石星，在隆慶萬曆間，他是所謂「直聲震天下」的鋒頭人物。(石星在隆慶年間，以妄言受廷杖，江陵獨上疏論救，疏中有：「折言官之氣，開忌諱之門，於聖朝從諫之美，豈不有虧？」數語。) 萬曆十年後，他任戶部尚書時，但知「查外府存儲」，別無所知；嗣遷兵部尚書，値倭寇朝鮮，計無所出，他用市井無賴，欲謀通款；「事敗，瘐死詔獄」。……

以上兩人，仍不妨說未曾柄政，沒有表現機會；再看看當時所謂一流人才，如趙志皐、張位、陳于陛、沈一貫等，都做過大學士者又何如？江陵生前，晝營夜思，唇焦腕脫，寢饋不遑；而他們却只能「在直廬嘆息，視日影。……」其所「興發建樹，視彼何如？」我說這幾段話，意不在比較之下，來顯示江陵的才能與功績，我只是要批評者，不要忽視事實，而故爲苛責之論。

十八　江陵之剛與士類之邪（下）

萬曆初年，對江陵而言，確是「機穽滿前；」因爲有很多反對派正想尋仇報復。他們盡其所能。爬梳挑剔，尋找江陵弱點。首先是着眼在政策上，指摘他嚴急苛猛；又說他專擅，違祖制，乃至有不臣之意；由譏議而至彈劾。在明朝，大臣被議，常是引咎辭職的，不則必定妥協。因爲當時風氣，一人推刃，必羣起而割，——也就是有組織的排擠；如不妥協，則攻訐不已，使你難安於其位。江陵不但不妥協，對於他的政策，反而「持之愈堅，略不少回。」於是轉而窺伺他的操行，包括他私生活在內。

天下豈有不愛錢的官？又豈有握有權勢，而不作惡的官？從前嚴閣老公開賣官鬻爵，「吏兵二部，尤大利所在。」徐閣老那種氣派，亦不是專靠薪水袋，可以維持的；所以人稱「瞞盜大利，受奸雄名。」高閣老標榜廉潔，「初持清操，後其門生親串，頗以賄聞。」而今張閣老權更大，豈能無私？於是偵騎四出，連他公館出入的人，都加以注意；說不定還派人潛伏在他家；小人們，常是慣於用小心眼的。可是，他們失望了！江陵在北京只有一普通寓所，沒有小公館，沒有別墅。那個普通寓所，沒有清客篾片，亦不接見客人；「門巷闃然，殆同僧舍。」當然更沒有商人往來。而且他每天戴星而入，見月而出，整天在辦公室，不用說什麼鷄尾酒會，他不參加，就是親戚故舊，做生日，行婚禮，他亦概不參加。在北京找不到他的毛病，於是又將注意力轉移到荊州方面去，在小人們想像中，各方賄賂，必然已送往荊州老家；如其不然，劉台又何以說他「富甲全楚」呢？

劉台等挾怨栽誣，捕風捉影的話，以常識測度，決無可能；而史家却竟然採信，並且不憚繁瑣，筆之於書。有人信其或有，而我信其必無，故雖是瑣屑的事，也應該弄個清楚明白。先說江陵父親張文明之爲人：劉台說他剝削鄉民，李頤又說他氣燄甚高，陵轢官府；（李頤亦是御史，奉命往廣西公幹，他却偏要繞道荊州，去調查張家，足見他們是有計劃的。）因此，要先從他說起。據江陵所寫先考觀瀾公行略說：張文明讀過書，七舉不第；喜飲酒，善詼談；任眞坦率，並且任何人都可以相處；因而一生沒有仇怨。此外，別無資料。子爲父隱，情所不免。但性格常可作爲論斷一個人的依據，果如所言，則其人必很隨和，不甚陰險。他有一個偉大的兒子，功蓋天下，他喝上幾杯酒，免不了得意忘形說說大話，管管閑事。兒子在朝做官，老子在鄉間做土豪劣紳，這是一定不易的公式。不過張文明似乎還不是一個大作惡的人。張家族人家奴，仗着首輔之勢，欺負鄉人，亦所難免。江陵在致趙汝賢等書中，說：「老父年高，素懷坦率，家人僕輩，頗聞有淩轢鄉里，溷擾有司者。……敝族家人，雖頗知奉法，然小小溷擾，未必盡無；銜勒鈐制，不敢一日釋。」於此，可見張家的人，並不都能安分；然亦止於小小溷擾，未必敢於招權納賄，巧取豪奪。理由是凡屬家人大爲惡者，大都由於縱容，而不知檢束。

江陵所謂銜勒鈐制家人，似非粉飾語；他嚴誡家人受餽遺，嚴拒官吏行賄賂，屢形於書牘，前已略舉。不過，劉臺所說剝削鄉里的話，亦並不是毫無原因；只是他沒有將原因弄清楚，輕信里巷傳聞之言，遽然騰之章奏。如依現代律例，他是要因誣告，而判反坐的。

張家在荊州所爲溷擾，實況不得而知，但有理由，認定情節並不重大；因爲萬曆十二三年，追論江陵者，無所不用其極，如有罪行，豈能無言？至於與官府交道，關係財物者，則有數事；然皆由於地方官吏，希圖巴結而來。隆慶六年，湖廣巡撫，要爲江陵建牌坊，這是循例：(自洪武廿一年，任亨泰之後，明朝大學士皆建坊)。不意竟被江陵拒絕。他在回書中，說：「敝郡連年水旱，民不聊生，再重之以工役，使萬姓睊睊，口詛咒而心咨怨，將使僕爲榮乎，爲辱乎？」這幾句活，很眞誠；時亂年荒，平白增加人民負擔，點綴門面，而爲誇耀無益之事，人民豈得不怨？在怨聲中建坊，有何光采？

建坊不成，又有人主張「乾折」，卽將工料費贈與張家；這種費用，在當時照例出於羨餘，取之不爲傷廉。江陵又復婉拒，書中有「諸公所贈，銖兩皆民膏也，頃有書懇辭，必望停寢」數語。此費可能早已籌齊，所以他又說：「若必不可止，准作廢府納價，貯庫作數；若謂僕或欲之，而姑飾詞以沽名，則所謂穿窬之徒，不可以列於君子之林。」不過這筆款項，最後仍是收下了，這可能是張文明的主意。

大約在萬曆二三年，荊州淹水之後，河傍出現一淤洲，這是公產，地方公吏，又攛掇張家請領；雖不違法，總不免恃强攘利之嫌。江陵致書荊州府道阻止，說：「府中有一淤洲，公等欲寒家人領，但利之所在，人爭欲之，擅衆所利，怨必叢集；家有薄田數畝，可免飢寒，子弟駑劣，誠不欲廣地積財，以益其過。」這項放領公地，張家是否領過，無從查考。惟江陵所說「子弟鶩劣」，因之不願撈一筆錢，存到外國，則是托詞；其實他只是要「以傳世之業期其子，固不甘爲汚鄙，」（于愼行疏）

在此以後，或許由於張文明之愛體面，亦或許由於廢府之退還，張家另造新宅；地方官吏又乘機獻媚，要助工助費。江陵在答楚撫書中，說：「新構蝸居，三院會計，欲有所助，諸公厚意，非不知感；但僕本心原不欲以一椽一瓦，勞費有司，故雖督造錦衣，亦止便差用借，誠恐驚擾地方也。今堤工方興，疲民無措，公私嗷嗷，困敝至此，豈復有餘羨爲僕營私第乎？僕雖無德於鄉人，實不敢貽累以賈怨。且去歲諸公所賜坊價，已卽給付工匠，卽有不足，以後逐年賜賚，及俸入田租，陸續湊辦，需以二三年，可以苟完矣。若諸公創行此法，則官於楚者，必慕爲之，是僕營私第以開賄門，其罪愈甚。」在另一書中，他還說：「旣乖本圖，復益罪過，赧怍之衷，口不能悉！」大約張文明受了那個督造的錦衣衞龐姓官員慫恿，定要照那班大京官公館的規模式樣建造，少不得有冷煖氣、酒庫、車房、還用波斯地氈，英國浴盆，因而超出預算，使江陵感到拮据；却又礙於老父不便責備；所以說「赧怍之意，口不能悉。」這一回，地方官吏亦可能有所幫助，諒亦只限於動用羨餘。

此外，就是萬曆六年，江陵回籍葬父，神宗三次手詔宣召，這是官場中所認爲最高的榮譽；所以八年，地方官員，請建「三詔亭」。江陵的答書，通達堅決，兼而有之；他說：「數年以來，建坊營作，損上儲，勞鄉民，日夜念之，寢食弗寧！古之所謂不朽者三；若夫恩寵之隆，閥閱之盛，乃流俗之所豔，非不朽之大業也。且吾平生學在師心，不蘄人知，不但一時之毀譽，不關於慮，卽萬世之是非，亦所弗計；使後世誠有知我者，則所爲不朽，固自有在，豈藉建亭而後傳乎？……況舉百家之產，千人之命，棄之道傍，爲官使往來遊憩之所乎？且盛衰榮瘁，理之常也，時異勢殊，陵谷遷變，高台傾，曲池平，雖吾宅第且不能守，何有於亭？數十年後，此不過十里舖前一接官亭耳，烏覩所謂三詔亭者乎？即檄已行，工已興，亦必請罷之。」（答向明台書）這一封書亦可以略窺江陵的志量。

就已見資料，荊州張家，所勞費地方者，只有這幾件事，依明朝法律，不算是違法，更說不上使「鄉里之脂膏殆盡。」否則江陵不會形於書牘，當面說謊。

存心與江陵爲敵的人，是不擇手段的。他們撥草尋蛇，而無所獲，於是採取謠言功勢；說：「吹求太急，民將逃亡爲亂。」事實上，萬曆三年以後，江陵政策已大行，正是「市人田夫，歌頌欣慶」的時候，人民又何故要逃亡爲亂？人口統計，就是一個很好證明。自洪武至弘治，是明朝盛時，而弘治時人口五千三百萬，比之洪武時期，已減少七百餘萬。自弘治至隆慶，日趨衰弱，又連年打戰，遍地是盜匪，而萬曆六年人口，增至六千餘萬。江陵心中有定見，所以他說：「夫民之亡且亂者，咸以貪吏剝下，而上不加恤，豪強兼併，而民貧失所，故也。今爲侵欺隱占者，權豪也，非細民也，而吾法之所施者，奸民也，非良民也。」（答宋山陽書）

心理作戰，不能搖動，於是發傳單；北京街上，居然出現匿名揭帖，所說不外是劉臺等所說過的話。被廠衛查覺，報告皇帝，神宗大怒，嚴令查緝主謀，要處以死刑。雖然成爲懸案，但可推想主謀者決不是市井小民，而是所謂士大夫。

下流的事，在江陵死後更多，最惡毒的，是御史丁此呂；他在追論江陵疏中，說科場出題，「舜亦以命禹，」是爲江陵謀禪代，亦卽是說江陵有造反的企圖。這種誣衊，可以使之族滅；所以申時行說：「此呂以曖昧之言，陷人大辟。」小人之用心，有如此者！最有趣亦最下流的，是另外兩個都老爺，上疏追論江陵，那正是抄家時，他們乘勢打落水狗，希望博直臣之名。一是南台御史，附會丁此呂，說江陵堂中，挂有「舜禹禪讓圖。」另一是北台御史，說江陵歸葬時，太過於濶綽，「五步一井，以淸行塵，十步一廬，以備茶灶。」他總算會做文章，却沒有學過統計學。北京到荆州，近三千里路，江陵於六年三月十一日陛辭，十三日就道，途中正走了二十天，坐的是轎子，並不是六八年的汽車；平均一天走一百五十里，可見他歸心如箭，行色倉忙，安用偌多井灶？所以當時朝臣見了奏章，都引爲笑談。……士大夫的人品，心術，到了這種無賴地步，我們在四百年後，想到那些人，猶會作三日嘔；他們的論調，也就不必再評量了。

明王朝之覆亡，當時的士大夫，特別是在朝搞小組織，私而忘公的人，是斷斷乎應分負其責的。小組織就是派系，何代蔑有？但都沒有明朝黨派，那般奇怪！他們沒有政治主張，沒有善惡觀念，亦沒有什麼固定領袖。「曩昔舉爲正人者，一言相左，日謀剸刃。」（明史李植傳）「刻薄相尙，變詐相高，諂媚相師，附比相倚。」（劉世龍傳）不合他們脾胃的，便聯合起來，此唱彼和，爭相詬病。「愛者游言以揚之，惡者微言以中之，剛正不阿者，媒蘖而放棄之。」（湯鼐傳）他們又只顧一黨一派的利益。「如其黨，卽力護持之，誤國殃民皆不問；非其黨，縱有可用之才，必多方以陷之，而國事皆置於不顧。」（鄭奈邨語）……從這些話看來，他們簡直是發瘋了；這正用得着「國家將亡，必有妖孽，」那兩句老調。其實，他們並未發瘋，他們都有虔誠的信仰，那就是利己主義。這樣搞法，雖然他們達到了利己目的，而國家則被攪得一塌糊塗。大臣被刼持，弄得一籌莫展。做皇帝的，「徇衆議以用人，旣不效，排衆議以用人，亦不效。」於是「私家日富，公室日貧。」（那些造孽錢，結果都被李自成洗刼一空，又何苦來？）於是大失民心。人民在盜匪「不納糧，不當兵」口號誘惑下，惟恐天下不亂。一個旣壞且大的形勢已造成，欲不亡國，如何可得?!論者謂明朝有朋黨，由於士大夫喜事好勝，清濁之念太分明，太意氣用事；我以爲由於士大夫之無廉恥。昔人說：「廉恥立人之大節，不廉，則無所不取，不恥則無所不爲。」（新五代史馮道傳）「人之生，不幸不聞過，大不幸，無恥！」（通書六）使晚明士大夫稍知廉恥，他們便會有一種責任感，對於人民，對於國家，會感到內疚。至少會面對實際，略講公是公非，不致痲木不仁，至於此極。

當時言路攻擊江陵，就言官職責說，原沒有錯；言官敢於批評執政，不畏强禦，並可說是政治上的一種好現象。假如執政的人胡作妄爲，挾權勢以欺罔天下，言官畏懼權勢，箝口結舌；甚或串通一氣，藉以漁利，則政治必更加黑暗。我之所以責備當時士大夫，決不是由於一種成見，或想爲江陵開脫，而是就事論事。舉例來說：王用汲的彈章，要皇帝乾綱獨斷，提防大權旁落；其意若曰：「我們寧願讓你這娃兒皇帝去胡鬧，寧願天下大亂，也不願讓張居正柄政。」這是所謂正士，所謂直臣，應有的態度麼？又如萬曆三年傅應楨上疏，以「重君德，蘇民困，開言路」爲題，表面理由是很正大的。如僅是因此得罪，是值得同情的。但他的本意，並不在於什麼君德民困，而在於傾陷執政，打擊一個忠於謀國，勇於任事的首輔。他的結論說：「……天變不足畏，祖宗不足法，人言不足恤，王安石以之誤宋，不可不戒。……」這顯然是藉題發揮，就無法令人同情了。

正由於士大夫之無恥，他們才不肯反省，（「只因不肯反求諸己，便都見得人家不是。」曾國藩語）不肯面對實際，不肯脚踏實地，為國家為人民設想，切實尋求救國救民之道；而只是盲目叫囂，空喊口號；只是公肆排擠，乘機攘奪。天下事總離不開一個理字。譬如宋人反對新法，不問他們的動機如何，專從事理上講，他們是立不住脚的。反新法的人，並未提出任何具體的政治主張，比新法更為高明，更為有裨於國計民生；甚至可以說根本沒有主張。只是競為邪說，說什麼「天旱由安石；天久陰由安石；華嶽山崩，亦由安石。……」這些說法，無異於狂病譫語，如何能使人信服？瞭解了明代士大夫的邪氣歪風，才能瞭解江陵何以要「剛過乎中」，為「大過」之事；何以對於他的政策，「持之愈力，略不少回。」

十九　江陵之進退及其臣節

清人朱琦論江陵，說：「江陵愚忠者也，明知其害於身，而為之者也；明知害於身，有利於國，而勇為之者也。」這是一種很洽當而兼有同情心的評語。江陵一生，於臣節兩字，守之至堅，殫赤心以盡瘁王事，尊重主權，實近於愚。後人但知他「獨引相體，朝堂倨見九卿」；但知「儼然以相自處；」而不細考他畢生縷縷之忠，故所為論評，皆失其實。

我在前節說過，江陵是儒術之士，他於敬事之道，最為注重；在論及漢臣蓋寬饒楊惲等之死時，他不同意於史家所謂「漢宣薄德」的評語，而以為是蓋楊等人不知君臣分義。他說：「畢智竭力，以濟公家之事，而不敢有一毫矜己示德之心，順也；險急閒劇，惟上之命，而不敢有一毫揀擇趨避之意，順也；內有轉移之功，而外無匡救之名，順也；怨讟歸之於己，美名歸之於上，順也；功蓋宇宙，而下節愈恭，順也；身都寵極，而執卑自牧，順也。」（雜著）他以為誠心順上，始得為忠。他所謂順，不同於一般人的盲目恭順，更不是「以順為正」的妾婦之道；那是奴才。所以他又說：「大臣當崇德養望，砥行礪節，直道正言，正色立朝；」如此，才得順之正，而不流於佞邪。

只因他心中先有了敬事之道，先存了一種眞摯的忠愛之念，他幾乎無時不以此自勉，亦無時不以此勉勵同僚。他說：「古之節士，感遇知己，然諸相許，至於抉面碎首而不辭，況『君臣分義，有不可逃於天地之間』者乎？近來君臣之義不明，敬事之道不講，未有尺寸，卽生希冀，希冀不得，輒懷觖望，若執左券以責報於上；臣竊非之。（辭恩命疏）人臣既已委質受寄，當思分義所當盡者；見可而進，知難而退，國家何賴焉？（答凌洋山書）敬事後食，先勞後祿者，人臣之義也；計功程勞，以責望於上，非所以懷仁義以事君者也。（答吳環洲書）臣受國恩，坐享厚祿，不思一報，非義也。（答殷石汀書）……」這一類話，在江陵遺書中甚多，無一語不出於至誠；一半由於他感激知遇，一半殆出於天性。

江陵之於神宗，可以說愛之如子，而敬之如父，他從未因爲皇帝是童騃，而稍存藐焉之心。他所謂敬事之道，就是「無隱情，無二辭，積誠悃以結主知，盡忠王室，不復計身爲己有。」這些話說來甚易，而柄政十年，愼始敬終，則爲大難。從任何方面，我看不出他有專擅之意；雖說他目空天下，而對於神宗則兢兢業業，奉事惟謹。試舉一例：大約在萬曆六年，或稍後，有人要將江陵奏議等付印，江陵力辭；他說：「此帙雖無造膝密勿之語，而其中亦多有未發科抄布者，若梓傳四方，未免掩主德而炫己長，非入告出順之義；惟俯鑒愚悃，早爲停寢。」(答南台諫書）這就是「功蓋宇宙，而下節愈恭。」他的施政方針，第一是尊主權，要使皇帝保持應有的權力，以行其應行的威福。他力勸神宗，明習政事，勤勤懇懇，教以君道，要皇帝整躬率屬，明白政治利弊，免於爲臣庶所朦蔽。他進職官屏，將「天下道里險易，百司職務繁簡，一時官員賢否」，盡情告訴神宗，就是要使「黜陟臧否，舉莫逃於聖鑒之中。」從萬曆元年起，天下大經大法，無一不由他一手措畫，亦「無一不經聖覽，不請聖裁。」他以師相之尊，爲天下興利除弊，偶或獨斷獨行，皇帝亦未必不可以諒其心跡，曲爲包容；但他決不做欺心事。他曾說：「學須到形不愧影，始爲獨愼。」「形不愧影，」就是學守一致，心口如一；也就是皦然不欺其志。

政治人物之賢與不賢，該如何區別？從來裁量人物者，似少論及；而歷史上所謂賢臣與非賢臣，遂有幸與不幸！採毫髮之善，則天下人皆賢，貶纖芥之惡，則天下人皆不肖。我以爲政治人物，應該有雙重責任；循分守己，黽勉從公，不爲汚鄙，這是職分上的責任，是人人都該勉力而爲之的。「見危授命」，殫赤心以盡忠國事，乃至公而忘私，生死以之，這是道義上的責任；惟有磊落奇偉之士，乃能爲之。以此衡量人物，庶幾可以勿失。就江陵之行事考之，他眞無媿於道義；在致徐階論大政書中，他說出了他爲何要與腐化勢力鬬爭，「堅持愈力，略不少回」的原因。「正自受事以來，食不甘，寢不寐，以憂公家之事，數年於茲矣！要以尊主威，定國事，振紀綱，剔瑕蠹爲務，有力排羣議，明犯衆忌，而不顧者；豈誠不知自愛，而故以身爲怨府哉？主上冲年，舉天下之重，而委之於孱弱之身，今不務爲秉公滅私，振衰起墮，而避流俗之非議，以取悅於一時，有如異日主上明習政事，親攬庶務，或有廢缺而不修，凌替而不振者，必將曰：吾以天下付若，而今乃至此；則正雖伏隴畝，塡溝壑，有餘僇矣。故違衆之事小，負國之罪大。」惟其如此，所以海瑞乃稱其「工於謀國，拙於謀身。」以海氏之介，於世宗亦無所阿附，若非的有所見，豈肯輕於許人？

世俗所謂熱中和恬退，大抵因境遇而異，當其夤緣時會，盜竊名位時，黃金美鈔，應有盡有，則說什麼「不成功，便當成仁。」一旦失勢，汽車、洋房、被公家收回了，黃金美鈔，被人倒騙了，則又說什麼「富貴於我如浮雲；」「優遊林泉，可以無咎；」這是風涼話。眞正恬退的人，是「三仕無喜，三已無慍；」身己通顯，而能急流勇退。正如俗語所謂：「大丈夫提得起，放得下。」萬曆二三年，江陵才剛屆五十歲，「日麗中天」，亦正是「舉朝爭頌其功」的時候，他已打算適可而止；他說：「今朝廷大政，幸已略舉，惟漕河宗室，未得其理，了此一二大事，僕卽納筦鑰，稽首歸政，乞骸而去。」（答李漸菴書）他在最得勢時，有此動機，不是矯情，而是他有一種不同尋常的人生觀。——「怨讟盈於一世，而獨行者不以爲悔，沉機晦於千載，而孤尙者不以爲悶。」亦卽行其所當行，行止其所當止。當天下混亂，大責重任，落在他肩頭上，當仁不讓，排募無前，雖舉世非之亦不顧；天下已復歸承平，大責已盡，大志已伸，「不爲爵劭，不爲祿勸；」心契古人，獨來獨往，無所謂留戀，亦無所謂恬退。

萬曆二年，內閣只有江陵一人，到七月才有呂調陽入閣；其人「外溫而心辨，中毅而貌和，於事吶吶，不輕爲可否，於人恂恂，不苟爲異同。」大概是深於世故，不露圭角的人。他和江陵共事六年，「莫逆於心，莫違於口」，又大概是相處很好，但又是很平庸的人。萬曆三年，張四維入閣，其人小有才，但聲望不高，品德不純，不是大器。在這個時期，他是無法抽身的。如爲過激之論，亦可說天下豈止一江陵，可做首輔？但若平情而論：就得承認他的出處進退，所關實非淺淺；他受別人付託，無論他不能見可知難，卽神宗母子，亦斷斷乎不會放手。

別了萬曆四年，劉臺挾嫌彈劾，這是江陵入閣十年，首次被言。雖說「無所汚衊，而獨曰專擅」；但這對江陵是一大刺激。明興二百年，從沒有門生彈劾老師的事，「反噬出於門牆，怨敵發於知厚」，他豈能無動於中？他不是爲一劉臺，而是感到士大夫之無天良。他任事以來，「負重剖繁，」心力俱竭，百姓猶知道「歌頌欣慶」，而士大夫竟然不能相諒；不止不諒，還血口噴人，倒是爲非，他自然有「迹是心非」之感！於是上疏乞休。這時神宗已十四歲，國家大事，已漸就緒，他覺得他可以放手了。

江陵第一次上疏乞休，皇帝不准；這可能全是慈聖李后的主意，知子莫如母，她知道她的兒子，撐持不了這樣大場面，懇切慰留。別人可以挂冠而去，江陵是顧命元輔，他和別人不同，莫可如何，只好留下。這是他求去的理由，尚欠充分，言官妄肆詆毀，皇帝已照世宗時毀謗大學士例，予以處分，被言即求去，顯得太小器了。於是他只好等待機會，「峕擬主上大婚後，乃敢乞身；今定婚期於來歲三月，則陳情之擧當在夏初，遙望此期，以日爲歲。」（答王之誥書）大婚表示皇帝已成年，應是親政時候，他在那時稽首歸政，別人不會責備他有負顧託。

神宗母子之於江陵，信任與禮遇，愈久而愈誠懇優渥；在這種情形下，有些人常常得意忘形，而江陵內心却甚明白，當皇帝的人，以利祿驅策天下士，天下士爲利祿而駭汗奔走；現今皇帝只寵信他一人，他雖沒有擅衆之利，但天下失意的人，難免不存媢嫉知心。他更知道，凡是當皇帝的人，無不極端自私，從古能有幾人，期君臣於始終？他說：「僕久握大權，天道忌盈，理需退休，以明臣節，抗疏乞骸，甚非得已！（答賈春宇書）十餘年間，負重剖繁，備極辛楚；頃者中外乂安，國家無事，乃敢稽首歸政。（答李中溪書）德薄享厚，日夜慄慄，頃者乞休，實揣虞慮分，萬非得已！（答王之誥書）典成乞休，歸伏隴畝，以明進退之節，不得已也！（答徐階書）……」這裏所謂「甚非得已，不得已也，」究何所指？他沒有解釋。但我們仍不難體會到劉臺之外，內而太監貴戚，外而失意之徒，「憸夫惡黨，顯排陰嗾，」沒有一刻忘掉他；小人進讒，日浸月潤，是很可慮的。曾參殺人，其母尚猶投杼。如果有一天他被讒言所中，使他耿耿孤忠，化爲煙雲，「天下之事，豈不爲之寒心？」

諸葛武侯，留下一篇出師表，使人想見其孤忠亮節，因而心嚮往之。江陵一生，所爲奏議，特別是屢次辭恩命疏與乞休疏，悃悃忠誠，溢於言表，而且表裏如一，沒有矯飾，亦沒有違心之言。以次試舉數例：這是要瞭解江陵志節，所不可少的資料。

萬曆三年，遼東之捷，以及四年「九年考滿」等，神宗凡四次手勅加恩。江陵在辭謝爵賞疏中，說：「前歲遼東大捷，仰荷聖恩，欲加陞廕，臣具疏辭免，中間引古俠士酬報知己之義，與人臣敬事後食之心，每欲事過所受，功浮於食，犬馬之誠，於是乃安；自今凡非分之恩，逾格之賞，無復濫及，庶大義克盡，微志得伸。乃今未有尺寸之效，以自副其功浮於食之志，而非分之恩，逾格之賞，又復濫及，則臣向之所以陳辭者，不過矯飾之虛言，而皇上之所以許臣者，亦未爲相信之深；臣不敢自背其言，上以欺主，外以欺人。」

在從前凡地方疆臣邊將，有所建樹，尤其打了勝仗，皇帝推恩及於朝臣，而首輔當膺重賞；前線將士流血拚命，後方官員，坐享其功，這是照例行事，與者不以爲濫，受者亦不以爲媿。江陵雖未親冒鋒鏑，但他兼管軍事，有籌策之功，他受恩命，不能說是無功受賞；他屢辭恩命，是因其另有想法。在答吳環洲書中，他說：「僕自受事以來，力辭四廕，獨守舊官，每一蒙恩，輒夔夔慄慄，不能自寧！非矯也，誠以國恩難報，而臣子雖鞠躬盡瘁，不過自盡其分所當爲，本無功之可言也。」

在這以後，他又有幾次力辭恩命，其中說到：「人臣事君，無隱情，無二辭，今臣所言，皆眞吐肺腸，辭理俱竭；藉惟皇上復申前命，臣亦不過再執此辭；章奏屢騰，言語煩瀆，非皇上以手足待臣之義。（辭修實錄恩命疏）臣出則綜理國事，盡在公之義，入則守其經苴，執居喪之禮，是臣之不去者，報君恩也，守制者，報親恩也。今循例考滿，事同現任，君臣之義雖全，父子之義則缺；皇上之所以處臣，與臣之所以自處，豈不兩失？（一品考滿辭恩命疏）詔祿詔爵，雖朝廷所以馭臣之典，亦宜稍加節制，而不使橫溢，乃足爲勸。三公穹階，五等厚祿，上柱崇勛，在先朝厚德、咸不敢當，乃一朝悉舉而畀之於臣，所謂盜恩濫賞也。（辭上柱國伯爵恩命疏）……」

以上所引幾段話，不僅樸質，而且有至理。居官的人，做他職分內事，和立功是應當有別的。譬如邊軍披堅執銳，捍衛國土，即使一寇不入，亦只是應盡職分；只有眞打勝仗，殺敵致果，才能算功。國家爵祿，是應該賞給有功者的；如果皇帝只賞左右親信無功之人，便是濫賞；如果左右嬖倖之人，冒功邀賞，便是盜恩；濫賞盜恩，必使賞不足以勸功，罰亦不足以懲過。賞罰是國家二柄，江陵執政，握此二柄，一毫不放鬆，雖貴戚亦不稍優假，終他之世，他亦只有一子得廕。（魏忠賢當權時期，他的從子魏良棟，居然封侯，外加太師；從孫魏翼鵬，雖在襁褓，亦得封伯爵；濫賞盜恩，至於此極，人心焉得不解體？）

試再看他屢次乞休疏，又是何等肫誠篤實。萬曆四年，他上疏乞休是因被言；經神宗手勅慰留後，他在答謝疏中，說：「臣捧讀恩綸，淚泗交集！念臣受先帝重託，旣矢以死報矣；今皇上聖學尙未大成，諸凡嘉禮，尙未克舉，朝廷庶事，尙未盡康，海內黎元，尙未咸若，是臣之所以報先帝者，尙未圖報萬一，臣豈敢言去？古之聖賢豪傑，負才德而不遇時者，多矣！今幸遇神聖天縱不世出之主，所謂千載一時，臣又豈可言去？皇上寵臣以賓師不名之禮，待臣以手足腹心之寄，無論分義當盡，卽其恩款之深洽，亦自有不能解於心者，臣又何忍言去？然而臣之必以去爲請者，非得已也！蓋臣所處者，危地也。……若臣之所行者，卽其近似而議之，則事事皆可以謂作威，事事皆可以謂作福；睊睊之讒，日譁於耳，卽皇上聖明，萬萬不爲之投杼，而使臣常負疑謗於其身，亦豈臣節之所宜有。」

萬曆八年，全國田畝已清丈，河工已告成，宗藩已安頓，各種大禮已舉行，天下全是太平景象；另一方面，皇帝已滿十八歲；江陵覺得這眞是他卸肩的時候了，於是上疏乞休。「臣受事以來，夙夜兢懼，恆恐付託不效，有累先帝之明；又不自意特荷聖慈眷禮崇隆，信任專篤，臣亦遂忘其愚陋，畢智竭力，圖報國恩，嫌怨弗避，勞瘁弗辭，晝九年於茲矣！每自思惟高位不可久竊，大權不可久居，然不敢遽爾乞身者，以時未可耳。今中外安寧，大禮大婚，耕耤陵祀，一一修舉，聖志已定，聖德日新，朝廷之上，忠賢濟濟，以皇上之明，令諸臣得佐下風，以致昇平，保鴻業，無難也；臣於是乃敢拜手稽首，而歸政焉。且臣稟賦素弱，比年又以重力微，積勞過慮，形質頓憊，血氣早衰，踰五之齡，鬚髮盡白，自茲以往，聰明智慮，當日就昏蒙；若不早自陳力，以致折足覆餗，將使王事靡終，前功盡棄。此臣之所以大恐也！……賜臣骸骨，生還故里，庶臣節得以終全，駑力免於中蹶；臣未竭丹衷，當令後之子孫，世世爲犬馬，以圖報效。」

疏上之後，皇帝慰留更加懇切，他於是再疏陳情；說：「仰承先帝顧託之重，祇荷皇上眷遇之隆，分當捐身，庶以仰酬高厚之萬一，豈敢輙求引退，圖遂私懷。但臣葵藿之志雖殷，而犬馬之力已竭；自壬申受事，以至於今，惴惴之心，無一日不如臨深谷。中遭家難，南北奔馳，神敝於思慮之煩，力疲於負擔之重，以致心血耗損，精力憊隤，外若勉强支持，中實衰憊已極，餐荼茹堇，苦自知之！恒恐一旦顚仆，有負重託，欲乞身於聖明之前，非一日矣。獨念國事未定，大禮未完，口囁囁而不敢言，心依依而未能舍。今中外乂安，國家無事，諸大典禮，皆已完就，乃敢一言其私。……故舜不窮其民力，造父不窮其馬力，是以舜無失臣，造父無失馬。今臣之乞休，亦非敢爲決計長往也，但乞數年之間，暫停鞭策，少休足力；倘未卽塡溝壑，國家或有大事，皇上幸而召臣，朝發命而夕就道，雖執殳荷戈，效死疆場，亦所弗避。」

在這以後，江陵連疏乞休，辭意溫婉，而實堅決，他沒有一絲留戀之意。當奪情案發生，鄒元標罵他爲禽獸時，他只對皇帝說：「恢宏天地之量，洞開日月之明，憫迂儒拘執之見，諒其無知，勿與計較，寧使臣受辱。」他只請奔喪守制，而不言去。現今無故而堅決求去，別人當不解其意。在答徐中台書中，他說：「比者抗疏乞休，羣情驚惑，不知鄙意固有在也。夫不得決去於宅憂之時，而乃乞骨於卽吉之後，此豈尋常大臣，所爲進退者耶？」此外所謂不同尋常，就是他不以自己毀譽爲意，而定要善盡其責，不肯貽誤國事。至此國事已定，責任已盡，便決然捨去，毫不黏滯，這便是行其所當行，止其所當止。可是，儘管去意甚堅，沒有皇帝允許，是無法脫身的。萬曆中年以後，朝廷大臣，自閣臣以至九卿，疏請退休，皇帝不批答，他們便自由行動，那太方便了；但現今是講法守的時代，江陵躬自約束，「詘己檢下，以信有司之法」，怎能不顧而去？他期待皇帝允許，他還可能認爲他一片誠意，必能博得皇帝同情。這一次，或許因爲神宗已知他去志堅決，特地搬出慈聖太后，合力挽留；慈聖李后對皇帝諭旨，是：「與張先生說：各大典禮，雖是修舉，內外一應政務，爾尙未能裁決，邊事尤爲緊要；張先生親受先帝付託，豈忍言去？待輔爾到三十歲，那時再作商量。先生今後再不必興此念。」這是一條更牢固的鎖鍊，套在江陵頸上；李后的話，神宗當時亦不敢違拗，何論江陵。這就註定了他「鞠躬盡瘁，死而後已。」

萬曆初年，政治已漸上軌道，假定江陵稍稍放鬆，亦未必亡國；神宗那般糊塗，還混了幾十年，還多虧魏忠賢扼喉絕吭，朱王家才眞斷氣。但一個有抱負，而又有責任心人，是一瞬之間，不肯放鬆的；也就正因其能負責，肯負責，朝臣才將責任盡量往內閣推；「六曹之長，咸唯唯聽命」，固然是有些怕首輔，又何嘗不是推卸責任？

正因百責集於一身，所以「躬劬勞而瘏瘁！」就一般的官場情形講來，一向是名位愈高，權勢愈重，愈無責任，因為無人敢於追究責任；自是心曠神怡，志得意滿，腦滿而腸肥。江陵太負責任了！已能小康，復望昇平，晝作夜思，孜孜不已；「憂勞天下事，若振濡，若沃焦，皇皇如不及；念一方歲飢，至深念廢寢食。」遂致「形質頓憊，肌體羸疲。」這在「聰明」人看來，未免太自苦，太不懂享受。不過，他不是官僚，更不是但知食肉的人；一人獨瘦，而天下皆肥，只這一點，他就配稱為大政治家。

萬曆九年，江陵的身體，已漸不能支，他不斷的上疏乞休，疏中有些語句，令人讀之酸鼻！「自以身當重任，一向勉強支持，又恐驚動聖心，未敢具奏調理；臣自察病源，似非藥餌能療，惟澄心息慮，謝事靜攝，庶或可痊。……宸眷郅隆，非臣捐軀殞首，所能報答；惟有鏤之肺腑，傳之子孫，期世為犬馬，圖效馳驅。……臣元氣愈覺衰弱，臥起皆賴人扶持，肌體羸疲，僅存皮骨，傍人見之，亦皆為臣悲悼，若不早求退休，必然不得生還！……諒臣素無矯飾，知臣情非得已，早賜骸骨，生還鄉里；倘不即填溝壑，猶可效用於將來。……縷縷之哀，未回天聽，一旦溘先朝露，將使臣有客死之痛，而皇上亦虧保終之仁！……」如此「跼蹐哀鳴」，而請之愈堅，留之愈切，情詞愈哀婉，禮數愈稠疊；晉位太師，（這是前所未有的最高爵位。）增俸祿，派御醫診病，中官視疾，送藥送錢，送食品，手勅慰問；宮廷與首輔寓所間，信使不絕；無論如何，只是不准。

前面已略引江陵歷次乞休疏文；不妨再看看皇帝歷次慰留詔勅：「卿精忠可貫天日，雖負重處危，鬼神猶當護佑；宜即出視事，以終先帝付託。……先帝以朕幼小，付託先生，先生盡赤心以輔朕，不辭勞，不避怨，不居功，皇天后土祖宗，必共鑒知。（萬曆四年手敕）今四海昇平，四夷賓服，實賴先生匡弼之功，精忠大勛，朕言不能述，官不能酬；惟我祖宗列聖，必垂鑒知，陰佑先生子孫，世世與國咸休。（同上）天降先生，非尋常可比，輔朕冲年，莫大之功，自古罕有。（五年手諭）元輔受皇考付託，輔朕冲年，安定社稷，深切依賴，豈可一日離朕？（同上二）今海內乂安，蠻夷率服，頃刻離卿不得；且卿繫社稷安危，宜遵前旨，勿得固辭。（同上三）朕為天下留卿、今日卿實不可離朕左右，仰體委曲眷留至意，其勿再辭。（同上四）朕以冲幼，賴先生為師，朝夕納誨，以匡不逮；若先生一旦遠去，則數年啓沃之功，盡棄之矣，先生何忍？仰體聖母與朕眷留至意，毋勞又有所陳。（同上五）元輔張居正，輔朕冲幼，攄忠宣猷，弼成化理，以其身任天下之重，豈容一日去朕左右？朕為社稷至計，懇切勉留張先生，爾羣臣都當助朕留賢，纔是同心為國。（同上六）朕垂拱受成，倚畀正切，豈得一日離朕？如何遽以乞休歸政為請？使朕惻然不寧！愼勿再辭。（八年答乞休手敕）連日不見卿出，朕心若有所失，如何又有此奏？卿年才踰五十，豈得便自稱衰老，忍於言去？宜遵前旨、永肩一德。（同上二）朕不見卿，朝夕殊念，惕然不寧！痊可，即出輔理，用慰朕懷。（九年答乞休上諭）先生屢以疾辭，忍離朕耶？不妨且總大綱，在寓調攝。（十年手敕二）」……

人都不免有倚賴性，江陵在萬曆初年，猶如一棵參天喬木，蔭蔽天下；神宗母子，因得安然君臨天下，享治平之福，他們倚賴江陵，說刻不能離，是由衷之言。十年之間，經過考驗，江陵的聲施燦爛，益顯其能，心地正直，益顯其忠；他們更加深信不疑，直將江陵當作家長，事無鉅細，非江陵不能決，非江陵所決者不能置信。譬如神宗大婚，江陵在制中，慈聖太后諭：「這大禮還須元輔一行，以重其事。」於是，神宗硬要江陵穿吉服，參加婚禮，「回到私宅，任從其便。」神宗婚後，慈聖太后還宮，又特下手諭，將監護之責，交與江陵。他們之間，已超出一般所謂君臣分義。至於國家大政，更不用說；當江陵回籍葬父時，剛剛到家，神宗便有手勅，說：「先生辭行之後，朕心日夜懸念，朝廷大政，俱暫停以待；茲特遣錦衣齎勅催取，勅到，卽行束裝就道。」就在這短短兩月中，凡三次手勅催促；重要公文，俱送荊州，請江陵區處。又特頒「帝賚忠良」印，要他隨時敷奏政治利病。到了江陵病不能支時，欲請「二旬一月」假，暫解閣務，亦不可得。病到危殆時，皇帝依然要將章奏送到病榻，請首輔票擬。「自辛已六月以來，業已委𢙃，猶力疾早作夜思；比病篤困，尙伏枕擘畫天下事。」這顯然是出於不得已，和那班把持權力，老死而不知止的人，是不可以同日語的。因爲江陵深深明白最高威權，是屬於皇帝的，雖是皇帝信任他，充分授權給他，乃一時權宜；他因此慄慄危懼，抗疏乞休。我們將江陵屢次乞休，與神宗屢次强留的奏章和詔勅，對照一下，實不忍再說他戀位攬權。

明史江陵本傳，說他「深沉有城府。」這句話，有兩種不同的看法：世俗以爲這是顯示一個人的性格，多機詐，工心計，欠爽朗，而近於冷酷，是一種難與相處的人。（明史如此寫，是持這一種看法的。）我以爲這句話，正當的解釋是說一個人端莊持重，有定見，有是非觀念，不肯隨聲哭笑。用現代語說來，這種人的性格，是屬於內傾一型，比較重理智，而不濫用情感。是人都必有情感，而從古磊落奇偉之士，其內心所蘊藏的熱情，亦必較一般人更為豐富而眞摯；所以然諾相許，分義所在，往往能置生死於不顧。

就江陵和神宗情形看來，他們之間，互相維繫，除了君臣分義，還有一種無形力量，那就是眞摯的情感。江陵為人，有嚴肅的一面，亦有熱情的一面；他對於神宗，悃悃款款，備極忠愛，他是以誠心事君，不是以色笑事君的人。我們只看他每當君臣對語，自國事以至起居飲食，諄切懇摯，知無不言，至於泣下。當他回籍葬父時，君臣依依不捨，如同家人父子。這是情感。神宗之於江陵，尊禮之外，益以孺慕，他是以恩師待江陵，而不是以臣僚待江陵。當江陵站在風簷之下，值講經筵時，他便忙命太監鋪上氈毯，俾禦風寒；當江陵直講席，忽發寒熱時，便親調椒湯；當召見江陵，見他清瘦時，便親調御羹，勸他加餐；聞江陵患病，則殷勤慰問，繼之以泣；聞江陵病重，粥糜不進，則為之泣涕不食；……這亦是情感。眞是英雄豪傑，誰能不為情感所役？

或說：「明朝娃兒皇帝，不止一神宗，當年英宗即位，比神宗還小一歲，而輔臣進退自如；『主少國疑，』不過是一個藉口。」殊不知英宗去明王朝盛時不遠，餘威還在，天下還能保持一個粉飾的承平；經過英憲武世各朝長期的敗壞，局面已大不相同。英宗時代，三楊輔政，同心為國，植黨營私的壞風氣，還未大形成。世宗以後，閣臣如仇讐，明爭暗鬬，迄無寧日。……種種情形，都不可相比。我承認萬曆初年，即無江陵柄政，神宗亦未必失位；但別人亦應當承認，如不是江陵柄政，斷斷乎不會開一個太平中興之局。

萬曆九年，江陵的病勢已很沉重了，只因重情感，力疾從公，勉力支持。到了十年，一病四月，日益加劇，神宗仍不讓他辭職，仍要將重要章奏送去，請他處理；他不能動手，就口授意見，倩人代寫，直到口不能言爲止。彌留之際，神宗派司禮監賫手勅慰問；說：「聞先生糜飲不進朕心憂慮！國家大事，當爲朕一一言之。」這是最後一次的壓榨。江陵於朦朧之中，舉薦了幾個大臣，而「不屬身後一語。」現今他「遡慕留侯，庶幾得棄人間事」的願望，成泡影了！他再不能「身爲蓐薦，使人寢處其上！」他亦無法「退歸隴畝，以明進退之節！」萬曆十年六月二十日，曠代偉人張江陵，病死在北京寓所！他生於嘉靖四年，享壽才五十八歲。以他的稟賦而言：以他一生寡欲窒忿而言：他不該早死；而天之報施善人，往往如此！江陵死後，神宗震悼，罷朝數日；兩宮太后，賜賻銀千兩；命司禮太監監護喪事；又贈上柱國，賜謚文忠；廕一子尚寶司丞；賜祭十六壇；命太僕少卿于鯨，錦衣僉事曹應奎，護喪回籍。並命司禮太監陳政，護送張母趙太夫人南旋。這就是江陵鞠躬盡瘁，再造明室的代價。

寫到此處，不禁使人回憶往事，而冥想他的容光丰度！當嘉靖三十六年，他假滿再到北京，那時不過三十幾歲，身體頎碩，面色白皙，聲音宏亮，兩眼烱烱有神，正是一個精力充沛的偉丈夫。那時有一個狂人何心隱，（本名梁汝元，是所謂泰州學派的大將。）目空天下，瞧不起任何人；他們的徒衆，稱譽他們是「能赤手以搏龍蛇」的豪傑。有一天在廟裏遇着江陵，頗有狎侮之意，江陵却視若無物。何心隱看見了江陵的神態，不禁「嗒然若喪」。他對人說：「夫夫也，異日必當國。」「夫夫也」，就是說江陵是一個大丈夫的氣概。你從這樁小故事，可以追摹其儀容舉止。隆慶元年，江陵是眞當國了，「閣臣凡六人，居正最後拜；」這時他亦正是强仕之年，比起徐階等，他算是少壯派。六年以後，他受遺輔政，獨當大任，以兩肩承擔天下。强烈的責任感，與旺盛的事業心，使他耗消了過多的精力，才到五十歲，他那長達腹部的幾綹美髯，已變得雪白了！又過了幾年，他竟然臥起都須人扶持！他憂勤國事，圖報知遇，眞是「勞身苦志，以振天下之急。」（墨子傳略）「不復計身爲己有！」他若是死而有知，知道事君不愛其身，知道隕首以求濟，便是「權臣」，他也許會說聖賢誤我！

二十　爲何抄家

金聖嘆說：「抄家，至慘也，而吾於無意中得之。」不知在專制淫威下，禍福之機，渺不可測，賞不必因功，罰不必因罪，不可以「較是非，論曲直。」若有曲直是非，江陵又何至抄家？萬曆十一年三月，神宗下詔奪江陵官諡。十二年四月，再詔抄家，削其諸子弟籍，及四代誥命。尸骨未寒，江陵於朱王家之深恩厚澤，猶昭昭在人耳目；以大怨報大德，可以說是史無前例。

先說抄家，依朱元璋所定法律，凡謀反、叛逆、奸黨、稱爲大逆罪，有一於此，便要抄家。對於這三種罪之所以特別從嚴，無非要鞏固朱王家既得權利，不容有反對勢力存在。黃宗羲說得明白：「後之爲君者，以天下之利，盡歸己，以天下之害，盡歸於人；使天下之人，不敢自私，不敢自利，以我之大私，爲天下之大公。……所謂法者，一家一人之法，非天下之公法也。」（明夷待訪錄）正因立法目的，只是爲一人一家，所以明初功臣，夷滅殆盡，「瓜蔓抄偏天下，民中人之家，大抵皆破。」而成千累萬的被害者，豈眞都是犯了大逆罪？只不過欲加之罪而已。

神宗所加於江陵的罪名，是「誣衊親藩，箝制言官，蔽塞朕聰，專權亂政，罔上負恩，謀國不忠。」這眞是荒謬絕倫！然而這是命令，「雨露雷霆，皆爲帝澤」，皇帝錯殺人，也是合乎倫常綱紀的，誰敢說他不是？江陵不生在朱元璋時，被視同功狗，五鼎而烹，或誣爲大逆，誅及十族，已算大幸。

「陰機禍深，結怨於上下」，現今是報仇的時候了！一切反江陵派，利用有狂疾的皇帝，揑造了罪名，要以他子孫的血，來償夙怨。地方官吏，奉旨大員，雷厲風行，誅求惟恐不酷；首先封鎖了張家，登錄人口，嚴禁出入，又隔十餘日，邱橓張誠才到荊州，正式查抄。這時張家人口，或因食物斷絕，或因驚嚇過度，或因不甘受辱，已先有十餘人枉死了。

此處應略說張家情形：張家原籍安徽，據說他的祖先，還幫朱元璋打過天下，因爲官小，沒有被誅戮。到江陵曾祖張懷葛時，才遷移荊州。懷葛有三子，仲子張鎮生文明；文明有四子，長卽江陵。到萬曆十二年，江陵六子都已成年，四代合算起來，不下數十百口。另外，免不了還有孤親寒族，前來投靠。在查抄時，已然是一個大家庭。

查抄的目的，一是搜刮金銀珠寶，一是蒐集不法罪證；皇帝聽說張家「所藏踰天府」，想獲得奇珍異寶，使六宮粉黛，盡皆酡顏。而報復者，則在尋找一項證據。劉臺不說過張家「制擬宮禁」麼？王用汲不說過江陵有不臣之意麼？他們不但要毀滅江陵生前之功，還要毀滅他身後之名。而出乎意外的，是張家只有赤膽忠心，獨少金銀珠寶。（萬曆七年，西藏的達賴剌麻，因敬佩江陵，特送給他一個金菩薩，他不敢收受，卽立繳上皇帝；他哪有什麼寶藏？）在百計搜查落空之後，只有坐贓，硬說有贓銀寄在曾省吾王篆傅大川家。江陵長子張敬修，是個書生，沒有社會經驗，更加不勝榜掠，就承認有三十萬銀子存在曾王等家；旣而一想，實無其事，汚辱死父，連累朋友，何以爲人？於是自經而死！江陵三子張懋修，亦因不堪凌辱，投井，不死，絕食又不死，幸而留得一命。同時，張家人口，被府縣衙門虐待而致死者，又有數十人。張母趙太夫人，年近八旬，亦被逐出外，無地容身！……

官文書但說抄家，至於如何搜金坐贓，非刑拷訊等強盜行爲，是不會詳細記載的。幸而張敬修決然一死，留下一封血書，才使人知道所謂抄家，是何景象。血書開頭便說：「天道無知，似失好生之德，人心難測，罔恤盡瘁之忠！嘆解網之無人，嗟縲絏之非罪！雖陳百喙，究莫釋乎讒譏，惟誓一死，以申鳴其寃抑。」這純是書生之見，政治上只有人慾，那有天理？只有利害，那有道義？他接着說：「自四月廿二日，移居別宅，男女驚嚇之狀，慘不忍言！邱侍郎到府，當時嚀沓之形，吏卒咆哮之景，皆生平所未經受者；況體關三木，首戴幪巾乎？」邱橓張誠是預有計劃的，他們將張家諸公子，放在溽暑烈日之下，愈是抗辯，拷掠愈急；他們要張敬修等認贓；還要誣素所不快的人，旁遮郡縣大戶；……總之是不擇手段的要錢。明史只說張敬修誣服三十萬金，却不知邱侍郎開價更高；「坐先公以二百萬銀數，不惟變產渴資不能完，卽粉身碎骨亦難充。」坐贓是必有的事，否則師出無名，因爲江陵既未謀反叛逆，更不是奸黨。「又以母子叔侄，不許相聚接語；可憐身名灰滅，骨肉星散，羅織鍛鍊，皆不可測，人非木石，豈能堪此！……」張敬修之死，可謂「求仁得仁」；一層是保持了江陵的清白，二層是引起許多有正義感的人之同情。張敬修是禮部主事，竟然被太監和酷吏，爲了敲詐，刑求致死，這太嚇人聽聞了！也就因爲太過嚇人聽聞，「六卿大臣合疏請緩」，情勢才稍趨緩和。更虧得潘季馴一封有血有淚的奏章，才獲得皇帝允許，給空宅一所，田十頃，與張母養老，使免於爲餓歿。不過，張敬修雖否認有寄贓的事，而曾王等家，仍被波及，這是預有的陰謀，卽使張敬修不誣服，亦會波及的。案定，江陵諸子弟已服官者，俱被削籍；「張居易、張嗣修、張書、張順、俱令煙瘴地方充軍。」總算皇帝「念效勞有年，姑免盡法」，沒有眞的「斵棺戮尸」。

有人說：「江陵生前曾說：『朝臣百僚執事，皆臣所舉薦』；身死不久，遭此奇禍，何以無人爲之解網？」這有兩層原因：一是傾陷江陵，是醞釀已久的一種陰謀；一是此時的皇帝，已近於瘋狂，不可理喻，救論的人雖多，又有何益？據說抄家旨下，吏部尙書楊巍，就上疏勸諫；說：「居正爲顧命輔臣，事皇上十年，任勞任怨。……」他力請從寬，還說：「此乃在朝諸臣之意，亦是天下臣民之意。」都御史趙錦亦上疏說：「居正並非有異志，且翊戴冲聖，夙夜勤勞，四方寧謐，功亦有不可沒者。」又說：「世宗籍嚴嵩家，禍延江西諸府，居正未必逮嚴氏。」話雖說得公道，可惜囘天乏力！還有幾個措辭較爲切直的人，反被坐以張黨罪名被斥逐了。

朝中稍有天良的人，知道皇帝已發狂疾，乃轉而向邱橓進言，因他任刑部侍郎，是主持抄家的人。其中以左諭德于愼行一書，最爲人所稱道；他說：「江陵殫精畢智，勤勞於國家，陰禍機深，結怨於上下；當其柄政，舉朝爭言其功，而不敢言其過，今日既敗，舉朝爭索其罪，而不敢言其功；皆非實情也。且江陵平生以法繩天下，而間結以恩，此其所入，亦有限矣；彼以蓋世之功自豪，固不甘爲汚鄙，以傳世之業期其子，又不使其濫有交遊，其所入，又有限矣。若欲根究株連，稱塞上命，恐全楚公私重受其困。又江陵太夫人在堂，八十老母，纍然諸子皆書生，不涉世事，籍沒之後，必致落魄流離，可爲酸楚！……」他們一致希望「不使覆盆有不照之寃，比屋有不辜之累。」大學士許國並告訴邱橓，說：「勿令後世議今日，輕人而重貨，上累聖德，中虧國體，下失人心。」其意若曰，皇帝不可爲了私慾，寃枉好人，喪失全國民心。但他們却不知道邱橓和太監張誠，奉派主持其事，是有計劃的安排。

且先將邱橓張誠兩人來歷，略加說明：邱橓素以險躁著稱，是一隻有名的瘋狗，在嘉靖年間，噬人甚多，世宗曾予廷杖，革職爲民。穆宗時代，他以曾受廷杖故，起復，不久又被罷歸。神宗初年，他又力謀再起，江陵深惡這種專事搏擊善類，以博直名的小人，沒有用他。直到萬曆十一年，才又混進朝堂；他銜恨江陵，覆巢之下，惟恐有完卵，自不待說。當裁贓拷訊之時，說：「從則已，不從則以王命從事」的，就是他。張誠原是專進淫巧以蕩帝心的太監，他曾經聳恿皇帝征木材稅，作爲內府收入，被江陵打銷了。他不見容於馮保，被驅逐在外；反張派利用他以窺伺江陵與馮保，他因怨恨馮保，乃及於江陵。馮保失寵後，說張馮兩家多金寶，並慫恿神宗抄家的就是他。抄家不派別人，而獨派邱橓張誠，乃恐其有徇隱而不澈底，其出於反張派之策劃，可以斷言。

江陵柄政十年，身爲王者師，作時霖雨，康濟天下，功在國家；無端而有抄家之禍，實爲不幸！但從另一角度看：不幸之中，亦有幸處，那就是經此洗刼之後，更能顯示江陵之淸白與偉大。據明史所載：「盡發其諸子弟藏，共得黃金萬兩，白銀十餘萬兩。」外面一切謠言都澄淸了，他家廳事，只足容馬旋，並沒有踰制；家裏沒有寶藏，更沒有什麼胡椒八百石；當然絕對沒有什麼舜禹禪讓圖。那一點金銀，很可能包括家中器皿，婦女首飾在內。這對一個當權甚久的首輔而言，似乎太菲薄。不用說明朝久已是賄賂公行，就在清朝，「一任清知府，十萬雪花銀」，已是官場中公開的秘密。不用說清朝，就在近代，當個什麼長、「不貪不濫，一年幾百萬；」亦不算爲稀奇。江陵「代王行政」，集天下權勢於一身，而與諸子弟共有積蓄乃止於此；不僅邱橓張誠看不起，連一個小小稅務員，亦將嗤之以鼻。

我們且看別人抄家情形吧！代宗抄王振家，「得金銀六十餘庫，玉盤百，珊瑚高六、七尺者二十株，他珍物無算。」武宗抄劉瑾家，「得金銀數百萬，珠玉寶玩無算。」世宗抄江彬家，「得黃金七十櫃，白銀二千二百櫃，他珠玉不可勝計。」卽神宗抄馮保家，亦得金銀百餘萬。江陵和他們比，亦太寒村了。

有人說：「王振之流，不是太監，便是嬖倖，皇帝有意栽培，是應該富有的。」我不明白，那班奴才，爲何應該有錢，皇帝又爲何睜着眼，讓天下人皆窮，獨使他們富有？姑置不論。且說地位和江陵相埒，而時間又相去不遠的人；世宗抄嚴嵩家，「得黃金三百餘萬兩，他珠寶服玩所值又數百萬。」嚴家被抄，是在嚴嵩罷相，和他兒子世蕃下獄後，將近三年才動手；嚴世蕃被殺，抄家已在意中。嚴老頭鬼計多端「置良田美宅於南京揚州，無慮數十所。」（鄒應龍疏）說不定還將現款以號碼存在瑞士銀行；而所抄還有如是之多。其實若說權勢，嚴嵩尙遠不及江陵；張家被抄，又爲天下人始料所不及，誰能相信神宗親口所說：「與先生子孫世世咸休」，就是抄家？因此，張家要想隱瞞財產，亦措手不及。而所抄竟然不及「蕁山先生」十之二、三，這亦是天下人始料所不及的。

因為史書有「盡發諸子弟藏」一語，還須將江陵諸子弟略為說明：張家在張鎮時，已不是窮人，鎮弟名鉞，「鉞能治生，饒於財。」張文明當生員以後，可能已是小康之家；據江陵說：「家有薄產，尚不患貧。」他本人服官三十多年，——十餘年翰苑，六年次輔，十年首輔。他又力持節儉，連「親戚故舊，交際常禮，一切屏絕。」清俸所入，應有裕餘。加上「兩宮及皇上賞賚無虛日」；可能有些積蓄。他的子弟：長子張敬修，是進士，官禮部主事；次子張嗣修，是榜眼，官翰林院編修；四子張懋修，是狀元，官翰林院修撰；三子張簡修，官錦衣衛指揮同知；五子張允修，是府諸生，以恩廕為尚寶司丞；（行實未載，似以後成年才得廕。）六子張靜修，年幼未服官。弟張居易，官指揮僉事；張居謙，是舉人，官指揮同知。就此看來，他一門之中，已有八人服官，而共有財產，不過十萬銀子，我們能說他是貧污份子麼？行實說：「先公自入政府，清介之聲，傳播海內。……比卒，發陳篋，得上所賜帑金文綺，亦大都煩費矣；上聞而悼之，賜錢布薪米，乃得襄事如禮。」這是說江陵死後，沒有餘財，乃至無以為葬。無以為葬，未必是事實；但張敬修對邱橓說：「賞賚之外無私入，賜第之外無別椽」，則是可信的。因為江陵是痛恨貪污的。明朝政治上兩大詬病，一是皇帝糊塗，一是官吏貪污；江陵柄政之初，就銳意嚴吏治，嚴刺舉，而痛懲貪污，一切弊端，幾乎完全剔盡。所以他說：「近年朝廷之上，事事精覈，凡有興作，率費半而功倍，比之先年，虛實不同。」（答徐風樓書）弊端之所以能夠剔盡，就在於他能以身作則。

可是，貪汚的風氣太盛也太久了！嚴嵩當國，是公開貪汚的，「今諸邊軍糧歲費百萬，强半賂嵩，遂令軍士飢疲。」（明史董傳策傳）因此，劉臺才以小人之心度君子，說：「居正之貪，不在文吏，而在武臣，不在內地，而在邊鄙。」這完全是想像之詞。明朝的邊軍，在嘉靖隆慶之際，最爲窳敗，而歲費最多，每年軍費常在三百萬以上。隆慶以後，邊軍愈强，而歲費愈少，這就因爲嚴格剔弊的原故。但劉臺已說江陵「富甲全楚」，張誠又說張家「寶藏踰天府」，天下像于愼行那樣深知江陵的人，究竟不多；經過邱橓張誠澈底洗刼，益使江陵淸介之聲，大白於天下。

其次反張派，自劉臺王用汲，以至李植羊可立一干狐鼠，久已想獲得一種罪證，以傾陷江陵，而卒無所得。抄家的另一目的，就是想搜查罪證；所以當抄家時，邱橓等說：「汝先大夫與戚帥相結，凡有書問，雖夜中開門遞進，意欲何爲，莫非有反意？」謀反，是合乎抄家條例的，誣以謀反，不止抄家，還可族誅；他們居心要使江陵族誅，才爲快意。於此，亦可見小人處心積慮，無事無時，不在窺伺詗查之中。張懋修的答復，是「邊烽緊急，宰相或不得堅臥不省。」這答復很得體，可惜他沒有將「與戚帥相結」的原因說出！「此輩國家爪牙，不厚撫之，無以得其死力，凡所以爲國家也。」他何曾有一念之私。依我推想：邱橓等可能檢查過江陵遺稿（江陵遺書有一部份散失，當是因抄家故。）其中與戚繼光往來函扎最多；除了萬曆四年，答戚繼光書，說：「所寄錦張、祇領用爲母壽，餘輒璧諸來使」外，餘無一語，談私情。江陵所謂「非公事不通私函」，決不是假話。那班狐鼠，原想於抄家中，有所發現，以證實江陵罪行的，然而一無所獲。於此益顯示江陵人格之完整。

究竟神宗為何要以大怨報大德？這有幾種說法：明史江陵本傳說：「帝使詷保及居正，至是(張)誠復入，悉以兩人交結恣橫狀聞，且謂『其實藏逾天府』，帝心動。……庶人妃因上疏辯冤，且曰：『庶人金寶萬計，悉入居正家』，帝命籍居正家。」證以許國之言，似乎抄家目的，是為金銀珠寶。明史又說：「時潞王婚禮所需珠寶未備，太后以為言；上曰：『辦此不難，年來廷臣無恥，盡獻馮張二家。』籍沒之舉，亦胎於此。」這是謀財。一說「霍氏之禍，萌於驂乘；」即比江陵於霍光，謂其功高震主。一說江陵排擠高拱，高黨乘機傾陷。另一說是貴戚、勛臣、太監、致怨於江陵。這是報復。

以上諸說，都有理由；神宗酷愛金銀珠寶，是有事實可證的。江陵功高，他值經筵講席時，皇帝錯讀了一個字音，他便大聲糾正，使得「上悚然而驚，同列皆失色；」這亦勉强可以附會說是「震主」。「貴戚巨璫，俛首帖耳，而不敢肆」，他們自然怨恨江陵。高拱是怨恨江陵的，他臨死尚猶作申申之詈；他的黨羽，當然想報仇。……不過，這都不是主要原因。然則又何故而為此喪心病狂之舉？我的假設是：一種政治陰謀，是利用一羣反張派，以打擊擁張派，藉以鞏固自己的權勢；其發縱指使者，可能就是張四維。(張敬修的血書，曾提到張四維，可見江陵子孫亦知他是重大嫌疑份子；可惜他們得禍之後，沒有機會說明究竟！)

張四維本質上是一個熱中利祿的人，亦是個投機份子。他最初依附高拱，得其援引，為翰林學士，不旋踵間，再升吏部侍郎；他躐等超擢，使朝臣為之側目，而他猶干進不已。在吏部侍郎任內，被劾去職，又賴高拱特薦起復，再被彈劾，又再賄賂高拱，得召；沒有授官，高拱就罷相了。他於是又傾力巴結江陵，「歲時餽問不絕」；江陵初無援引之意，他又借同鄉關係，多方結納慈聖李后的父親李偉，得其吹噓，復入政府，更交結馮保，以爲奧援。萬曆三年，江陵請增閣臣，大概李偉和馮保都爲幫忙，因得入閣；而「曲事」江陵，貌爲恭順。但一個是頂天立地的硬漢，一個是陰險便佞的小人，「薰蕕不同器而藏」，江陵自然不免鄙視他。明史說他「擬旨不盡如居正意，居正亦漸惡之。」可見他們相處，是有距離的。張四維之爲人與背景如此，他和所有反張派，可能暗中早有聯系，亦可能是反張陣營中一個最有力的「潛伏份子」。他們醞釀倒張，更可能蓄謀已久。萬曆六年，王用汲乘江陵回籍葬父，上章彈劾，危言聳聽；無如神宗母子信任甚專，沒有搖動江陵。這時呂調陽在內閣，不甚問事，張四維忙擬旨將王用汲革職，遽寢其事；他顯然是犯有重大嫌疑的。

江陵死後，張四維以入閣在申時行前，輪代首輔；照理他已滿足了利祿慾，不須修怨了。但客觀情勢，不斷變化，於他很不利。其一是他和馮保鬧翻，他已感到馮保的威脅。其二、是曾省吾王篆梁夢龍之流，所謂「張黨」，看不起他；並傳說有一幫人，要擁護申時行，而打倒他。（「居正餘黨，欲逐四維，擁申時行，四維惱……乃與門生在言路者，謀攻時行。……」）其三、是一羣腐化份子包圍他，要改變嚴肅而平實的政治作風，以便於徇私作弊。當然他也需要要譽博寵，結納一干失意份子，以鞏固他自己的權勢。於是他以「滌除煩苛，弘敷帝澤」爲言，以陷神宗；那個糊塗皇帝，不知輕重，亦居然嘉納。他和他的同路人，經過嘗試，知道神宗易與，乃爲進一步之攻擊。

馮保在萬曆十年，仍有權勢，亦仍然和張四維是朋友；他不止一次的，通過徐爵，向馮保行賄，得人手軟，不好不幫忙。當江陵彌留之頃，所薦諸人，其中有潘晟，原是馮保老師，據說：「推薦出保意」。所以馮保立刻通知潘晟來就任閣臣。誰知張四維不願居潘晟之下，就唆使言官彈劾；潘晟走到半途，上疏請辭，他又立刻擬旨允許。這時馮保在病中，迨至病愈，已無可挽回；馮保很生氣，說：「我小恙，遽無我耶？」他們之間，就從此結怨。稍後，馮保又想封伯爵，張四維又以無成例難之；保更憤怒，說：「爾由誰得今日？而負我。」這連張四維走太監路線，鑽狗竇，取富貴的醜事，都給和盤托出了。他知道馮保一日不去，便是致命威脅，於是打擊徐爵，以撼馮保；這是第二次嘗試。迨徐爵下獄，馮保無能爲助，知道保眷寵已衰，立刻命他的門下李植等「發保奸狀，保亦得罪。」幾番嘗試，着着順利，他沒有顧忌了，但這並不等於地位已經鞏固，因爲江陵的聲望，是憑才略與事功撐持，而他只是「家素封」，（他父親是鹽梟，富甲一方）。有錢活動，「舍正道而由曲徑」，化錢買來的官。

「滌除煩苛，弘敷帝澤」，就是要毀壞江陵生前的法度，毀壞平實而嚴肅的政風，而恢復以往浮濫虛憍，上下混騙的局面。張四維及其同路人，想利用這種機會，籠絡一羣失意份子，鞏固權勢；不知道那羣不樂檢束的狐鼠，陡然抬頭，一發而不能制。「言路勢張，恣爲抨擊，是非瞀亂，賢否混淆，羣相敵仇，罔顧國是。」（明史張四維傳）於是競相尋仇報復；這時只講恩怨，一切不顧，張四維也不能控制了。

朝政改變，腐化勢力，自然額手稱慶。但內外臣僚，大體上仍是江陵所選拔舉薦的，其中難免不有人反對這種自掘墳墓的作法。（這一類人都被目爲張黨。）更加上曾省吾之流，疏於計謀，誤認申時行是正人，想擁申倒張，這才逼使狗急跳牆，再爲打擊「張黨」之陰謀。但又不是容易事，因爲江陵功業太高，而且實未樹黨；所謂「張黨」，亦並無劣跡可言；惟有毀滅江陵，動搖其根本，乃能爲一網打盡之計。這個陰謀，果然毒辣，江陵既被誣爲「壞人」，他所選拔舉薦的，自亦必是壞人，不必更索其罪名；於是「居正諸所引用者，斥削殆盡。」

張四維是被稱爲小有才的，這個反張派組織，有了他暗中操縱，演來甚爲合拍。譬如張誠譖馮保，李植便立刻劾保；羊可立追論江陵，遼庶人妃，便立刻上疏；江陵被誣奪諡，所有舊人，便立刻被斥削；……這很清楚的是一種有計劃的行動。主持這個計劃者，無疑的，就是張四維。（至少他是參與其事的。雖說抄家時他已離職，但那是由原有陰謀而演變，而擴大的結果。）

依一般說法：江陵被誣，奪諡抄家，貴戚與宦官從中搆陷，是最重要原因。但依我看，却不盡然。當時貴戚，只有李王兩家，（慈聖李后與神宗王后母家），最有權勢，最有影響力。李偉似不甚安分；惟李后約束頗嚴。「偉常有過，太后數召入宮，切責之，以是益畏懼，有賢聲。」（明史李偉傳）他於江陵，並無怨隙；他又和馮保關係很好；而且他在萬曆十一年已死了。只有王偉，可能不滿於江陵；因爲神宗大婚後，要封王偉之子王棟及其弟王俊爲錦衣指揮使時，江陵曾力加勸諫，說與章制不合。結果只是「授棟錦衣衞指揮僉事，俊千戶。」明史王偉傳還說：「帝意未慊」。不過，這亦不算深怨。假使他們有攛掇抄家的力量，也應該有力量要求升官；達到了目的，也就可以消怨。這在神宗親政時，是一道中旨，就可解決的事。至於太監如張誠張鯨等，因怨恨馮保，並怨及江陵，是可能的；他們都本不是善類。但當李后已歸政，馮保已失寵時，如果沒有言官「發保奸狀」，他們仍扳不倒馮保，可以想見他們的影響力並不甚大。此處有一重要之點，須當注意的，是奪諡抄家，都是經過言官追論，然後以正式詔令施行，並不是內出中旨，未經內閣，而顢頇行事的。既然如此，閣臣就有彌縫的機會，而終於無人切諫，此中消息，亦可想見。因此，宋學洙說：「彼吸吸者只鷹犬耳。」（張文忠公遺事）這是對的。若說張四維只是幫兇，是不對的。說外戚中官「造氷換日」；高拱之黨，沒有力量，使神宗宿怨至三十餘年之久，是對的。說這不是一羣反張派的政治陰謀，或說與此無關，是不對的。（張嗣修的先公致禍之由敬述，亦不當作正面看，他們當時亦未必眞知眞實原因，卽眞知亦是有難言之隱的；因爲他們要遠禍避嫌。）

還須略說的是慈聖李后與申時行，這是兩個重要人物，當江陵遭奇禍時，他們是有力量挽救的但他們沒有出力阻止這場橫禍；原因何在？依我看來，李后雖信任江陵，但自她遷回慈寧宮後，對於政事，似已厭倦，所以特下諭旨，將師保之責，完全付託江陵。她本是一個虔誠的佛徒，於政治本無興趣，神宗已然大婚，她亦落得清閒。更重要的是宮廷之內，充滿小人，簾高堂遠，最易朦蔽；從前神宗小時，可以瞞着她，「挾持刀杖，長街走馬」；而今成年了，當然可以瞞着她以怨報德，奪諡抄家。及至她知道，則已無及，她能說什麼哩！她亦可能回憶：「張居正是太忠心了！他的功勞亦太大了！人不是禽獸，怎可以怨報德？」不過，她也會想到神宗雖不肖，畢竟是自己的兒子，江陵雖賢，終是「異姓羈旅之臣」；現今兒子皇位已穩固，天下已承平，那個功蓋天下的忠臣已死，還提他做啥？她究竟是婦人女子，不能將她估計過高。

至於申時行則是一個典型的鄉愿，是「窺嚬笑以市陰陽，席寵靈而饕富貴」的脚色。當江陵奪情案起，他一面是贊成奪情的，而一面又暗中敷衍言官；「言者得杖謫譴，申時行調護甚至。」（見續通典）說不定他亦是與反張派暗中早有勾結的。雖說他亦出於江陵之推薦，但江陵已死，他要保全自己名位，落得隔岸觀火。萬曆十二年四月，下令抄家時，張四維已丁憂回籍，首輔是申時行，未見他犯顏力諫；凡江陵推薦的人，當時皆被目爲「張黨」，而獨有他屹立不動；蛛絲馬跡，可以看出他亦是嫌疑份子。當他柄政以後，他別無建樹，只是主張寬簡，召收老成，收攬人心；他不但「務承帝旨」，遇事將順，並且務爲逢源，以迎合一羣狐鼠，藉以安身取譽。罷考成法，卽是一例。像這種鄉愿，如何肯主持正義，捨己耘人？

總說起來，抄家之事，皆種因於江陵生前，原因是多方面的；亦可說是所有怨者的一次聯合總反攻。其中有貴戚，有宗藩，有勛臣，有太監，有官僚，都曾揷手，交煽並構；而主謀者，仍是少數有野心的人。若無前者，「睊睊之讒，日入於耳，」神宗觀感改變，不致如此之速；若無後者，抵隙乘間，發縱指使，內外配合運用，亦不會如此之巧。當然，更重要的是皇帝有狂疾，才爲羣小所蠱惑「誅及伯夷，賞及盜跖。」

二十一　所謂誣衊親藩與排擠高拱

「高帝子孫皆龍種，」封王封侯，以人民脂膏，供其淫樂，被視為是「合乎」人紀綱常的。不過在明朝亦有厚薄之分，大抵皇帝兒子，嫡出或雖庶出而其母得寵者，待遇最厚；其次是與皇帝同母生者；等而次之，都有差別。如朱元璋諸子，晋燕諸王皆嫡出；又如神宗時之潞王，思宗時之周王，皆同母弟；故賜予獨厚。所謂遼王，名植，是朱元璋第十五子，爲韓妃所出，洪武十一年，始封衛王，二十五年，改封遼王，建藩廣甯；那是邊境荒地，他初去只能在大凌河北「樹柵爲營」，他的地位，可想而知。

靖難軍興，朱植奉命渡海歸來，改封荆州，仍稱遼王。朱棣因他有幫助建文，反對燕軍的嫌疑，很厭惡他，削減他的護衛，只留軍校差役三百人供使令，亦未聞另有賜予；可知他只是一普通親藩，他的財富，當屬有限。

到正統元年，遼王子孫，可能已很窮困，請求加祿；所得批示，是：「簡王得罪朝廷，成祖特予厚待，仁宗朝，加祿得支二千石，宣宗又給旗軍三百人，親親已至；所請不許。」歲祿無多，又不像其他親藩，擁有大量莊田，其經濟狀況，不會很好；又加上他們生活很糜爛，驕奢淫逸，揮霍無度；說他七世以後，還有金寶以萬計，誰能相信？

所謂被誣的遼王朱憲㸅，就是朱植第七代子孫，他能做詩，可能讀過幾句書。他和江陵是同年生，又同住在荆州；但一是貴族，一是平民，在階級社會中，是不應有往來的。只因江陵祖父張鎭，是遼府護衞，江陵又有神童之稱，朱憲㸅才降尊紆貴，和江陵做了朋友。

明史說：「居正家荆州，故與憲㸅有隙。」還說隆慶二年，刑部侍郎洪朝選，奉旨查勘，未坐憲㸅反罪，江陵不滿，「囑福建巡撫勞堪羅織，朝選死獄中。」（明史遼王與孫瑋傳）說兩人因同住荆州，便當有隙，言不成理；於是各種流言，都湊合起來，一說張家覬覦遼府房產，一說張鎭被憲㸅强迫飲酒，因而致死。（周聖楷張傳說：「會公登第，召其祖虐之致死，」指此。），依我看來，全是謠言。張鎭可能是因江陵中進士，在遼府喝了過量的酒致死；主人殷勤勸客，說不上虐待。嘉靖二十九年，江陵在告杜門不出，獨與憲㸅詩文唱和最多；還稱他「援毫落紙，累數百言，妥帖新奇，越在意表。」（種蓮子戊午稿序）如確有虐殺張鎭事，豈能毫無芥蒂？在江陵遺著中，惟一可以比附的，他陳政時疏中，有「乃今一二宗藩，舍王侯之尊，求眞人之號，召集方術逋逃，惑民耳目，姦貪淫虐，陵轢有司，朘削小民，以縱其欲。……」這似影射憲㸅，其實不然；這個時期，大家都知宗藩驕恣，地方官常有參奏，並不止於憲㸅一人。

怨者以流言故入人罪，史家據流言筆之於史，讀史者遂以爲曾參眞個殺人，如何可以不說清楚。明朝宗藩，肆行不法，第二章已略舉事實。卽以遼府一支而言，朱植的長子貴烚，「淫虐、瀆倫、兇暴；」次子貴燮、貴煊，均忤逆，曾誣告其父，父死，又不奔喪；坐是「並廢爲庶人」。憲㸅雖讀過書，其瘋狂不減於貴焓；他亦信奉道教，以媚世宗，得封淸微忠教眞人；所與接近者，多方術無賴之士；他又「辯給，而嗜利刻害，及長，多不法，常出數百里外遊戲，有司莫敢止。」他亦好色；——這是特權階級共同的嗜好。他的爲人，不必再說。

隆慶元年，本道御史陳省，劾憲𤏡不法事；二年，郜光先再劾其大罪十三條。就在此時，他在遼府門前，豎起一面大旗，名曰「鳴冤之纛」；這已很怪異！同時又謠傳他「觀兵八里山；」恰巧碰着一個荒唐的按察副使施篤臣，誤認他是謀反，派兵包圍遼府，事態越鬧越大；朝廷乃派洪朝選實地查勘，「具得其淫虐僭擬諸罪狀。」（以上俱見明史）因此穆宗要殺他，念在親藩，才廢爲庶人，禁錮而死。這一案，既然有人檢舉，又有人查勘屬實，不能說是誣陷，更不能說是江陵誣陷。

憲𤏡得罪，其實還不在於他「淫虐僭擬」；明朝宗藩，在嘉隆之際，誰個不淫？又誰個不虐？嚴究起來，人人可廢，而竟未廢。憲𤏡被廢，別有原因，「淫虐僭擬，」只是表面罪狀。其眞原因，是憲𤏡縱慾過度，喪失了生殖能力，因無後嗣，他異想天開，從以前所相與娼妓處，取回一子，名曰述璽，詐稱是妾媵所生；又奪取承奉王大用的印章謊報皇室，得附玉牒。這是大胆的欺罔，帝王家，最怕以牛代馬，易呂爲嬴；雖是宗藩，有時亦可入繼大統，故懸爲厲禁。王大用是皇帝派來的管事太監，豈能坐視不管？可能就在郜光先糾彈時，檢舉了此事，因而得罪。

宗藩亂種，在明朝至少是革爵；例如憲宗時，晉府方山王朱鍾鋋無子，其妻與其妻族，合謀收養他人子爲繼，成化十六年事發革爵，與其事者坐斬，或賜死。勅令中，有：「高皇帝封藩建屏，正欲子孫相承，永享富貴，奈何甘與異姓爲骨肉，得罪祖宗，貽羞宗室。」可見他們很重視雜種亂宗的事。

在明朝宗藩被誣，禁錮高牆，乃至憤而自殺，是常有的事。以江陵之人品智慧言，他不會出此下策；尤其隆慶二年，他剛入政府，他有抱負，又深知際遇之難，方銳意振衰起敝，以圖報稱；無論張鎭之事，子虛烏有，卽或有之，他亦必出之愼重，不會輕舉妄動。何況宗藩儘管姦貪淫虐，總是「鳳子龍孫」，疏不間親，他若誣陷，如其勘查不實，豈不身敗名裂？愚夫愚婦，尚不至此，何論江陵。我以爲誣陷親藩之說，斷不可信；我的理由是在他柄政十年中，怨謗叢集，多口交鑠，却未聞有人說他曾經誣陷過別人，這是最好的證明。

至於劉台所謂「窺利田宅，則誣遼王以重罪，而奪其府弟；」倒是事出有因。那是廢遼以後，張家因人口漸繁，曾經借用那棟寬敞的遼王府第，（張同奎以後上六部帖，否認其事，是不確實的）。大約是隆慶三年以後的事。此事有兩層看法：可以說張家應避嫌疑，不當借用遼府；亦可說本無怨隙，又何須避嫌。況且江陵是現任閣臣，借用公產，不爲違法。因其爲公產，張家起初並有意購買，故江陵答荊州道府書中，有「准作廢府納價，貯庫作數」數語。

史料中沒有記載張家借用廢遼王府與退還經過，以意度之，可能因爲劉臺彈章，提及此事，江陵就囑咐家人退還了那幢房屋，而由主管機關，另行配給廣寧王，張家則另建新宅。亦可能因爲退屋一事，刺激了張文明，故自建房屋，力求華麗宏大。江陵答趙汝賢書中，說：「小宅原擬以賜金構一書舍，不意錦衣龐君，遂摹京師宅第，大事興建，費至不貲」。他不便說張文明好事，只好推在龐姓官員身上。這幢新宅落成後，神宗曾賜名堂爲「純忠堂」，樓爲「捧日樓」，還頒發御筆對聯，（據王世貞首輔傳說：皇帝當時賜兩個大字匾額：一曰「社稷之臣」一曰「股肱之佐」。其對聯是「正氣萬世，休徵百年」。）及御前銀千兩。因而我們可以斷言張家確曾借用廢遼王府，亦確已歸還，並未久佔爲業。

當時謠言，還說張家是因圖風水，而蓄謀佔有廢遼王府的；張家的人，有無此念，不能斷定；但就江陵來說，是可以斷其必無的。他寫過一篇葬地論，大意是「世言『葬地能作人禍福』，妄也。……編戶之氓，掩骼荒邱，寄骸叢壘，而子孫崛起暴貴者，不可勝數；是遵何術？……若曰地可遇而不可求，則人亦惟遇之而已，何以求爲。……人死枯木朽株耳；世之延促，家之隆替，命也，吾何知焉？君子強爲善而已矣。……」這篇文章，據說寫於萬曆六年，正是他歸葬張文明時，亦正是應該講究風水時，因其達觀，不主張爲他父親求什麼吉壤，故爲此論。所以張懋修說：「世人談其因圖風水，致有僭占者，恐先君至愚，不如是也。」因此，可以推斷張家之所以借用廢遼王府，可能只是因爲人口增多，住宅不敷，而廢遼王府又是空宅，故暫借用；不能牽強附會，說成是謀佔。

神宗詔語，所謂「誣衊親藩」，只是照抄朱王氏的奏章，而這個奏章，又必然是羊可立等預爲安排的。雖是列爲江陵罪狀之第一款，亦並不是表示朱翊鈞之重視親藩；甚至他知不知道有此親藩，亦屬疑問。讀過歷史的人，都該承認從來倫常觀念最淡，親親之誼最薄的，莫過於帝王家；他們遇到權力鬪爭時，互相殘殺，如鋤草茅，尋常小民所不忍言的事，他們都「優於為之。」即以朱王家而言：同室操戈的時候，是什麼事，都可做出的。成祖篡位，建文之後，無一存者；連他的臣屬，都被謫成禁錮，直到萬曆十二年，纔得解禁。英宗為了王位，派太監蔣安用帛勒死了代宗。這是大家都知道的。要說神宗以怨報德，是因憲㸃被誣，是任何人都不會相信的。再如遼府，憲㸅的曾祖恩鑙，就是非常殘酷的；他因為宗人向荆州官府索祿米一案，暗中使人刑掠宗人，死者至八十餘人之多，而都是本支骨肉。明朝還有許多特別規定：凡宗藩都不許朝覲；兩個宗藩在外，不得相見；甚至出城亦須奏准；為的是怕聯合造反。他們講什麼親親之恩，尊尊之義？

還有明朝皇帝，對於宗藩，除至親者外，一向是聽其自生自滅，毫不關心的。那班疏遠的宗室，到了嘉靖時代，已至窮困，皇帝無心管，地方官員無權管，於是無惡不作。嘉靖四十四年，制定了一個宗藩條例，側重在節省，對於窮困者，並無改善，而作惡者，依然如故。直到萬曆七年，江陵才重定宗藩事例，他的原則是：「考求國體，審察人情，上不虧展親睦族之仁，下不失酌盈劑虛之術，使情法允協，裒益適宜。」因此，許多宗室，才不致恣為不法，誤陷刑辟。那個條例頒行之後，「諸王有見而感泣者。」江陵亦可謂大有造於朱王家子孫，所謂「誣衊親藩」，只是一羣狐鼠架空之詞。

在明史江陵本傳中，着意渲染，言之鑿鑿的，是勾結馮保，傾陷高拱。我初讀明史，看到這一段記載：亦覺江陵為人，未免太工權術；迨讀書稍多，互相參證，又覺言之過情；到現在澄心讀過，則覺決無其事。江陵交結馮保，前已說過，此處須將他和高拱一段恩怨，略為說明：

高拱的才略，固遠不及江陵，但在當時，亦可算庸中佼佼；他雖說不上是政治家，却比鄉愿要高出百倍；他亦有抱負和勇氣；只不過少含蓄，欠淵重，太過任性。他和江陵先後在翰林院，在裕邸同事，彼此互有認識，因而頗有交情。高拱舉進士，比江陵早六年，所以在嘉靖四十五年，先入內閣，這是出於徐階的推薦。嘉靖隆慶之間，徐階繼嚴嵩輔政，資格最老，是朝野一致推重的人望，高拱却恃在裕邸舊臣，屢與徐階相抗，兩人之間，遂生嫌怨，漸漸的唆使黨徒，互相攻訐；「於是言路論拱者，無虛日。」高拱不自安，遂乞歸；「强直自遂，頗快恩怨，卒不得安於其位而去。」（明史高拱傳）

隆慶三年，徐階既已致仕，高拱復被召用，以大學士兼掌吏部事。這一次再起，有兩說：一說是出於江陵盡力援引，一說是由於邵方爲之營謀。（邵方大約是什麽幫會大爺，是所謂丹陽大俠，「方以策干階，階不用；即走謁拱，爲營復相」。見明史烈女傳）後說殊不可信。明史江陵本傳說：「居正與故所善掌司禮者李芳，謀召用高拱。」江陵和高拱，此時仍是朋友，他見幾個閣臣，平平庸庸，又知高拱頗有能力，以裕邸舊臣關係，向穆宗進言，是可能的。

高拱二次入閣，不改常態；「拱之再出，專與階修郤，所論皆欲以中階，重其罪。……」這使江陵深感不安！他和徐階有師生之誼，情分極厚，引進高拱，打擊老師，他又無力解救，甚至連通訊都「畏行多露」，他對於高拱漸有芥蒂，該是從這時起。他在致王崇古書中，說高拱「昵彼讒佞，棄絕石交，語之忠告，反致疑怒。」這說明了兩人之間，已有隔閡。

隆慶三四年間，高拱在內閣，權勢已凌駕首輔李春芳；「拱性直而傲同僚。」閣臣均不堪，趙貞吉和他吵鬧，至於動武。「拱既逐貞吉，專橫益著」；江陵在此時，亦岌岌無以自保。迨李春芳殷士儋相繼致仕，高拱繼任首輔，內閣僅餘江陵一人，他當然感到莫大威脅，口裏雖說「期於周召夾輔，」心裏是很不安的。不過他們之間，談不上深嫌重怨，江陵又是善於處逆境的人，儘管高拱盛氣凌人，他仍隱忍不言，一切功勞，都推歸高拱。譬如俺答款降事，本是由他策劃而成，他卻說：「款關求貢，中外相顧駭愕，莫敢發；公獨決策，納其貢獻，許爲外臣，虜遂感悅。」他處高拱這樣跋扈的人，（趙貞吉上疏說：「還拱內閣，毋令久專大權，廣樹衆黨。」就因爲他太跋扈。）可謂頗費苦心。如其不然，他亦很可能如趙貞吉一般下場。因爲穆宗亦是糊塗皇帝，並且厭聞政事，他未必能分辨賢愚不肖。

高拱被逐，清清楚楚，是馮保圖報復；而使小人修怨，以報復爲快的，則是高拱本人。馮保覬覦司禮監已久，高拱亦知他志在必得，却另薦陳洪孟冲，（太監陳洪嘗干政，殷士儋因他而入閣，本不是好東西。孟冲「故掌尚膳者，例不當掌司禮。」足見高拱純是私見。）以抵制馮保，兩人從此結怨。朱王家一貫作風，是儘管失政，亦必牢牢把握威柄，以防大臣專擅；故他們甯可寄耳目腹心於那班太監。神宗卽位，馮保正得李妃寵信，因出中旨逐孟冲，而取代司禮監。高拱卽刻發動門下攻擊，表示反對；並請「詘司禮權，歸諸內閣。」李妃正恐大臣不肯盡心輔政，高拱却倡言：「十歲太子，何以治天下？」這一面是使李妃生疑，一面逼得馮保還手；御史張櫝，首先彈劾，只一面合，就給打敗了。高拱之太露鋒鋩，又欠老練，是他失敗的根源。據說馮保當時製造了一個最毒辣的謠言，說高拱有意迎立周王，而廢神宗。這威脅太大了，所以李妃立刻斷然驅逐高拱；詔中有「我母子日夜驚懼」一語，此說亦不為無因。高拱必欲逐馮保，為便於輔政，免受牽制，是正當的行為；但他的手段，則不足以達到目的，他忽視了他的主人是女主，更忽視了主人和馮保的關係。總之，高拱是完全栽在馮保手上，決無可疑。

高拱被逐，首先為他解脫的是江陵；請留的是江陵；「為之冒死請驛」的是江陵；始終保全之，使其善保首領以沒的，亦是江陵。儘管高拱怨恨江陵，其病榻遺言，如村婦罵街，極口醜詆，而江陵却無絲毫修怨之念，王大臣案，是最好證明。

萬曆元年，高拱去位不久，突有莽漢，身懷兵刃，闖進乾清宮，據內廠審訊，其人名王大臣，（張同敞於其名上加無鬚男子四字，暗示是奄類。）有人主使，謀刺皇帝；這是太監導演的惡劇，目標就是高拱；如任其發展，高拱亦可誅十族。徐階晚年，不是家業殘破，旦夕莫保麼？但現今是江陵當政，他不是說過：「蹊者固有罪，而奪之牛、勿乃過乎」麼？他知道高拱斷不會主使刺殺皇帝，他一面「具揭入告主上，為元翁（高拱）伸理」，以百口保其無他；一面迅速從太監手上，奪過王大臣，使廠衛無法羅織，擴大其事；而交給比較公正的錦衣衛左都督朱希孝，與左都御史葛守禮會審，並授意一殺了事。在答河道總督萬恭書中，他說：「頃者內獄之起，衆情洶洶，獨公以為朝廷有人焉，無足慮者；足以見公知我之深。」從此書可證明「戮止一人，餘無所問」，全是他的主張。

另一客觀事實，甚是緊要，而為人所不注意者，那就是高拱的跋扈作風，先使得神宗母子，有幾分躭憂，故馮保進讒，便信以為實。但看詔中所說：「拱奪威福自專，通不許皇帝主管」，便可知道。高拱死於萬曆七年，其家屬為之請卹，這是例行事；而神宗詔語是：「高拱不忠，欺侮朕躬；今已死了，他妻還來求卹典，不准他。」事過數年，猶可聞切齒之聲。所以江陵幾次致拱弟高梅菴書中說：「卹典諸事，須稍從容，俟孤於內人（指太監）多方調處，俾上意解釋，孤乃具疏以請。……比已調解於內，似有可挽之機，孤當面為奏請。」稍後雖經江陵委婉奏請，獲得允許，而神宗手勅仍說：「高拱負先帝委託，藐朕，罪在不宥。……姑准開復原官，給予卹典。」雖說姑准，亦並未按例給予。所以江陵書中又說：「元翁卹典，甚費心力，僅乃得之；然贈謚尚未敢瀆請，俟再圖之。」此案發交河南，（高拱原籍）地方官又故意為難，江陵再致書周巡撫，說：「中元相公，今尚未葬，聞恩卹葬價，有司未能時給，敢邀恩於下執事，惟公哀憐之！」

就江陵與高拱交誼言：當初原是好朋友，謀斷相資，有英雄惜英雄意；如其始終保全，眞可堪稱周召夾輔。他們失和，固由於高拱之打擊徐階，實亦因士大夫無恥，趨附權勢，兩面挑撥所致。江陵本無背友之意，然處疑似之間，亦甚難解釋。在答曹傳川書中，他說：「不穀與元老為生死交，叵奈中遭憸人交搆其間，使之致疑於我；悠悠之談，誠難戶曉。」他明知是馮保作祟，明知孝定李后誤信了馮保的話，但為他設身處地想，又怎好說太后不是呢？總之他對於高拱，是始終想不負初心的，只看他六年歸葬時，特往新鄭，訪晤高拱，把臂流涕，慰藉備至。高拱死後，他要親手為之立傳，說：

「僕與元老交深，平生行履，知之甚眞，願爲之創傳，以垂後世。」他還說他要做到「死者復生，生者不媿」。於此，可以明白他的心地。

萬曆元年的政變，從醞釀以至爆發，爲時甚短；自五月廿六日穆宗逝世，到六月十六日，高拱被逐，共只二十一日；而宮府間大鬭爭，則只有六天。神宗是六月十日卽位，馮保用中旨取代孟冲，鬭爭才白熱化。這一段時間，許多記載，如神宗實錄等，都證明江陵卜視穆宗陵寢，並不在朝。紀事本末等並說：「促居正至。」「比歸而拱已去位。」江陵謝召見平台疏，說：「祇役山陵，回還，中暑致病，奏請調理。十九日辰刻，忽聞中使傳奉聖旨，宣召臣入。」江陵旣在大峪嶺，則明史高拱傳所謂：「拱使人報居正，居正陽諾之，而私以語保」數語，如不是揑造，便當是臆測。如說高拱早已將驅逐馮保計劃，告知江陵，只就時間看，就無法自圓其說。退一步講：高拱雖是首輔，馮保亦正得勢，成否未可必，任何一方失敗，都於江陵有利，他正可袖手坐觀成敗，更不須揷手其間；一個鬭爭形勢，擺在眼前，以江陵之高明，豈不洞若觀火？他又何須爲穿窬之行，見輕於馮保。尤有進者，張四維以賄賂馮保得進，故馮保說：「爾由誰得今日？」假使江陵果眞與馮保勾結，排擠高拱，柄政十年，不稍假借，馮保手中有把柄，又豈能無一怨言？……天下事必須在事理中，乃立得住脚，憑空虛構，漏洞百出，如何可以傳信？就江陵與高拱恩怨言：始爲朋友，因徐階被迫害，而漸疏遠；因高拱跋扈，而貌合神離；江陵利其去，而沒有助拱攻保，應是事實。律以朋友之道，則高拱負江陵，江陵並沒有負高拱。

明朝大臣鉤心鬬角，爲權勢而爭，至嘉隆之間，不但激烈，而且是有仇必報，毫不隱諱。後人不加詳察，類而推之，以爲高拱等是如此，江陵亦必如此。殊不知他立定志向，要作磊落奇偉之人，他不會存小人女子之心，以陰謀詭計害人。當徐階被迫害時，江陵明知是高拱修怨，而致松江道蔡春臺的書，却盡量隱惡而揚善，但以正義規誡那班勢利小人。說：「存齋相公家居，三子皆被重逮，且聞吳中上司，揣知中元相公有憾於徐，故爲之甘心焉；此非義所宜出、亦非中元相公所樂聞也。」他平時論及王猛，有一段持平的話；說：「王景略傑士也！其君臣相得之美，匡濟盪定之功，亦千載一時也；獨其計陷慕容垂之事，吾無取焉。……乃出於陰賊狠險之謀，類小人女子，妬寵忌能者之所爲，此諸葛孔明輩所不道也。」（雜著）他對於諸葛武侯，亦只是有限度的佩服，足以見其懷抱。

二十二　朱翊鈞之瘋狂

明史神宗本紀贊語，說：「神宗冲齡踐祚，江陵秉政，綜覈名實，國勢幾於富强。乃因循牽制，晏處深宮，綱紀廢弛，君臣否隔；於是小人好權趨勢者，馳騖追逐，與名節之士爲仇讎，門戶紛然角立，馴至㤘愍滋蔓。在廷正類，無深識遠慮者，以折其機牙，而不勝忿激，交相攻擊；以致人主蓄疑，賢奸雜用，潰敗決裂，不可振救。」這一段話，只有一部分是事實。御用文人，承命修史，慣用手法，是盡量爲皇帝廻護，而將責任推到小人身上。小人誤國禍民，也許是事實；我們要問：是誰要用小人？如果用人的人，連正士與小人，都分不清，他不應負責任麼？事實擺在面前：獨攬大權，作威作福的，是皇帝；親佞遠賢，醜正惡直的，是皇帝；倡導歪風邪氣，使天下人相率而蠅營狗苟，不講廉恥的，是皇帝；無深識遠略，而又自作聰明，苟且欺騙天下人的，亦是皇帝。由於皇帝一人，倒行逆施，才使天下大亂，人民塗炭，兵連禍結，殺人盈野！「殺一人，而取其疋布斗粟，猶謂之賊；殺天下之人，反不謂之賊乎？」（潛書）所謂「示勸懲，昭法誡」的正史，是應該秉筆直書，是不應該廻曲掩飾的；「史不書惡，人君又何所畏忌？」

朱翊鈞在朱元璋子孫中，可謂不肖之尤。他斷送了朱王家統治權，那是私事，不必管他；但由於他一人作惡，使得晚明七十年間，天下人都受其害，並因而使得異族入主中國，血腥統治，至二百數十年之久；他的罪惡，可謂曠古無匹。可是，他的廟號，却又非常堂皇；他被恭維爲「神宗範天合道，哲肅敦簡，光文章武，安仁止孝，顯皇帝。」這眞是莫大的諷刺！這些字樣，幾乎每一個字，用之於他，都不相稱。譬如神字，按謚法第一項：「民無能名曰神；」從古只有帝堯一人，被孔夫子稱之爲「民無能名。」說朱翊鈞和帝堯一般偉大，稱之爲神，這適足以反映士大夫之無廉恥；因爲那些字樣，都是他們挖空心思想出來的。

自洪武至嘉靖二百年間，「皇上誤舉，臣下誤順」，上恬下嬉，苟且因循；到了嘉靖末年，已瀕於崩潰邊緣。延達汗的子孫，「控弦數十萬，俺答尤黠强；『庚戌之變』，京畿震動」；是外寇猖獗，足以亡國。「紀綱倒植，國事靡定，貪風不止，民怨日深，百姓嗷嗷，莫必其命；」是政治窳敗，足以亡國。「羣盜蝟起，至入城市，刼府庫；京師十里之外，大盜十百爲羣」；是盜賊横行，足以亡國。「骫權撓正，賣法養交，鼓煽朋儕，公肆排詆」；是黨派傾軋，足以亡國。「議論太多，是非淆於唇舌，朝令夕改，政多紛更，事無統紀」；是專說空話，不務實效，亦足以亡國。……神宗十歲即位，竟然撥亂世而反之正；十年之間，「綱紀振肅，中外乂安，民生康阜，吏治廉勤。」伊誰之功？

假設神宗只是中庸之主，輔佐只是中庸之才，遵守江陵遺策成規，補其不足，去其太甚，爲社會稍留正氣，爲人民稍留生機，時間愈久，基礎愈固；雖有十百滿洲，千百流冠，又何能爲力。江陵畢生「殫精力以盡忠帝室」，所貢獻於國家者，不爲不厚；江陵十年拮据盡瘁而不足，神宗一旦敗壞而有餘！將江陵之所建樹，與神宗之所毀壞，兩相對照，乃益顯江陵之偉大，而益見神宗之瘋狂。

明王朝覆滅，神宗是罪魁，這是沒有疑義的。但神宗能做罪魁，士大夫又豈能無責任？他們爭名奪利，交煽並構，乃至於利用混亂，營私舞弊，又豈盡是神宗所授意？朱王家一貫的作風，是盡量攬權，絲毫不肯放鬆，這已經使得政治上，「無一事之無弊，無一弊之不極。」（杜範語）江陵柄政之初，看清了當時一般士大夫的眞面目，也看清了虛談無根的政治議論，無裨於治理；他才力主省議論，說實話，以防止莠言亂政。當時士大夫，尤其是在朝有職守的人，如都能實事求是，不務空談，這就可以使朝廷之上，產生共同一致的政治觀念，爲共同目標而努力。也可以轉移皇帝的觀感，使他重視士大夫。歷來皇帝不聽士大夫的話，只聽左右幾個小人的話，固由於皇帝昏憒；亦何嘗不是因士大夫之自輕自賤，而使得皇帝有厭心，才索與封閉受善之門。卽如世宗，亦何嘗全無天良？他臨死時，看到海瑞奏章，極口痛諫，亦無意殺害，可知他還有良知。他之所以摧折言路，看不起士大夫，全是因爲呶呶衆口，所說的話，不是陳腔濫調，言之無物，就是瞎捧亂吹，意圖討好；與實際政治，全不相干。他遂自以爲他的才能，高過天下人，而「予智自雄。」到了他和士大夫已疏遠的時候，那就當然只有左右小人，有進言的機會。所以提倡說實話，提倡聲必中實。是一件有益的事。

與此有同等重要性的，是讓有能力作事的人，能安心爲國家辦事。有爲之士之所以願意以其聰明才智，貢獻於社會國家，不外是爲報酬與榮譽。但在明朝，任何人的榮譽與報酬，都是無保障的，只憑言官或太監一句話，就可以毀滅一個好人；這是逼使臣庶走鄉愿之路的另一原因。江陵知道不保障善類，決不能鼓勵有爲之士；如有爲之士，憂讒畏譏，不肯任事，國家的事，決不會辦好。所以他不許小人們吹毛求疵，搏擊善類；他說：「有敢撓公法，傷任事之臣者，國典具在，決不容貸」。這兩椿必要措施，使官場風氣爲之一變；官吏漸漸有了責任心，社會漸漸有了正義感，大家都能站在自己崗位上，執行國家政令，不干擾別人，亦不受別人的干擾。同時也得到了他們應得的報酬與榮譽。

以上兩事，可以名之曰政風。我要强調這一點，是因爲萬曆十年以後，國事之壞，是從政風先壞起。失去了一種好的政風，才會「讒說殄行」；才使「好權勢者，馳騖追逐」；才有「以中人之資，乘一言之會，超越朝右，日尋干戈」等怪現象，因而是非不明，邪正不分。而李植等一羣狐鼠，才得肆無忌憚，「其勢非盡毒善類不止。」到了後來，輔政大臣，不再是政治領袖，而變成了狗矢；吳道南說：「臺諫劾閣臣，職也，未有肆口嫚罵者。」皇帝冬眠，輔臣被言官嫚罵，不能領政，還成何朝廷？

然則江陵所建立的良好的法度與政治風氣，何以變得如此之快？這很明顯：一層是皇帝權力，超過了國家法度，法度原無保障。一層是士大夫習慣於放任，人盡行私，不樂於檢束。明王朝久已腐爛；在一個腐爛政權上，建立任何好制度好風氣，本來就是很難的。萬曆年間的朝廷，正如一幢古老的大建築物，外貌非不堂皇，但基礎已大壞，隨時都可以倒坍。江陵汲汲皇皇，勇於爲之，不啻以一木支巨厦；一旦撒手，焉得不風雨飄搖，日就傾圮？

萬曆十二三年，直接是毁壞江陵，間接是毁壞法度。江陵以執法嚴，而結怨於上下；報怨的人，以毀江陵而並及其法度；因果關係，是很明顯的。到了舉朝洶洶如狂，「爭索其過」的時候，多數人被刼持，雖有是非觀念，亦不敢主張公道。譬如王世貞就嘗說：「吾心服江陵之功，而不敢言。」這種時候，一切好處，都會被埋沒；所謂「雖有其美，不加譽也。」這種時候，就只議人而不顧法，只能因人而廢法；因爲目的是爲報復。正如元祐黨人一樣，只爲打擊一個王安石，不惜盡毀新法；只要搞垮王安石，不惜「一人之口，而自相牴牾。」（元祐大將們，有很多原是贊成新法的。）甚至毀盡了新法，敗壞了國事，心尤未甘；還要不擇手段，百計誣衊，（如所謂「三不足」之說）想使他在歷史上也抬不起頭來。（最可笑的是「不偏之謂中，不易之謂庸」數語，分明是荆公說的，也硬扯在程顥賬上。）

士大夫以意氣相競，交搆並煽，尋仇報復，罔顧國是，士大夫本身固應負咎；而作皇帝的人，更應負責。照萬曆年間情形看來，如果神宗稍知邪正，稍明事理，有許多事，是應該出之於愼重，不可以因江陵之故，而貿貿然加以毀壞的。試舉兩個例子：

如前所說，江陵經營邊防，費盡心機，始得拒敵於塞外；而使居庸以西，數千里邊防，無復所事事。萬曆初年，唯一邊患是卜赤，亦只能爭塞外之險，因爲薊門防守甚備，遼東方面敵人，始終不敢越雷池一步。鎭守薊門的，就是名將戚繼光；江陵所授予他的任務，是「以能守爲功。」當時的人，不明白江陵用意，又見戚繼光無大戰功，遂說「南兵坐食」；而不知這一着棋，非常重要。因爲堅守薊門，訓練邊軍，進則支援遼東，夾擊敵人；退則保護陵寢（皇帝家墳墓，在當時是非常重要的。）拱衞京師。京師是政治重心所在，必先求安定，才能革新政治。(如像嘉靖年間，敵人在京城城廂焚掠，還談什麼革新？)正因這一布局重要，所以不管誰毀誰譽，江陵堅持他的政策，全力支援薊遼；戚繼光亦因得鎮薊至十六年之久。江陵死後不到半年，給事中張鼎思，糊裏糊塗上疏，說：「戚繼光不宜於北」；並未舉出理由。神宗亦並未問明理由，但知張戚平時接近，就糊裏糊塗，將他調往廣東，不久就抑鬱以死！繼任的人，揣摩意旨，盡毀張戚兩人所爲邊防措施，薊遼遂從此不振。萬曆十年前後，明王朝軍隊，能攻能守，這個時期，如要恢復大寧，只要政治能配合軍事，並不是不可能的。大寧恢復，再好好經營遼東，設險門外，以固堂奧，又何致放棄六堡，(萬曆三十四年)盡撤遼左藩籬？使藩籬猶在，敵無法坐大，明王朝以後又何致爲遼戰困死？(萬曆天啓年間，單是遼左戰費，就用了六千餘萬兩，只戰費一項，就足以使之困死。)吳三桂又何致開門揖盜？

萬曆十一二年間，言官氣燄最盛的，莫過於李植；他唯一建言，是「寬百官馳驛之禁。」江陵生前，斷然革除一大秕政，當時驛政，眞可謂風清弊絕。因李植一言，盡隳前功！從此驛政大壞，假勘合，假牌票，遍地皆是；又因連年打仗，遂使百弊叢生。到思宗時，御史毛羽健，至請嚴諭各州縣，緝拿僞造犯，「獲者許升科道官。」可見僞造者之多。至於當驛差的人民又如何呢？「至若驛遞夫，只有此數，馬只有此數，軍情旁午，差官絡繹；臣所經過，伕頭馬戶，以及軍戶，無不泣下如雨，不忍見聞！而瘦馬死道旁者，又不可勝計。……」(方孩未集)這是方震孺的視察報告，亦是當時的驛政實況；人民勞累，可說已達極點！因此，思宗手諭，才說：「驛遞疲困已極！小民敲骨吸髓，馬不停蹄，人不息肩，朕甚恨之！」亦因此而發憤重整驛政；但爲時已晚！因爲亂勢已成，驛卒困苦無告，「遂隨潰兵，鋌而走險。」（明季北略）流寇的基本隊伍，是飢民，是叛兵，不是驛卒；但其初起，則與驛卒大有關係。小人無知，逞其臆說，誤國誤民，一至於此！

現且將萬曆十年以前與以後，在政治上，幾樁重要而最顯著的事，作一對比。其一，是財政：江陵生前悉心整理，他要使國庫充實，却又堅持不務厚入，亦卽不許增加捐稅，因而側重覈實與節省，以杜浮濫。宮府支出，錙銖必較，官吏侵漁，涓滴必究。萬曆五年，兩宮太后要修慈慶慈寧兩宮房屋，理由甚是正大；這已是有錢的時候。而江陵上疏諫止，提出了更正大的理由；他說：「治國之道，節用爲先，耗財之源，工作爲大，於不容已而已之，謂之陋，於其可已而不已，謂之侈；今事在可已，省一分則百姓受一分之賜。」皇帝和太后，不是標榜愛民麽？要修建漂亮宮殿，就要壓搾人民血汗，於心何忍？於是只好作罷。萬曆七年，宮中要增加金花銀款，戶部尙書張學顏，不敢駁回，江陵代他執奏；他力請「總計內外用度，一切無用之費，可省者省之，無功之賞，可罷者罷之，務使歲入之數，常多於所出，庶國用可裕，而民力賴以稍寬。」他要戶部編成歲入歲出表，請皇帝「置之座隅，時賜省覽；」使其明白國家財政實況，不要隨便下手令，虛糜公帑。因此，終江陵之世，神宗沒有能够窮奢極欲，恣意浪費，不但國庫充裕，天下人民亦都受其賜；因爲萬曆六年，沒有加稅，歲入已達四百五十萬，所入已多於所出了。諺語說：「從善如登，從惡如崩。」江陵死後，一羣狐鼠，逢君之惡，惟恐不至，使神宗之奢侈，幾於使人難以相信。例如萬曆十七年，潞王翊鏐建藩，僅購買珠寶，費至二十萬銀。二十六年，宮中採辦珠寶，用銀竟多至二千四百萬兩！（這差不多是江陵時代國家歲出的八倍至十倍。）二十九年，營造三殿，僅採辦木材，用銀亦達九百三十萬兩。……江陵生前，銖積寸累，到了這時，眞是窮奢極欲，用之如泥沙了！

如此浪費，錢從何出？在明朝初年，除了極少數特別收入，屬於內府，國家財政，是由戶部統一管理；皇帝下手令要錢，戶部雖得供給，却不是絕無限制的。到了成化以後，「正供之銀，常納入內庫，」戶部已無法限制。到了世宗以後，皇帝用錢如流水，連賬都不記，戶部更不敢問；所以常常庫藏空虛。江陵費盡心機，整理財政，並且建立了一個合理的財政制度，使所入常多於所出；而轉瞬之間，就被皇帝敗壞了。

神宗開始是將內外儲存，掃數提去，「以實左藏」。繼而是剝奪戶部財政管理權，而代之以太監。繼而是「派中官四出，覈天下財富；」並開礦榷稅。最後就是加派租稅。單是田賦，在最後三年中，就連續加派三次，增賦至五百二十萬。（萬曆至天啓間，加派多至五千一百餘萬，這個數字，已超過人民的負擔能力。）加派是一大秕政，因爲一面是官吏乘機剝削，實取於人民的，常比正額多出數十百倍。明人說：「私派地方無紀極；」是極言其濫。一面又是徒苦小民，而所有的豪右猾民，反而苟免。所以王先謙說：「前朝弊政，厲民甚者，莫過於加派。」（東華錄）其實，若與礦稅比，又何足道？

神宗時代之礦稅，是一種盜匪行爲，是以皇帝爲首領，而由太監明火執仗，在外搶刼。「中使在外，水阻商船，陸截販賈。」「中使所至，到處掘人墳墓，冀獲金寶。」(明史)「陳增肆惡山東十年，誣大商巨賈，藏違禁物，多所破滅。……馬堂在天津，諸亡命從者數百人，盡手鋤鐺，奪人財，抗者以違禁罪之。……陳奉在楚，鞭笞官吏，其黨直入民家，姦淫婦女。……梁永徽在陝，盡發歷代陵寢，搜摸金玉。……」(廿二史箚記)而楊榮在雲南，所掠殺以千計。……礦稅激成許多地方的民變，使得天下人切齒，而神宗還是一意孤行；因爲他要的是金珠錦綺。「金取於滇，不足不止，珠取於海，不罄不止，錦綺取於吳越，不極奇巧不止。」(魏允貞語)皇帝心目中，根本沒有人民。風翔巡撫李三才上疏，說：「陛下愛珠玉，民亦慕溫飽，陛下愛子孫，民亦戀妻孥；奈何崇聚財賄，而使小民無朝夕之安？一旦衆叛土解，小民皆爲敵國，陛下卽黃金盈箱，明珠塡屋，誰爲守之？」皇帝吸人民的血，來滋養一人一家，一旦人民反抗，是會算血賬的；話雖說得切直，皇帝却只當是耳邊風。

其二、要略說軍事，嘉靖時代，歲費數百萬，羅掘俱窮，以養軍隊，而不能確保邊境；不止不能保境，連京師亦常戒嚴。嘉靖中年，軍隊已是連根都腐爛了，而每年軍費却有增無減。隆慶初年，歲入只有二百五十萬，而支出恒在四百萬以上，其中軍費就佔了二百八十萬。所以江陵說：「嘉隆之際，海內空虛，公私貯藏，可爲寒心！」他知道軍隊不澈底整理，談不上保境安民。但整理軍隊，需要經費，他既不贊成濫開財源，徒苦人民，那就只有從節省，從剔弊下手。隆慶五年，他冒極大危險，力主和俺答談和，他的着眼，一半是爲財力物力打算，一半是爲整理軍隊。在答宣大總督王崇古書中，他說：「……此事有五利焉：虜既通貢，邏騎自稀，邊鄙不聳，穡人成功，一利也。防守有暇，可以修復屯田，蓄吾士馬之力；歲無調援，可省行糧數十百萬；二利也。土蠻吉能，每借俺酋爲聲勢，俺酋既服，則二虜不敢輕動，東可以制土蠻，西可以服吉能；三利也。趙全等既戮，板升衆心已離，則數萬之衆，可次第招來，曹州之地可虛矣；四利也。虜運將衰，其兆已見，老酋死，家族必分；不死必有冒頓呼韓之變，我得因其機，而行吾之計；五利也。……」王崇古是有名的幹才，見了江陵的信，不禁贊嘆的說：「張公可謂知社稷大計矣！」當國的人，就在於能知大計。江陵立定了大計，然後苦心經營，百折不撓，到了萬曆二年，國家收支已能平衡；（這是國家一等大事；收支如不能平衡，不用說打仗，只要一遇水旱之災，就可使一個政權瓦解。）到了四年，只太僕一處，已積存以百萬計。經費有着落，他就可以放手整理軍隊，一面訓練新軍，裁汰老弱；一面選拔人才，使將得其人；另一面省不急浮費，剔除中飽，以厚養士卒。萬曆初年，晉陝六鎮兵，已緊縮到三十五萬九千人；合薊門等七鎮，大約不出五十萬；兵愈少，費愈省，而軍隊戰鬬力愈强。明王朝軍隊，至此，始可言戰，始可拒敵於塞外，而屢奏奇功。

萬曆十年以後，朝廷成爲一種冬眠狀態，戎政人員，多不知兵；大學士亦不再是「一日之間，神馳九塞，蓋不啻一再至」的張江陵！皇帝足不出宮廷，根本不關心什麼戎政與邊防。漸漸的使得已歸服的敵人離心；使得小的敵人坐大；俺答的子孫又蠢動起來了；遼左舊敵之外，又有了新敵；日本打到朝鮮來了；其他邊境，亦發生不同的變亂。……軍費一天比一天增加，而國家有數的錢，則被皇帝用去買珠寶了！在軍隊方面，從前的老病復發，乃至更有甚焉。「京師十餘萬兵，歲糜餉二百餘萬，大都市井負販游手而已。」（明史王元翰傳）萬曆三十年，「邊軍額八十六萬有奇，將弁率以空名支餉，且多剋減，邊軍屢譁。」三十六年，「朶顏犯薊鎮，京師震動，戶部請暫借內庫礦銀，限以歲月補還，帝難之。」（明史及明會要）國庫沒有錢，於是拖欠軍餉，年復一年，到萬曆三十八年這一年，就積欠十三鎮軍餉二百九十餘萬之多。如此一直拖欠下去，到天啓年間，竟然有三年沒有領到分文餉銀的軍隊；士卒痛苦，概可想見。再拖到崇禎年間，軍隊都變成了叫化子；盧象昇視察軍隊以後回京說：「逋餉愈多，飢寒交迫，每點一兵，有單衣者，有無褲者，有少鞋者；臣見之，不覺潸然淚下！」軍隊到了無褲子穿，還打什麼仗？因而相率而爲盜匪；盜匪與軍隊不分，故剿匪越剿越多。

其三，該略說政府情況，江陵時代，綜覈名實的結果，不但是「吏治廉勤」，而文臣武將，一時稱盛，所以有「仕途清廓，多士濟濟」之稱。萬曆十年以後，一羣鄉愿，首先請罷考成法；（考成法是專管官吏的；至此，官便無法管了。）接着是銓選官吏，不循正途，而靠抽籤。（江陵時代，連繁簡都要互調，不僅任人愼之於始，而且試之以事，而考其終。孫丕揚任吏部，用抽籤法；如此苟且，而「咸頌其公允。」殊屬可怪！）照常情而言：用人的尺度，大爲放寬，做官的人應該多了，而結果適得其反；萬曆中年，雖說皇帝在冬眠中，實行「人事凍結」，亦由於無人再願做官，所以內外官員空缺，終於無人替補。

據史籍所載：萬曆二十九年，「兩京缺尙書三，侍郎十，科道九十四；天下缺巡撫三，布政監司六十六，知府二十五。」三十一年，「地方郡縣守令，十缺其五。」三十四年「六部尙書及大僚，缺額亦過半數。」三十六年，「六科僅餘數人，缺額至三十餘；十三道僅三人，缺額在百人以上。」到了萬曆四十年，「內閣只剩葉向高一人，六部只剩一刑部尚書。」雖經大學士沈鯉朱賡等迭請選補官員，不聽。有些大學士與尙書，呈請辭職，有人連上一百二十疏，俱不報；他們無法，只好自由行動；亦置不問。「帝久倦勤，方從哲獨柄國，碌碌充位；中外章奏悉留中，惟言路一攻，則其人自去，不待詔旨。」（明史夏嘉遇傳）不但如此，三十七年正月，「京師訛言冠至，九門盡閉，輔臣言：『兵部惟尙書一人，何以應猝變』？帝亦不報。」惟獨太監們有小報告，則「朝奏夕報，如響應聲。」這眞可以說天奪其魄；亦是自有帝王歷史以來之奇聞！

我在前面說過，朱元璋子孫，多有狂疾，武宗之荒淫，世宗之乖謬，皆歷史上所少見；神宗隔代遺傳，其乖謬荒淫，一如乃祖乃宗，而其昏憒，則又過之。他從江陵死後，即懶得親政；自十七年起，卽不再視朝，連閣臣亦不見面。直到四十二年梃擊案發生，迫不得已，始一見大臣。朝臣跑光了他不管。閣臣葉向高上疏說：「中外離心，輦轂肘腋間，怨聲憤盈，禍機不測。」他亦不問。政治上，黑暗與混亂，常和天災是相應而生的，從萬曆十五年起，天下多災荒。據明史五行志記載：陝西一省，在四十八年中，就有二十五年旱災，「人民至於採石為食。」當時做戶部侍郎的孫丕揚上疏，請停止加派稅捐；說：「今海內困，加派其窮非止啖石之民。……」他知道皇帝生活過得太舒服，日饜珍饈；連左右一羣嬖倖與太監，都面團團作了富家翁；當不會相信人民生活，過得如此艱苦。於是連同奏章，進石數升為證；而皇帝依然是充耳不聞。此時皇帝，正如宋纁所說：「如此痿痺，不可療矣。」皇帝已然痲痺，只要金寶，不要人民；只要左右幾個倖幸，不要天下忠正之士；甚至連所謂「祖宗基業」，亦不在意；又何有於江陵？（從此，可證我所說他們有狂疾，並非臆造。）

皇帝狂疾，確乎是難於醫治的；可是，士大夫特別是當時負國之重的大臣，能說全無責任麼？比方說神宗酷愛金寶，江陵生前，對他說：「明君當貴五穀，而賤珠玉。」他亦知道說：「賢臣是寶，珠玉無用。」太監孫海客用誘引他，在外遊宴，「窄衣小袖，長街走馬，挾持刀杖」，乃至殺傷太監。江陵上疏切諫，要他「却珍玩，以端好尚；親萬幾，以明庶政；勤講學，以資治理。」他亦知道說：「我一時昏迷，爾等就該力諫。」江陵是當諫時，必定力諫的；萬曆年間，所謂正道直言的例子很多。大約神宗年事日長，接近小人女子的機會日多，向善之心，也就日漸冷澹了。萬曆六至十年間，神宗大婚之後，他所受自穆宗的遺傳。——愛女色，喜遊樂，講究鋪張等毛病，漸漸顯露出來了。當顧九思請減江南織造時，神宗極爲不滿，江陵力諫，說：「年飢民疲」，爲體恤地方，應當裁減；神宗自知理曲，只好允許。就在大婚以後，神宗又下命令，要鑄大錢二萬錠，「着以一千萬進庫」，作宮中賞賚之用。（用現代語說，就是好虛面子，增加發行，來冒充富有；其後果，必定是通貨膨脹，公私交受其困。」主管度支的官員，明知病民，却不敢駁回。又是江陵出面講話，說：人民方苦於嘉靖時所鑄緡錢貶值，如無故又增加發行，將使人民「訛言而奔。」神宗亦只好作罷。又如神宗最寵愛的太監孫海客用犯了法，神宗迫於母命，降勅貶爲小火者，發去孝陵種菜。江陵進諫，說：「孫海客用，姦邪不忠，論祖宗法度，宜正典刑，不宜止降小火者。司禮太監孫德秀、溫泰、兵仗局掌印周海，相與濟惡，當與同罪。」還要大小太監自陳。神宗還想庇護，江陵力諍，都受到了應得處分。……隨事敷陳，及時諫諍，是大臣的責任。皇帝雖裝做一副神的樣子，凜然不可犯，但皇帝畢究不是神；他的知識閱歷，甚至不及常人；他怎能不做錯事？如果當大臣的一味伺察顏色，揣摩心理，專說恭維討好的話，則「平居無犯顏敢諫之臣，臨難必無仗節死義之士。」(聊讓語）諍諫是大臣的責任；江陵以後的大臣，盡到這種責任麼？譬如礦稅，眞是毒痛天下，暴及白骨，是神宗中年所做的最大壞事；却未見執政大臣，有如江陵那樣犯顏直諫，不罷不止的。據說當時天下人都希望除去這項秕政，神宗亦有所聞；有一次，他生了病，特勅內閣下詔罷礦稅，希借以徼福而祛病。不料第二天病忽好轉，他又捨不得這大筆收入，忙命太監往內閣收回手勅，連續派遣了二十幾人，猶迫不及待，再命王義其人往取。王義稍明大義，勸他罷礦稅；他恨王義不附和他，竟然用刀刺王義，於是王義不得不去。這時首輔是沈一貫，王義見他已經繳還了手勅，非常憤慨！當他的面，噴了一口涎水，說：「相公稍持之，礦稅撤矣；何怯也？」像這樣無能的首輔，被太監唾罵，是應該的。同是一神宗，在江陵生前與死後，何以判若兩人？吾人應深思其故！

明王朝覆滅原因，認眞說來，只有四個字，「誤舉誤順」，皇帝誤舉，臣下誤順。又因爲皇帝威權太重，臣下捧得太過火。臣下都說皇帝是聖中之聖，於是他便自視爲神明，而視臣下如奴婢，如犬馬，如草芥。古代思想家，可能早想到了這一層，所以希望政制中，設三公四輔，地位在賓師之間，是臣僚，亦是朋友，有資格論思啓沃。皇帝多有幾個朋友，(應該有幾個朋友)見不到的事，想不通的事，有朋友從傍商討一番，便可以明白。設若滿眼都是奴婢，都只能唯唯諾諾，那便如同坐在漆缸中，所見所想，那能不誤。這種時候，唯一的補救希望，就在於負國之重的大臣，正色立朝，不阿諛希寵，及時進諫。正如江陵所說：「事有關係，宜以生死去就決之。」（答王西石書）死且不顧，遑恤其他。但這只可期之於非常人，不可以期之於庸衆。隆萬之間，國家由亂而治，由治而復亂，關鍵繫於江陵一人；這個時期的士大夫，特別是萬曆一代的朝臣，有何面目，訕謗江陵？

朱元璋子孫，本沒有一個好東西，朱翊鈞則集衆惡之大成；他幾乎比歷史上所有最壞的皇帝，更壞幾倍。我說這話，或以爲偏激，因爲思宗朱由檢，是被稱爲憤發有爲，而且是以身殉社稷的。思宗事蹟，具載明史，不必細說。我所同情的是他還不甚荒淫，而不幸作了代罪的羔羊；說他有爲，却不見得。李自成造反時，說：「獄囚累累，士無報禮之心；征斂重重，民有偕亡之痛。（檄文）君非甚暗，孤立而煬蔽恒多；臣盡行私，比黨而公忠絕少；賄通官府，朝端之威福日移；利擅宗紳，閭左之脂膏殆盡。……」（即位詔）這種黑暗情形，是神宗一手造成，原怪不着思宗。但思宗決不是大有爲之君，是毋庸置疑的。略舉事實，以實吾言：崇禎十七年間，易閣臣多至五十人，魚龍混雜，甚至用卜卦來決定取舍，是不知人。（閣臣就是宰相。「宋宰相自建隆至嘉祐，百四十年，凡五十人；明崇禎十七年間，命相亦五十人，可以觀治亂矣。」池北偶談）馭臣庶務以威重，動輒殺戮朝臣；「大臣多下獄，敗一方，即戮一將，隳一城，即殺一吏，至於罰無可罰。」即用威來迫使別人遷就他；是不能容人。（十七年間，易刑部十七人，殺總督七人、巡撫十三人之多，亦可見他剛愎自用。）能臣如袁崇煥輩，實心任事，有守有爲，而一聞謠喙，卽加誅戮；（據說滿人行間，京師巡捕營獲一木工，云崇煥有謀反意，卽下獄論死。）是不能信人。僉壬如李國楨輩，倡優之流，因其便佞，遽予重任，終於誤事；是不能遠小人。……

明史以外，有很多記載，稱贊思宗；說他「篤學博覽，朝夕不釋手；衣冠不正，不見內侍；坐不敢側，目不旁視；親覽章奏，鷄鳴而起，夜分不寐，往往焦勞成疾；膳饈減至百一；遇災異，卽齋戒修省。……」（以上見明季聞見錄，明季實錄、鄭達野史，啓楨野乘等。）這太難得了；但最多只能說是好人，却不能說是好皇帝。做皇帝，應立其大者，善推於其所爲。換言之，要懂得怎樣治理國家。如只是矜小節，重小行，見小遺大；只是裝模作樣；何補於艱虞？如其不殉社稷，不說「勿傷百姓」，則與神宗比，亦百步與五十步之差耳。

我無意於苛責思宗，只是說明他不知君道。他所面臨的是一個非常局面，卽是江陵所謂「沉痾積病已久，非痛懲之，不能挽也。……古人臨『大過』之時，當爲『大過』之事。」這種時候，就必須「大破常格，掃除廓淸，」予天下人以新的觀感，新的希望；然後才能鼓舞人心，收拾人心。起碼要將好人與壞人，做一番區分的工作，使社會知道怎樣是好人，怎樣是壞人，痛懲壞人，才能鼓勵好人。思宗已然知道他的部屬，「出任專爲身謀，居官有同貿易；阿堵違心，則敲扑任意，囊橐既富，則奸慝可容；勛戚不知厭足，縱貪橫於京畿；鄉宦滅棄維防，肆侵淩於閭里。……」（十年責臣詔）却不能鋤强戮凶，痛懲其弊。他握有比江陵大過萬倍的權力，却不知道運用權力，革新政治。結果是

「任大臣而不法，用小臣而不廉，言官首鼠而議不清，武將驕惰而功不奏。……」（十七年罪己詔）他臨到全面解體時，還在責備別人，說：「朕非亡國之君，諸臣皆亡國之臣。」這兩句話，如不是有意推卸責任，便是近於無知；他不知道「孰用此亡國之臣者，卽鑿然亡國之君也。」申言之，崇禎年間的文官武將，貪汚無能，是大家所公認的；有能而貪汚，尚且不可，又何況旣貪汚又無能呢？但整個國家，亦未必沒有正直有爲之士；不用正直有爲之士，而用貪汚無能之輩，又怎能怪罪別人？

嘉靖末年，比之崇禎初年，整個局勢，是大同小異的。所不同者，只是人民尚未揭竿而起，因而還可以粉飾承平，自欺欺人；而政治窳敗，則是完全相同的。江陵以一異姓羈旅之臣，能够轉危爲安，轉弱爲强，使「近古不賓之國，（指西藏）上世難馴之民，（指苗傜等族）煦沫承流，奉琛納贄。……」天下太平，幾於郅治。思宗君臨天下，則日坐愁城，一籌莫展；怎好說他是有爲之主？不過，話又須說回來，從來當皇帝的，不是甲級流氓，便是紈袴子弟；打開念五史，仔細計算一下：偏霸除外，單是所謂正統，經過幾百個皇帝，又幾曾見過多少好東西？他們的祖先，晉晉然得之，他們晉晉然失之；盈虛消長，理當如是，不須爲他們痛惜。明末幾十年大亂，人民死於刀兵水火的，以千萬計；（明季野史說張獻忠殺人六億；「明史因之。」若然，則單是流寇，至少殺了十億八億人；未免過誇。但自萬曆末年至淸雍正中年，死難人民，在兩千萬以上，應是事實。）那班小老百姓，終歲勤勞，納糧當差，供養皇帝，「尊之爲父，擬之爲天」，反而被皇帝害死，這是很可痛惜的！

二十三　是與非（上）

人世間，本無所謂聖人，卽孔夫子亦未嘗自以爲是聖人。凡自以爲是聖人者，必是妄人；盲目恭維別人爲聖人者，必是佞人。江陵一生，自視甚高，自信甚堅，他亦只把自己看成是磊落奇偉之士。既不是聖人，怎能說他全無過錯？不過，前人所指摘他的錯處，似乎都不能作爲定論，因爲都是根據官書；而明史之於江陵，貶纖芥之失，揜赫赫之功，故爲顚倒歪曲，是極明顯的。史家以愛憎爲褒貶，「舉之則使上天，按之則使入地；」此魏收之史，所以爲穢。我不敢說官修之史，都是穢史；但我對於明史有些地方，不能不持保留態度。

就江陵而言：他和一切歷史人物，有相同之處，亦必有不同之處；他生平施爲，有剛過乎中之處，亦必有不容已之處；史籍所載，有可信處，亦必有不可信處。我們裁量人物，應該先立一個是非標準，客觀的剖析事實，盡量使批判合理。理之所是，不能因爲劉臺如何說，便以爲非，理之所非；亦不能因爲江陵如何說，便以爲是。能够這樣看問題，可能較爲接近事實，而無偏叵。如只是抱着官書，踵事增華，附而益之，則官書具在，是非一定不變，又何貴於評判。

譬如「儼然以相自處」，這個罪名，楊繼盛劾嚴嵩時，亦曾說過；雖說「嚴嵩之惡，古今罕儷」，我們仍不能無疑。因爲世宗任察，朝堂多敵，嚴嵩心裏是明白的；並且他的性格鬼鬼祟祟，他不是强直自遂，而是孜孜爲利的人；他要的是美金，而不是相體。所以明史亦只說他「陰撓部權。」朱元璋於恢復宰相一事，懸爲厲禁，此卽劉臺所謂「祖宗之法。」亦卽所謂祖制，具有極高的尊嚴性，皇帝尙猶不敢違制。江陵是標榜遵守祖制的，他豈肯明知故犯？如其眞有專擅之心，以三朝舊臣，兩代帝師，位居元輔，同樣可以專擅，又何必冒大不韙，定要違制，而貽人以口實？

有人說：「專擅是由他越權侵官而來。大學士，一稱詞臣，只是五品小官，在體制上不算是大臣，只有六曹之長，才是大臣；國家政事，該由六部負責。如大學士管六部事，便是侵官；如六部聽命於大學士，便是弄權。」這在朱棣以前或更早，看來似乎是對的；過此，仍堅執其說，就近乎迂濶了。明朝正因爲學士銜列翰林，責重位輕，所以入閣之時，才兼部銜，乃至領三孤，以示禮重。就江陵來說：隆慶元年，他已然是禮部尙書兼大學士，不是五品小官。以內閣而言：「仁宗登極，內閣之權漸重，無異宰相之設；六部之權漸輕，凡事皆多稟受內閣風旨而後行。」(歷代職官表引雙溪雜記）是仁宗時代，內閣已然管六部事，相沿已久，並非江陵首開其例。就皇帝而言：永樂以後，政事專任大學士，而不任六曹之長；皇帝間出中旨，亦必經內閣，而下達六曹；是皇帝已然承認大學士地位，高於六曹之長。還有受遺輔政，不命六曹之長，而命大學士，是肯定了只有大學士，才可以居保衡之位。這都是事實，似乎不可以執一而論。

江陵在第一次乞休疏中，有「代王行政」一語，畧者或以爲於法無據，因爲穆宗遺詔，並未明白指定他代王行政；這個代字，顯然有毛病。但如這樣說，又近乎吹求，而不合理；因爲皇帝幼小，漫不省事，一切責成首輔，首輔代皇帝畫策，批答章奏，頒行制勅，「所理者皇帝之事，所言者皇帝之言；」事實上，是代皇帝辦事。因此，「代王行政」，不當解釋有僭越之意。神宗詔勅，亦嘗有：「垂拱受成」字樣，「代王行政」，很顯然是皇帝同意要他代的。既然受遺輔政，又經皇帝授權，怎可說是於法無據。

在江陵柄政時期，以撫按考成章奏，必送內閣一事，最爲引人注目，認爲是侵官弄權的把柄。其實是因只看了劉臺彈章，而未細察原委的關係。江陵對於六部職權，一直是很尊重的；在原疏中他已明言：「一送科臣註銷，一送內閣查考，有稽遲延擱者，該部舉之；各部有容隱欺蔽者，科臣舉之。」這很清楚的說明六曹主管的事，仍歸六曹處理，科臣主管的事，仍歸科臣處理；只有給事中不盡責，才由內閣檢舉；故曰：「六科有容隱欺蔽者，臣等舉之。」這是輔臣應盡的責任，而且是合法的。

我說合法，是有根據的。江陵的前任首輔是高拱，後任是張四維，他們兩人，都曾提出內閣與六部之間的問題。高拱奏疏說：「……內閣係看詳參奏之官，而章奏乃有不至內閣者；使該部不覆，則內閣全然不知，豈不失職？……一應章奏，俱發內閣看詳，庶事體歸一。」（春明夢餘錄）張四維說：「臣待罪政府，欲臣不預聞吏兵二部事，非制也。……」（明史魏允貞傳）此處所謂制，是法制，所謂職，是職掌或職權，職與制，都必經皇帝認可，所以說是合法的。

除了違制侵官與弄權而外，當以借考察排斥異己，最爲人所憎惡，亦最爲人所相信不疑；因爲從來當權的人，都是如此搞法，江陵握有權勢，豈能例外？但如細看，確有例外。萬曆六七年間，正是陵極盛時期，但人事權依然操在吏兵二部手上，不但任免，即考核亦不是首輔可以左右的；因為在明朝除權勢之外，還能稍講制度，和近代有不同之處。當然，制度亦因人而施，並不是絕對可信的；但無論如何，比無制度而由有權的人「以心裁輕重」，要好過百倍。

按明朝的考核制度，除吏兵二部以外，還有都察院，亦參與其事，（都察院「遇朝覲考察，同吏部司賢否黜陟。」——明史職官志）用意就在於防弊。江陵在請別忠奸疏中說：「……又謂『舊歲以星變考察，所挫抑者，半為不附宰臣之人；』此又大誣也。臣按舊規，每遇京官考察時，吏部都察院預行各衙門堂上官，開列應黜官員事跡，送部院會同考察；此時兵部尚書方逢時，奉命代管吏部事，一日持各衙門所開及本部司員所訪姓名事跡告臣；言：『據所開，則應黜者衆，奈何？』臣即語之曰：人才難得，況此乃非時考察，事起倉卒，恐一時廉訪未眞，或有虧枉；但取其罪狀顯著，人所共知者，量行黜降，足矣。故彼時考察，人數比之往年獨少；臣何嘗屬意部院，私黜一人？今逢時見在，皇上試一問之，可知也。今日某某被黜，以某某故，則各衙門所開，部官所訪查，豈盡皆臣指使之耶？即今禮部主事張程，乃今大學士馬自強，原任禮部尚書時所首開者，豈自強亦阿附臣意，而黜之耶？又如禮部郎中章禮，乃臣子業師，亦在開中，臣亦不敢以私庇之，竟從降調，況其餘乎？今自強見在，皇上試一問之，可知也。夫人之善惡，各以其類，兎死狐悲，情勢自然；若被黜者，一一求其所以得罪之故，捕風捉影，揑造流言，以掎齕當事之人，則將來司考察之柄者，將緘口斂臂，而不敢輕動一人，祖宗考察之典，幾於廢矣。」這是江陵被議以後的答辯，我們有理由相信不是文過飾非的誑言；因爲這一類章奏，照例要發科抄佈，是公開的；若是誑言，別人可以執爲把柄，說他有欺君之罪。

還有兩件小事，亦可作傍證。江陵小時應舉，受知於楚撫顧東橋，「稱爲神童，呼爲小友，解束帶贈之；出幼子相屬，說：『此荊州張秀才也，他日當樞要，汝可往見之，必念其爲故人子也。』因此，江陵感激知遇，畢生不忘；說：「正徽時厚幸，以有今日，皆顧公賜也。……追憶公語，不覺唏噓流涕！……」顧東橋幼子顧峻等，屢得江陵資助，思欲畀一位置，藉酬知己，而無以爲計。還虧吏部尙書楊博說：顧璘做過刑部尙書，按規定可請恩廕；這才循例申請，補予一廕。又大約萬曆四年前後陝西巡撫侯東萊的兒子，因犯違制馳驛罪，依法奪去了他的恩廕。侯東萊是一個能幹的疆臣，西北正有事，他又功多，爲此甚表不滿。江陵於人細過，常過眼便忘，於人功績，則記存在心，久而不忘；他要用人之才，却又無能爲助，只有空言慰藉，自再至三。一直到侯東萊別立軍功，才由兵部據例執奏，奉特旨復廕。這兩椿事，是現代有權勢者，授意秘書副官，打個電話，就可解決的。而江陵竟如此小心，如此費力。可見當時制度，還有拘束力，而黜陟獎懲，並不是一人可以包辦的。

至於所謂「六曹之長，逡巡請事如屬吏，章奏稱首輔，不敢斥其名。」這亦應分兩層講：萬曆年間，裕邸舊臣，只剩一江陵，六曹之長，除楊博等少數人外，沒有比他資格更老的。（因此皇帝亦稱先生，或稱元輔而不名。）楊博等以外，都算是後輩，江陵遇後輩稍有矜持，而近似倨傲，容或有之；那班後輩，因其資格老，名位高，加倍尊敬，亦人情之常；他未必眞以屬吏待六曹之長，別人亦未必甘於爲屬吏。試舉一例：當時的禮部尙書陸樹聲，是被稱爲重氣節的人，由江陵推薦，得爲六曹之長；「居正當國，以得樹聲爲重，用後進禮先謁之。……一日詣政府，見席稍偏，熟視不就坐，居正趣爲正席。」陸樹聲後來辭職，據說是因爲不同意江陵的政策；他臨走時，「居正就邸舍與別，問誰可代者，樹聲以士和薦，召士和代之。」（見明史陸樹聲萬士和傳）從此，可見江陵待同僚有禮，沒有什麼「如束濕」的事；亦可見他的政治風度。明人在這一方面，多所指摘，甚至將江陵形容成爲一個既專且橫的人物，原因在於很久以來，朝廷不講官常，不是以大馭小，以尊制卑；一個六七品的御史或給事中，可以面辱大學士；上下「交關行事」已成風氣，一旦有人「肅愼威儀」，講體制，便自然產生反抗現象。

明史又說江陵親近佞人，「好諛成風」，却未指出誰是佞人；故此處只略說「好諛」一事。這是因權勢而來；當時皇帝操予奪大權，可使人富貴，而江陵位居師保，是惟一能在皇帝面前講話的人。於是他便被奔競利祿者，視爲鑽營對象，但恐巴結不上；鷄鳴狗吠，且願爲之，何論空言恭維奉承。利祿有限，鑽刺的人多，少數得意者，以爲登龍有術，相公厚我；多數失意者，則說他「信任奸佞，好諛成風。」我亦不必說他絕不好諛，好諛亦是人之天性；難道世上有人喜歡別人咒罵他麼？但我決不承認江陵「好諛成風。」理由是他既聰明，又有傻氣。他聰明之處，是他早就知道奸佞的人，決不可靠。他說：「端人直士，葯石也，令色孔壬，美疢也；端直勁而難親，令壬柔而易狎。傾佞之人，未語而唯唯，未言而諾諾，使人志滿情逸，受其面諛。」他傻氣的地方，是他「學在師心，不蘄人知。」何以見得？你只看他凡遇講體面，鶩虛名，近乎矯飾的地方，他都不幹；譬如建坊建亭，刋行奏議，以及做生日，寫回憶錄，……可以博一時之譽的，他必定拒絕。在他的文集中，沒有一篇文章，是爲他自己傳名而寫的。至於官吏要阿諛奉承，那是官場傳統如此，他亦無法禁止的。譬如萬曆六年，他歸葬時，各地方官要出境迎接；十年，他在病中，兩京和各省大吏，要建醮祈禱；無非是那班趨炎附勢的祿蠹，要圖巴結。這在明朝，久已靡然成風。「望風應接，唯恐或後；剝下媚上，有同交易。」（皇明文衡鄒緝疏）天下有好諛人的人，乃有好諛的人；要官場無諛風，不瞎拍亂捧，除非士大夫人人重氣節，講廉恥。

凡事都可以有多方面看法，有些事，從局部看，以爲是的，但從整體看，則又不是的；從正面看以爲是的，但從反面或剖面看，則又不是的；從甲的立場看，以爲是的，但從乙或丙的立場看，則又不是的。所以我說要客觀的看問題，平情論問題，並須先有一個別是非，定善惡的標準，以之裁量人的賢愚不肖。如其沒有這個標準，便等於量物沒有權衡尺度，人得自爲長短輕重，則毀譽必然失實。以次試各舉一例：

萬曆三年，傅應禎上疏，要行寬大之政，他說：「小民一歲之入，僅足一歲，無餘力以償負也；近定輸不及額者，撫按聽糾，郡縣聽調，諸臣畏譴，督促倍嚴，致流離接踵，怨咨愁嘆。」這驟然看來，眞是藹然仁者之言。但田賦是國家主要收入，內安外攘，管教養衞，全靠這項收入，不收田賦，費將何出？況且事實上只是催征欠賦，並未於舊額之外，有所加派，而拖欠賦稅，又大半是豪右猾民；向土豪劣紳要正供，即使他們「怨咨愁嘆」，亦值不得同情。嘉隆之際，因爲皇帝奢靡浪費，又正在打仗，軍費浩繁，所以「庫藏空虛，可爲寒心！」結果只好加派。世宗「臥治」了幾十年，諸多失政，國家百廢待舉，連正供都不收，又如何維持那個政權？昔日桑弘羊用平準法，「民不益賦，而天下用饒」，我們還可以說他與民爭利；說他要官吏坐在街上做買賣，有失體面；說他是「聚歛之臣。」江陵只收正供，同樣做到了「民不加賦，而天下用饒」；如說他不對，然則執政者又該如何去爲國家辦事？這是說從局部看是對的，從整體看是不對的。

前面已略說明朝的言路，此處再略說「阻塞言路」；這包括在野的物議在內。先說言官：明人論言官，歸納爲「傾陷，紛更，苛刻，求勝」四大弊；並說：「掇其已往，揣彼未形，逐景循聲，爭相詬病，若市井喧鬧然。」（明史汪文輝傳）這可概見當時言路一種混亂光景，亦是造成「政多紛更，事無統紀」的原因。事無統紀，就必然凌亂無序；政多紛更，就必然舉措失宜。

次說物議：當時在野的人，一部份是「以富貴功名，鼓勵士夫夫，談虛論寂。」（明史張岳傳）一部份是「愛身而不愛道，徒爲自私自利之計。」（李卓吾語）他們在政治上反對功利主義；在學術思想上，要「道一風同」，否則便說你不是正統，說你「思想有問題。」後來形成一種反實權派，或說取消派，「內閣所是，外論必以爲非，內閣所非，外論必以爲是。」（王錫爵語）「端揆之地，遂爲抨擊之叢，而國事淆矣。」（明末之所以形成東林黨，就在於在野的清流，與在朝的言官爭勝。）

如說明朝大學士，只有一江陵是忠於職責的，則殊非實情；但江陵以外，都無多建樹，又是事實。江陵以外的大學士，其所以碌碌無取短長，而言路囂張，「處士橫議」，是大有關係的。「言事者裁量執政，執政者日與掎拄，水火薄射，以迄明亡。」(明史趙用賢等傳贊）江陵柄政，裁抑浮議，並且處分了一批年輕氣盛的言官，又禁止講學；從正面看，這是阻塞言路，是不對的。但從反面看，言論不納於正軌，執政者委曲遷就，因私廢公，却顧猶疑，不知所措。國家政事，大利大害之所在，有的時候，不得不專斷；「不專必不一，不斷必不成。」萬曆初政，能有如彼功績，與裁抑浮議，大有關係；因而從反面看，又是對的。

專就「阻塞言路」而言，亦可以有不同看法：江陵柄政時期，言官確有被譴的事，據此以裁量江陵，說他摧折正士，甚至說他剛愎自用，亦有理由；但這個理由，是不充分的，因爲還須將許多事實會通來看，才可判斷是非。就江陵本身而言：他似乎無意於阻塞言路；他的言論，可以爲證。他說：「言路之通塞，實天下治忽所關；我聖主有訓，凡天下利弊，許諸人直言無隱。……伏望皇上今後凡臣下有建白條陳，悉發下臣等看詳，有可採者，即望施行；或有妄言無當，不知忌諱者，乞俯賜包容，以倡敢言之氣。」他並指出世宗「雷霆之威不可干，神明之尊不可測，」是不應該的。（請宥言官疏）他對於言官言事獲譴，是表示反對的。他說：「科道乃朝廷耳目之官，職司糾正，必平日養其剛直之氣，寬其觸冒之誅，而後遇事敢言，無所畏避，四方利弊，乃得上聞。……今一聞直言，遂爾加罪，諫官皆懾於天威，不敢申救，人臣緘默苟容，恐非國家之福。」（請宥言官，以彰聖德疏）在致僚屬書中，他亦常提及建言問題；說：「積弊之餘，非破格整頓，恐不能濟；有當言者，宜即疏聞，僕當從中力贊之。（答粤撫書）執事前所建議，已次第覆允，明主何嘗不納忠言？誠有裨於實用，雖累千萬言，亦不爲多。」（答林雲源書）專看這些言論，我們亦可說他是古今當權者中之最能納言受善的。這兩種相反的看法，都有偏聽的毛病，所以還須考其實際，而求一折中的看法。實際問題是當時的士大夫，有一種空談無實的劣根性，往往捨本逐末，妄進浮言；這和抱實幹主義的張江陵，恰正相反。他們之間，本難相容；到了少數鋒頭主義者所言，足以淆惑聽聞的時候，江陵站在執政者的地位，勢不得不加以裁抑，如其不然，他就無法能領政；兩者之間，都不免有過火的地方。但對政治利弊而言：萬曆初年，「言路稍淸，大改常習，」是一種好現象；雖不能說言論都已納入正軌，至少不致衆說紛紜，徒亂人意，使執政的人，不能實心任事。

說到「以相自處」，亦可以有不同的看法：專從名色中吹求，明代官制中，沒有宰相這項名目，自以爲是宰相，是不對的。而黃宗羲却說：「論者駭然於居正之受，無人臣禮；夫居正之罪，正坐不能以師傅自待。」他的意思，自然不滿於江陵遷就神宗，乃至「交結」馮保；但主要的是他認爲專制政體，應該有一個負責而又嚴正的宰相。因此，說大學士不該以相自處，只該作皇帝機要秘書，又是不對的。這就是立場不同的原故。依我看來，無論怎麼說，都不應不顧實際，只講理論。明王朝政治實際問題，是皇帝權太大，而又多半昏憒，不知爲政；大學士以詞臣做宰相分內的事，名實不符，沒有法定的權力，不能起領專作用。「閣臣參與機務，今止票擬，而裁決歸於近習，輔臣失參贊之權，近習起干政之漸；自今章奏，請召大臣面決施行，衆議而公駁之，宰相得取善之名，內官免招權之謗。」這是霍韜上世宗疏，他是因爲皇帝沒有賦予大學士以應有權力，而爲此論。霍韜是最稱博學的人，他又何嘗不知朱元璋禁令的用意所在？此疏不但不諱言宰相，並希望予宰相以應有權力，那就因爲很久以來，皇帝已承認大學士就是宰相，事實上需要一個强有力的宰相。故無論江陵沒有「以相自處」，即使如此，亦不能算是違法；因爲是皇帝所許可，至少是他們所默認了的。至「交結」馮保，前已說過，此處只說「正坐不能以師傅自待。」譬如伊尹周公，是典型師傅，是能以輔弼自待的。但那亦只有在殷周，乃有可能；大族强宗，做了宰相，大權在握，君主尚不敢以臣禮待之，所以周書君奭有「言弗臣」之說。這種時候，不但可以堂堂做太師太傅，還可以將皇帝放之於桐，可以居攝，做假皇帝，代王行政。君權發展到明王朝，已是登峯造極，大臣見了皇帝，「變色失容，不敢仰視，」還談什麼君道臣道？江陵能够做到敬事而不阿諛，當諫時，陳善閉邪，當教時，盡心納誨，已盡了應盡職分。這亦因神宗幼小，孝定李后信任，他才得以盡其職責；如遇長君，不必定是朱元璋，即如世宗，亦未必能容他正色立朝。這些客觀事實，是不應該忽視的。

二十四 是與非（下）

我以爲評論江陵，應注意之點是：客觀情勢，需要如此，江陵是如此，卽或換一個人，亦必定如此，不如此，便是失職；在這一方面，如其無關大節，雖有小疵，亦是應當原諒的。反過來說：由於偏執，無識，或自私，不如此做，不爲失職，假使換一個人，必定不如此；在這一方面，有重大錯誤，——誤了國家的事，才是應該由他負責的。這樣看法，或較爲平實，而論事論人，似乎亦應該如此。孔夫子殺了少正卯，站在他司寇的地位，爲國除奸佞，是應該的；但如說殺人是野蠻行爲，人不應該殺人，亦言之成理；那就不免是非顚倒了

萬曆初年，閣權比較重，雖是事實，亦須分開來說：一層是孝定李后要江陵多負責任，（觀江陵奏疏，有「凡國家大事，皆欲臣爲之管領」語，可知。）正如英宗時，事無大小太皇太后都要請三楊參決一樣；江陵是惟一的顧命輔臣，分義所在，他不能推辭，亦不容他推辭。假使他在這種時候，見可知難，規避取巧，他就有負顧托，而爲眞正名教所不容。二層是鄉愿政治，相習成風，如當年宋朝一樣，「百司不肯任責，瑣屑皆決於朝省。」（宋史晏敦復傳）亦卽是層層級級的官員，都媮惰畏事，遇事不負責任。（宋人所謂朝省，朝有宰相，省有長官，事還好辦。明朝七卿各不相屬，事權不一，皇帝要將權力「合而收之禁密。」而他又只有十來歲，不能理事，這就成了大問題。）別人可以規

避，江陵則無可推諉，他遂不得不一肩負起重擔；愈是肯負責，愈加百責攸集，權力亦隨之而擴大。此外，正因神宗幼小，亦難免不有許多事，雖是皇帝太后主意，別人亦認定是江陵要攬權。

明清朝野人士，說江陵攬權的，似不出四類：一是怨者，怨恨江陵，又無所藉口，只好說他專擅。（劉臺就是如此）一是專務虛談的人，沒有責任感，不顧事實，故意吹求。一是對於盡責與專擅，根本分辨不清，誤認負責，就是攬權。另一種人，則只是窺察時尚，隨聲附和；——因為道學名人，都如此說。又不但在家靜坐悟禪的人如此說，連出世修性證果的人，也如此說；這儼然成為時尚，如同元祐黨人的子孫一般，非罵王安石，不足以顯示守舊之是，革新之非。據說道忞和尚見了滿清皇帝，也如此說。康熙皇帝還算有識；他說：「老和尚罪居正攬權，誤矣！彼時主少國疑，使居正不朝綱獨握，則道旁築室，誰秉其成？」

前已說過，在明朝，太監可以專擅，而大學士不能專擅，這不僅是因為朱王家家法，刻意嚴防大臣專擅，還因為文人政治，已經確立，官吏必用文人；而當時文人，正和從前游士一樣，毫無憑藉，稍有不僅，便被斥逐，乃至誅戮；所以大家都兢兢業業，避專擅之嫌。江陵當時為國家行法，奮厲無前，凜不可犯，亦是運用皇帝威權；雖由他作主張，而是以皇帝之命行之的。他在極盛時，亦即是「舉朝爭頌其功」的時候，他對於神宗，並不敢稍有恣肆之意，亦同樣是兢兢業業避專擅之嫌的。舉例來講：當時朝廷規定：四品以上官，在京察時，都須自陳，（自我檢討）他亦謹守職分，並未恃在師相，而有例外；必待神宗特勅允准，才免自陳。又如回籍葬父時，神宗要他隨時敷奏，這是因公，並且是皇帝命令，是可以差官馳驛的；但他仍循法定程序，奏請皇帝，「乞勑下兵部，給與勘合，以便差人齎奏。」……從這些小事，可以看出他不但沒有專擅行爲，並沒有專擅的意圖。

隆慶以至萬曆年間，要大刀濶斧，革除積弊，無疑的是出於江陵的主張；萬曆年間，一切謗言，皆所不恤，來貫澈主張的亦是他。但這不能視爲專擅，因爲他無一事不曾請命皇帝。更客觀一點看：當時局面，正是朝廷無法紀，官吏不守法，人民不畏法的時候；要談德治，必須先使舉國上下，皆能守法，「法行而後知恩。」如果不用嚴刑峻法，禁邪制欲，睜眼讓人民犯法，再從而刑之，便是罔民；「焉有仁人在位，罔民而可爲也？」（孟子滕文公）

以上是說環境如此，卽不是江陵，別人際會操柄，如其不是鄉愿，亦必定如此做；不如此，便「無以逭負國之罪。」因亦同樣要叢謗招怨。現說可以不如此，不如此，亦不爲失職，而江陵必欲如此，至不惜破家沉族，猛力去做；這是應該由他自己負責的。在這一方面，只能說他志量太高，嫉惡太過，圖功太猛，絕俗太甚。（當然，他也好名；但好名不能算是錯。昔人說：「三代以下，惟恐不好名。……好不朽之名者，能讓千乘。……」江陵所好的正是不朽之名，怎能說他錯呢？）惟其如此，所以他操柄以後，不肯一刻放鬆，事事精審，求其允當；在過於求好的心情下，自亦不免過於倔强與自信。現代的政治家，需要有此種精神，但在從前，有一於此，往往足以招致禍敗。王荆公說：「君子與小人並處，其勢必不勝，君子不勝，則奉身而退，樂道無悶；小人不勝，則交結構扇，千岐萬轍，必勝而後已。」明朝中葉以後，正是「君子道消，小人道長」的時候，江陵不能奉身而退，沒有及身遇禍，已屬幸事！

譚嗣同說：「二千年來之政，秦政也，皆大盜也；二千年來之學，荀學也，皆鄉愿也；惟大盜利用鄉愿，惟鄉愿工媚大盜。」（仁書）易言之，幾千年來所謂君臣，所謂朝廷，多數時候，只是上下打夥，成一大騙局，愚弄百姓，欺罔天下，以遂其私慾。江陵却一心要使君爲堯舜之君，臣爲堯舜之臣，這是一種很高的理想，然而是不切實際的。無論古代未必眞有堯舜；即或有之，而冥頑不靈如神宗，如何可使之爲堯舜？又即或神宗孺子可教，憑着自己朝夕納誨，使其免於爲大盜；而朝臣都是鄉愿，一傳衆咻，有何益處？江陵不悟此理，責難於君，致使他與神宗之間，潛存着一種矛盾，一經挑撥，故神宗不以爲德，反以爲仇。

在家天下時代，皇帝和人民利益，基本上是處於矛盾地位：「敲剝天下之骨髓，離散天下之子女，以奉我一人之淫樂，視爲當然。」（黃宗羲語）因此，剝下媚上，使皇帝滿足，人民就沒有好日子過；損上益下，讓人民能過比較好的日子，皇帝就必定要受拘束。江陵不瞭解這個基本矛盾，以爲行仁政就必要損上益下，節用愛民。因此，他力持節儉，不許皇帝浪費；還要皇帝「躬持儉約，以身爲天下先。」他自以爲這就是盡忠心於帝室，而不知他已和皇帝之間，潛存着另一矛盾。一旦神宗長大，知道天下是屬於他家的，他認爲江陵剝奪了他的權利；於是十年啓沃之功，隳於一旦。

有皇帝，就會有許多特權階級，自宗藩、貴戚，……以至學霸，他們和人民，更處於矛盾的尖端。各王朝容許這些特權階級，剝削魚肉人民，就正因爲他們的利害，是一致的。他們口口聲聲擁護皇帝，就是利用皇帝作護符，以保持小特權；皇帝時時刻刻照顧他們，就是利用他們作工具，以保持大特權；統而言之，打夥求財而已。在江陵看來，天生民，而置之君，不是爲君，而是爲民；古人不說過，「民爲貴。社稷次之，君爲輕」麽？（孟子盡心篇）於是，他力主强公室，杜私門，察疾苦，安民生，不惜以鐵腕壓平不平；使得「貴戚巨璫，俯首帖耳，而不敢肆。」貴戚巨璫，尙不敢放肆，土豪劣紳，自然早已銷聲匿跡。他只知道爲政當如此，而不知道敝政與新政亦是矛盾；他的政策愈成功，這個矛盾，便愈益擴大。

自萬曆元年開始的全面人事整理，特別是振紀綱，覈吏治，令出必行，月考歲稽，內而文武百司，外而撫按守令，重則罷黜，輕則責斥，一時聽調，聽勘，聽參的人，不可勝計。這種雷厲風行的作法，固然是矯正積弊，挽回頽風，所不可少的手段；不然，又何以能於短短數年之中，使「天下無不奉法之吏？」但這必須出之於皇帝，則可。而今是大學士代王行政，即使一秉虛公，絕無偏私，人情亦不能無怨。江陵愚忠，甘於「君當其善，臣當其怨」，於是遂爲怨府。

明王朝的腐化勢力，自貴族以至學霸，他們迫害人民，爲時最久，亦最普遍。這個毒瘤之所以能在我國社會生根，歷幾千年而不能醫治，即使改朝換代，依然肆其毒燄，爲害社會，基本原因，在於教育不能普及；其次就是政治黑暗。要知道明朝腐化勢力之罪惡，只看看二十二史劄記「鄉宦虐民」與消夏閒記「紳衿之橫」兩書，便可知道。江陵生性剛烈，出身平民，他同情被壓迫的人民，自不免痛恨惡人。他柄政後，力主法施一概之平，痛懲惡人，原沒有錯；錯是錯在他嫉惡太過，除惡禁暴，直以身任之。例如黔國公沐朝弼犯了法，「素驕，事母嫂不如禮，奪兄田宅，匿罪人。……撫按交章言狀，並發其通番諸不法事，法當逮，而朝議難之。」（其實他的罪狀，還不止此；他還「謀害親子，擅殺無辜。」）爲何犯了法，而又不敢逮捕？那就因爲沐家是勛臣，與朱王家更有特殊關係，（沐英是朱元璋的乾兒，所謂「吾家子」，在大殺功臣時，才未被芟夷。從來乾兒義子，在政治上極有作用，不可小看。）亦即所謂貴近，誰敢惹動？但江陵嫉惡如仇，他不是說過「法所當加，貴近不宥」麼？於是「居正擢用其子，（張嗣修）馳往縛之，不敢動；既至，請貸其死，錮之南京。」（據明史）雖說是爲國家行法，然亦未免太過。他似乎不知道法的尊嚴，是靠人來維持的，貴近們一時頫首奉約束，是因有他攝持其間；一旦朝中無正人，便會死灰復燃。

說到絕俗太甚，和他才氣太大，痛恨惡人，是大有關係的。因其才氣大，便看不起俗人；因其嫉惡深，便更看不起壞人。「朝堂接受公謁，私宅不見一客；……非公事，不通私書；……交際常禮，一概屏絕；……內無瑣瑣姻婭之私，門無交關請謁之釁；……於人無一私語；……不以言徇物，以色假人。……」更加上「朝堂倨見九卿。」這種作風，一面是使他自己孤立起來，難於得到別人的助力；一面是使上下之情，無由得通。因此，易於使人懷威，而不易於使人感德。

以上幾點，如換一個人，必定不如此，所以我說應當由江陵自己負責。但這不能視爲是江陵的罪過，他生逢亂世，慷慨欲樹功名，以濟天下之窮；他不能齷齪循默，同俗自媚，爲庸妄兩售之地。前引譚嗣同仁書一段話，他所謂荀學，就是「崇其美，揚其善，違其惡，隱其敗，言其所長，不言其所短。（荀子臣道篇）好同之，援賢博施，除怨而無妨害人。……如是，則有寵必榮，失寵則必無罪。（仲尼篇）亦就是所謂「善處重任，而無後患」之術。江陵讀書甚多，不會不知道這種鄉愿之學；如他甘於做鄉愿，他就不會蒙流俗之謗，甚至可以被流俗譽之爲有明第一賢臣；因爲他的聰明才智，比三楊爲高，而又握有權力，他做來一定更爲漂亮俐落。呂坤不是說過麼？「設使先生避艱險，計身家，藉一人殊眷，結四海歡心，國家威福，儘足以供之，其誰不悅？卽不然，優遊暇逸，循敝轍，守陋規，上下習而安之，其誰生怨？」以國家名器金錢，隨便送人情，不管什麼綱紀法度，不顧人民死活，不講廉恥，抱着混與騙的態度，遇事隨和，與世無忤，自然皆大歡喜。但呂坤最後說：「而先生不爲也。」我應補充的是江陵不是不知而不爲，是明知而不屑爲。

此外，清季的人，對於江陵所爲批評，雖多數是屬於善意的，而衡情度理，亦頗有難於苟同者。譬如朱琦說：「江陵之過，在於功成而不知止。」這是悲其不幸，無可奈何，所謂「以其爲賢者故責之」的說法。江陵不是避世主義者，他有用世之心，還多少有一些英雄思想；但他決不是老死而不知止的人。他早已察覺到權勢背後，隱藏有危機；所以屢次說：「高位不可久竊，大權不可久居。……天道忌盈，理宜退休。……惴惴之心，無一日不如臨深谷。……頃者乞休，實揣虞慮分，萬非得已！……自量甚審，不揣分於知足，將速咎於顚隮。……」

讀史的人，但知江陵「朝堂倨見九卿。」但知他「儼然以相自處。」但知他「功高震主。」却沒有想想他所處的是何種環境。明王朝自朱元璋所傳下的一種高壓政策，——以威福刼持臣下，一直到亡國，並未放寬一分。（只看明思宗的威嚴可知）儘管神宗是童騃，依然是「雷霆之威不可測，」因為威柄依然操在他的手上。首輔位置，名義上，僅次於皇帝；而在皇帝眼下，亦不過是家奴，生殺予奪，隨其所欲。（只看高拱被逐，毫不費力，可知。）他們要首輔為他們治理國家，却並未以輔弼相待。而且他們並不知該怎樣治理國家的事；眞是無法與之計利害，論得失，謀深慮遠。他們只知孫權，以為大權在握，天下人都怕他們，便可以平治天下。……處在這種環境下，如是鄉愿，是政治騙子，只顧做官，是容易生存的；因為只要打主意博得皇帝歡心，便無往而不利。如是一個有志量的孤臣孽子，則是十分難處的。江陵表面沉毅淵重，毫無怨尤，而他的內心，則是非常煩苦的。在雜著中，他論臣道，有這樣幾句話：「……剛傲無禮，好氣凌上，使人主積不能堪，殺身之禍，實其自取。以伯鯀之才，惟傲狠方命，雖舜之至德，亦不能容，況漢宣乎？」因此，他以為愈是功高，愈要執卑自牧，將美名歸之於皇上。但最後他仍不能不透露他的煩苦，而感慨系之的說：「是道也，事明主易，事中主難；事長君易，事幼君難！」

萬曆四年，江陵乞休，尙可說出於忿激，亦可以說是嘗試。自六年起，他已有急流勇退之意，他請增加閣臣，並勸神宗不要專任一人，顯然是在作引退準備。八年乞休歸政，更是具有決心的，因為大政已次第完成，神宗已能親政，他已盡受遺輔政之責，這是時機；可惜終於沒有如願！這是由於他的成就與威望，繼長增高，在政治上攝持作用，越來越大，因而愈陷愈深。當時的特權階級，「俛首帖耳，而不敢肆；」異族為之懾服；（邊境有事，常憑他一紙書函，或寄片語，便可息爭。）甚至各種要政，亦須借重他的威望，始得遂行無礙。這種形勢，困着了他自己。萬曆六年，閣臣增至五人，而皇帝心目中，只知有元輔，只覺惟元輔可以負重，「庸庸者固不足寄。」他無法適可而止，與其說是神宗倚賴太過，毋寧說是他作繭自縛。

萬曆初年，「主少國疑，綱紀倒植，人有玩心」，他是應當固握其柄的；否則朝政更加紊亂，內憂外患，更加嚴重，對他來說，便是失職。昔人所謂：「國者重任也，不以積持之，則不立。」（荀子王霸篇）但到萬曆四五年以後，他已憑他的卓識，毅力，和鐵腕，挽回頹勢，他已可以稍稍放鬆，他却沒有放鬆。這可能因爲他責任心太重，他所造成的一種形勢，遽難改變的原故。但當他決然引退的時候，他還說：「僕在此一日，必爲國家肩一日之事；」似乎根本沒有考慮培植替手，使人可以爲繼，這是很難理解的。因此，政治重心始終繫於他一人，臨到病危，還須「伏枕措畫天下事。」（曾國藩說：「辦大事者，以多選替手爲第一義。」此言極有見地。）到他死後，後任首輔，不論是張四維或申時行，都因爲平時沒有養成一種政治聲望，力薄而任重，失去了攝持作用，遂不得婀娜逢源，隨俗俯仰，以求保持自己之地位。於是一時邪說蠭起，「若市井喧鬧然。」江陵所爲碩畫宏規之所以迅速毀壞，閣部之所以勢如水火，言路之所以日尋干戈，以及神宗之所以無視輔臣，恣所欲爲，皆肇因於此。另一方面，政治上，凡是使用壓力過重，都會產生一種反抗力；這種反抗力，不一定都由於恩怨，而大半是起於士大夫不樂於檢束；因而連帶的反對江陵獨佔了政治權力。假設江陵在萬曆六七年後，稍稍放鬆，在人事上，有較好安排，後果是會大不相同的。

還有人說江陵有機心，亦卽是說他講智謀，用權術，待人接物，有欠坦誠處。這亦是見智見仁，各有不同。我以爲與其說他有機心，不如說他有傻氣；政治上，凡有機心的人，無不將個人利害，放在國家利害前面，卽誤國亦所不恤，決不做損人而不利己的事。江陵對於明王朝，感激圖報，至於「不復計身爲己有」，並且「願以身以蓐薦，使人寢處其上」，這分明是傻氣。退一步講，閉門談禪，靜坐悟道的人，不可有機心；而實際負責的政治家，却不可無機心。政治永遠是一種鬬爭，——思想、政見、黨派、權力之爭，不能一刻休止，如何可以全無機心？全不講謀略智術？我們甚至可以說要談政治，就必須要運用最高的智謀術數，才能達成政治任務。執政的人，能够「行權以正，用智以理，」卽使偶有過擧，亦無關於品德。因爲政治本是只能使多數人各得其情，各遂其欲，而無法使所有的人之情與欲，都一於道義的。就江陵而言：只要他心出於爲國爲民，不是爲一人一家，縱有機心，亦未可厚非。

總說起來，江陵一生，值得或說應當指摘的地方，實在不多，尤其在大的方面，他並沒有錯。我無意於爲江陵作辯護人，我只覺得裁量江陵，應當依據事實，依據一種客觀的標準；不可忽略事實，更不可以己所不能，而苛責於人。孔夫子說：「大德不踰閑，小德出入可也。」我們且談談大德：江陵是人臣，首先該問他事君謀國忠或不忠？（此處所謂忠，是大忠公忠，忠於所職，忠於所守，不是婀媕婞直的假忠小忠。）其次，他是士大夫階級，士大夫該重節操，該問他平生踐履如何？再次，他是首輔，負實際的行政責任，該問他有無政績？假使這三椿事，算得是標準，則我可以肯定的說：江陵是合乎標準的。自萬曆十一年起，議論、抨擊江陵的人，總算得是無微不至了！但沒有一人，能舉出任何具體事實，能證實他謀國事君，有不忠之處。他甘於身爲怨府，大公無私，爲國家立法行政；甘於事一婦人童騃如神明，謹守臣節，使「君當其善」，己當其惡；……怎能說他不忠？他在賄賂公行的時代，握有權勢，不必敲詐，別人會將美鈔股票送上門來；而他砥礪廉隅，歸潔其身。他在黨派橫行，各爲其私的時代，不營私，不植黨，不援引私昵！他在上下淫靡，只圖享樂，競相混騙的時代，獨「勞身苦志，以振世之急。」他的踐履，還不够標準麼？

講到政績，或說功業，這亦是很難論定的。因爲我國讀書人，理想太高，必須是「堯天舜日」，始爲盛治。以王荆公之通達，尙說：「每事當法堯舜，唐太宗所知不遠，所爲不盡合法度。」又何況道學先生？但如踏實的說，政治能做到「中外乂安，吏治廉勤，民生康阜，風俗淳樸，」已盡其最大之能事；又何況只有短短十年功夫，談何容易？如再比較一下：萬曆四十八年間，閣臣凡廿人；江陵以後，柄政最久的，有葉向高八年，王錫爵十年，趙志皐十一年，沈一貫十二年，申時行十四年；他們都當過首輔，他們對於國家貢獻，比江陵又何如？

萬曆初年，江陵柄政，因其圖功太猛，或不免於嚴急，亦是環境使然。試想嘉靖隆慶年間的朝廷情形，吏治情形，社會情形，人民生活情形，眞是如水益深，火益熱；不爲嚴刑峻法，先做一番掃除廓淸工作，除去少數壞人，以安天下好人，將如何措手？我亦相信書本上的王道政治，是一種好政治；但由亂世而承平、而小康、以至昇平，不是一蹴可幾的，必須要經過一定歷程。孔夫子論政，不先說「道之以德，齊之以禮」，而先說「道之以政，齊之以刑」；那就因爲孔夫子懂得爲政要因時因地，急其所當急；不能撇開實際，而空談理論。

有關於江陵一生踐履，前已詳說。此處只說一事，就是江陵是政治家，不是什麼師表儒宗；他的目的，是要治國安民，是爲淑世，不是爲淑身。政治是最實際的，不能不講利害；爲了多數人，有時不得不犧牲少數人。政治又是多方面的，因而達成目的底手段，應該是亦必須是多方面的。所以昔人說：「行大事者，不拘小節。」我國古代兩個典型的宰相，都有過非常之舉，伊尹作阿衡，「放太甲於桐，」是宰相趕走了皇帝；周公惡流言，誅管蔡，是聖人殘殺了自己的弟兄；孔孟不以伊尹爲不忠，周公爲不義，是因其基於正當目的，不得已而爲之，故能推量其心迹。這並不是說作爲政治家，就不應重小節；而是說政治要講利害，不能專重小節，而置大利大害於不顧。我們從前只因太過於重小節，所以只能產生鄉愿，而不能產生政治家。仲長統說：「中世之選三公也，務於淸慤謹愼，循常習固者；是婦人之檢柙，鄉曲之常人，惡足以居斯位。」（昌言法誡篇）三公是執政的人，要他「娖娖廉謹」，如婦人女子一般，或者只會九十度鞠躬，他還能作出什麼？我以爲這是應由皇帝和社會主持名教的人，共同負責的；皇帝利在這種循常習固，不務進取，唯唯諾諾，惟命是從的人；社會獎勵這種淸慤謹愼，務矜細行，庸庸碌碌，安身取譽的人；於是這種人反被認爲是一等好人，只要有一善足稱——即使是微末而不足道的事，亦終身借之以爲資。一旦被羼入名賢傳，不是賢臣，便是純臣。但考其行事，又無非是細行小節，與國家人民，絕不相干。談政治人物，應該注重他的名節，更應該注重他的事功。

論江陵功過是非，各人觀點不同，岐見在所難免；如其眞有錯處，亦大可不必爲賢者諱，只要說得公平有理。非常遺憾的是寫明史的人，不但不公平，而且很笨拙；羅織、栽誣、穿鑿、附會的痕迹，隨處可見。他們幾乎忘了他們是史家，而直將本身投入是非漩渦。又自爲矛盾，謬誤百出；這是很可鄙的。

我在這裏，試舉幾個明顯的例子：御史不得報軍功，規定在前；劉臺報軍功，不曰違制，而曰「誤奏」。江陵具疏請免廷杖，不曰論救，而曰「陽具疏救之。」（當時神宗詔書還說：「這等讒狠奸人，卿還申救他。……姑准從寬。怎可說陽具疏？）此其一。奪情一事，江陵屢疏陳情，神宗屢勅強留，奏疏勅令具在，（「乃臣請之彌哀，而皇上留之愈固。」）俱不提及；但說「李幼孜媚居正，倡奪情議，居正惑之。」此其二。萬曆初政，凡被罷斥官吏，已爲立傳者，皆歸咎於江陵，不曰「忤居正意，爲居正所忌；」必曰「因觸怒居正，失居正意。」此其三。朝臣言事忤旨受廷杖，自朱元璋始；萬曆以前，立斃杖下者，不可勝計。艾穆趙用賢等言事獲譴，必曰「居正謀於馮保廷杖之。」此其四。（不知何人親見他謀於馮保？）江陵善於用人，無可否認；而必曰「以『智術』馭下，人多樂爲之盡。」此其五。兩宮議尊號，江陵分明上疏，引憲宗天順八年例：說：「今日事體，正爲相同，嫡母特加二字，則尊尊親親之別。」故爲無覩。但說：「（馮）保欲媚帝生母李貴妃，風居正，居正不敢違。」此其六。江陵本傳，已說：「帝內任（馮）保，大柄悉以委居正。」而其他如魏允貞等傳，則又直指爲「竊柄。」此其七。俺答封貢爲一大事，江陵「以身任之」，本傳不載；他傳只說：「（高）拱主封，居正亦贊之。」而獨於張四維傳說：「封貢議起，朝議持不決，四維爲交關於拱，款事遂成。」此其八。江陵之所建樹，不但本傳略而不詳，即食貨河渠諸志，亦無一語言江陵功。此其九。萬曆天啓年間朝野評論，比較公允；又信而有徵者，如王世貞首輔傳等書，（王與江陵同年舉進士，官刑部尙書，所言當有根據。）俱不採信；而獨於里巷傳聞，（如王國等傳所云）怨者讕言，（如高拱之病榻遺言）則反而信之不疑。此其十。……

既然已略舉例，不妨再分析一下，看看寫歷史的人，是患的什麼病症？仍先從人事說起：王國傳說：「九年京察，盡除異己。（王國其人，亦是「搏擊善類，鑿倖孔以生厲階」的貨色。）盡除異己以後，便當是大批引用私人，（明王朝此時內外正額官，當在二萬人以上，只京官就有二千餘人。）將忘八混蛋，一齊安揷在政府。楊巍又說：「京察非祖制，羣情不服。」有成羣的人不服，所援引私人，又必非少數。但遍查傳記，衆所指爲江陵門客或私人者，止有一王篆，其餘都未能指出姓名；如所援引者，都是私暱，豈能不知姓名？又豈能不擧實以證？這是浮誇。（王篆明史無傳，但亦是科第出身，循資而官至侍郎。）

尤可笑的，是一羣因貪汚無能而被罷斥的人，都委罪江陵，藉以遮羞。例如王時槐傳說：「張居正當國，以京察罷歸。」京察是制度，國家用人，豈能不行考察？與江陵何干？又如鄧元錫傳說：劉元卿隆慶五年「會試對策，極陳時弊，張居正聞而大怒，令所司申斥，且令人詗之。」隆慶五年，江陵猶未柄政，何故要大怒？又何故要派人跟蹤追查？這是附會。（按鄧元錫曾著明書，爲史家採用。）

遼王憲㸅被廢於隆慶二年，而洪朝選則死於萬曆八年，如江陵恨他未坐憲㸅反罪，要陷害他，何以要待十二年之久？且耿楚侗曾任閩撫，他和江陵很投契，又何以不謀之於耿，而謀之於勞堪？洪朝選如無重大不法行爲，一同安知縣，又豈敢擅行逮捕在籍侍郎？勞堪又何致「飛章奏之？」萬曆十二年，勞堪無端被謫戍，是因其被目爲「張黨」；因勞之被謫，而牽到洪之瘐死，再牽到廢遼案，這很明顯的是要爲「誣衊親藩」，製造證據。這是羅織。

江陵籍沒，經酷吏洗刼，已說「盡發諸子弟藏，」所得不過十萬銀。而王國傳又說：「居正死，（馮）保令徐爵索其家，黃金三萬，白金十萬，居正子簡修躬賫至保邸。」無論江陵淸介，無許多黃白金；藉曰有之，其家人亦無無端以其家家產之大半與保之理。更應知道江陵雖死，初無得罪迹象，迨後被誣奪謚，馮保寵眷已衰，（江陵奪謚，在十一年三月，馮保被謫，在十年十二月。）絕無敲詐之可能。這是栽誣。

高拱與馮保恩怨，始末緣由，俱詳兩人本傳；還說：「拱既去，保憾未釋，復搆王大臣獄，欲連及拱。」而別傳又信口開河，牽引到江陵；如楊博傳則說：「其後張居正逐拱，將周納其罪。」葛守禮傳又說：「張居正欲以王大臣事，搆陷拱。」人世間只有一個張居正，因亦只應有一個是或非。主張將王大臣交法司審訊，「戮止一人，餘無所問」的，既是張居正，（諒他人無此躭待；謀刺皇帝，是大逆案，可以與大獄的。）又怎能說他要搆陷高拱？這是穿鑿。

江陵一生功績，不爲不豐碩，則故意抹煞之；偶或提及，亦只淡筆掠過，而措詞遣字，猶不免故爲尖刻，厲貶於褒。卽如款降案，江陵自始策劃，以迄成功，只和王崇古函商，往復無慮數十次。當衆說紛紜，朝議持不決時，江陵「獨詣文華殿，舉成祖封和寧、太平、賢義三王故事，上意乃決。」(此據周聖楷張傳；證以王崇古傳「閣臣面請，乃詔封俺答」數語，則周傳宜可信。）這段公案，載在封貢紀事本末，亦不採信；但說「居正亦贊之；」故掩其功。這是娼嫉。

還有「誣陷遼王」事，竟以莫須有故入人罪，赫然載於江陵本傳；乾隆年間，張同奎上六部帖辨誣，衆認爲架空荒謬，始爲刪除。而遼王孫瑋等傳，猶赫然盡載此類，「荒謬架空」之詞。如以爲是，便當盡行刪除；如以爲非，卽本傳亦不當刪。像這一類矛盾的記載，在明史上亦是很多的。

昔人說：「功過相除；——士有大功，則掩小過。」而寫史的人，對於江陵，則是務求小過，而掩大功，却「又無所誣衊，」則揣曖昧之言，肆鈎距之術，必按之使其入地而後快。這是明明白白，走魏收老路。這種官書，怎能正是非，昭鑒誡？又怎可使人信服？官書既不可信，則援官書以訾議江陵者，亦不過逐景循聲，爲附會之說，曷足以言是非？

明史成於淸代人之手，事隔百餘年，談不上恩怨，又何故要顚倒是非，厚誣江陵？依我想來，不出數因：第一、是僞道學作祟。當時主持修官書的人，大都是理學健將，在他們觀念意識中，江陵「竊權擅政」；曾經「毁天下書院，禁止講學」；父死「不」奔喪遜位；又「勾結」馮保，「計傾」高拱；斥逐言官，摧折「正士」；這明明白白是名敎「罪人」。他們是以維護名敎自任的人，豈肯饒恕江陵？

第二、不論明史稿出於一家之言，或成於衆人之手，其挾有偏私，斷無可疑。他們所據以編成史稿的原始資料，又可能是那班「挾私以快其報復，徇聲而務爲深文」的人，偸天換日，做了手脚的。例如明史黃鳳翔傳，說：「居正奪情，杖諸諫者，鳳翔不平，編纂章奏，盡載諸諫書」；就是一個證據。旣然如此，後人斷案，只見原告振振有詞，不見被告片言答辯，這場官司，如何不敗訴？黃鳳翔只是不平，尙且利用職務上便利，以揜善而揚惡；其銜恨江陵者，又當如何？

第三、從來論人者，已習慣於以成敗論是非；「高皇帝隆準而龍顏，寬仁愛人，常有大度。……」至於項羽？「自矜攻伐，奮其私智，而不師古。」殊不知沒有項羽「力征經營天下。」怎會有個流氓似的高皇帝？在世俗心目中，江陵是失敗者，於是都覺得「堯舜不勝其美，桀紂不勝其惡。」在這種風氣下，就只有成敗，沒有是非。

第四、歷史是應景的官書，寫書的人，是混差事；「官修之史，倉卒成於衆人，猶招市人，與謀室中之事。」（萬季野爲此語，必有所見而云然。）他們的原則：是只求無背於體例，無背於敎條，何暇爲江陵計，亦何必爲江陵地？於是堂堂正史，因「顧忌廻曲」，而失其眞。

第五、淸流與濁流的人品之爭，愈到晚明，愈爲激烈；而居言路者，皆目爲淸流，所爲議論，皆稱爲淸議，亦不必問其是非曲直。於是「冒險釣奇」，以邪說相競者日多；如吳中行，趙用賢被譴之後，便立刻「直聲震天下」，天下人「並稱吳趙。」寫歷史的人，震於直臣之名，更以淸流自況，於是褒毫髮爲巨大，視直臣如聖人。（是眞直臣，原也應該。）卽使不肖如劉臺，除一彈章，別無可述，亦必爲之立傳；其餘自余懋學，傅應禎以次，在萬曆初年，言事得罪者，亦無不有傳；所傳者，皆攻江陵之事，所言者，皆怨江陵之言；積毀足以銷骨，江陵安得有完膚？

第六、晚明的人，最喜寫「紀事雜書」，一般目爲野史，齊東野語，閭巷無根之言，往往筆之於書。（「明季野史，不下千種。」謝全山語）萬曆十一二年，江陵被奪謚抄家，這很可能被社會看作是重大新聞，茶餘酒後，資爲談助；言官竟有據此以追論江陵的。（如所謂歸葬其父時，十步一灶，五步一井；堂中挂禪讓圖；其家只胡椒一項，多至八百石之類讕言，亦竟見於章奏。）怨者務爲造謠，言者務爲騰謗，蜚語流言，以訛傳訛。迨至清初，文獻檔籍多散佚，「所聞異詞，所傳聞異詞。」於是正史所載，有超出事理人情之外者。

官修史書，列傳常佔重要地位，要知一個人的得失成敗，亦必須讀列傳。可是，我們如只看明史江陵本傳，我們便無從知道他對國家有偌大貢獻，甚至看不出他和當時一般鄉愿，有何顯著的不同之處。這樣一個偉大人物，在萬曆年間，掀天揭地，旋乾轉坤，他不應在歷史上佔一個重要地位麼？按明史編纂經過：當時參與其事的，據說都是以博學宏詞，被薦入翰林的好手，難道他們對於一個相去不遠的張江陵，都不知道麼？自康熙十八年開局修史，直到雍正元年完成史稿，歷時四十餘年，只總纂官就經過了七人之多；（據十駕齋養新錄）我們能說它和元史一樣，是倉卒成書，不及細考麼？然則又何以有許多地方，顚倒恍惚，乃至自爲矛盾？一言以蔽之曰：僞道學作祟。（當時任總纂官的如湯弑徐乾學之流，非僞道學而何？）

前人都認定明史稿爲王鴻緒所獨力編成；一說康熙五十三年的列傳稿，是出於他一人之手。但依我看，並不可信；這不只是因爲內容不像一人手筆，而且王鴻緒以前，開館已久，前任六個總纂，不應該都是只拿錢而不做事的。很可能是所招市人，先七手八脚，忽亂找了些資料，而到王鴻緒手上，才整理完成。如其眞是成於一人之手，則王鴻緒當獨尸其咎。至少，他沒有善盡其責任。以史料而言：江陵的奏議書牘，總比別人的家乘墓誌可信；正如呂坤所說：「奏對載之國史，書牘副在往來者之家藏，不可誣也。」但他寧可採信里巷傳聞之言，「以傳聞修史。」這顯示如不是有偏見，就是不忠實於歷史。

歷史在我國，一直是一大問題，一層是官方包辦歷史，史官對於僱主——皇帝，「史不書惡。」一層是對於政治與社會許多問題，及其因果關係，沒有交代。另一層是沒有一種標準；故許多史官，得以「趨時尙，逐流俗」，用愛憎爲褒貶。但自漢以來，必官修史書，乃稱正史，必係正史，乃相信不疑；不知凡是官修的史，都是可疑的。陳鑾讀明史，很憤慨的說：「仲尼沒，天下無定評；春秋亡，天下無信史！」春秋「筆則筆，削則削」；「一字之褒，有同華衮，一字之貶，無異斧鉞；」一向被稱爲最可信的史籍。但王充却說：「采毫毛之善，貶纖介之惡。」（論衡問孔篇）劉知幾又說：「飾智矜愚，愛憎由己。」（史通疑古篇）這說明了第一等史籍，亦不可盡信，又何論「招市人與謀室中之事」的明史？至於谷應泰論江陵，（明史紀事本末江陵柄政章）以褊狹之見，爲誅心之論，乃丁此呂之流亞，更不値深論了。

或說江陵在當時，本爲清議所不容，史家但據事直書，應褒褒之，應貶貶之，瑕瑜固未嘗相掩。所謂清議，就是輿論，政治社會，應該有輿論，但必須是公正的。如只是阿其所好，攻其所忌，只是爭持門戶，站在少數人利害立場講話，這種輿論，是不足採信的，也是無價値的。（至於那班御用的文人，伺人顏色，而隨聲哭笑的輿論，更不値一說。）宋人好爲清議，明人踵而效之，但明人的人品，更遠不及宋人。宋人的輿論，已不都是公正的，因亦不是可信的。以事而言：變法之爭，呂誨竟詆王荊公爲盧杞，（變法紀事本末）蘇明允乃至作辨姦論，以厚誣荊公。一時反對派，都視荊公爲元惡大憝，而自以爲「前無古人，後無來者。」但他們放言高論，只不過是什麼「利不百，不變法。……爲治不法三代，終苟道也。……『道』不行，百世無善治。……」如此之類迂腐的空話，毫無深識遠見，烏足以知荊公？以人而言：張浚「斗筲之器，」結納奸佞，（張浚在紹興五年，分明上疏自承出於黃潛善汪伯彥之薦；而宋史不載。）劾李綱，擠趙鼎，用酈瓊，殺曲端，而拒岳飛；那得算是正士？而當時的輿論，至比之爲諸葛武侯，豈非怪事？還有一層，從前清議或輿論，即使多數人偏陂，間亦有正論，以破其偏陂；因爲輿論不是包辦的，別人還可以持有不同的看法。到了老百姓的說話資格被剝奪，由士大夫包辦輿論以後，是與非就失去了客觀標準，而繫於少數人的愛憎。（士大夫喜愛長樂老的，說他歷事四姓十三主，是有本領；厭惡他的人，又說他是無恥之尤。）到了「道學定於一尊」以後，那就連不入幫的人，雖是士大夫，亦未必有講話餘地；只有道學先生所說的話才算「正論，」

其餘皆爲「異端。」輿論被某一幫人包辦，是非就更難說了。仍以張浚爲例；他在南宋，是掌兵權，實際指揮作戰的大司令官，却未打過勝仗；「符離之敗，殺人三十萬，」那是一大敗仗，而他竟在酣睡中，若無其事。這簡直是國家的罪人！而他的兒子張栻，（理學中人所謂南軒先生）却說他「有心學，故能寂然不動。」宋史之所以對張浚曲爲褒美，就因爲朱熹所作張浚行狀，盡量捧場；連「符離之敗，」也委罪於別人，故意爲他開脫。朱熹之所以不講公道話，就因爲他曾「父事張栻，」又是同路人；私人交情太深了！講不得什麼公道。朱老先生，尚且如此，其他可知。

宋以後，皆是道學之天下；於是論人論事，就須照另一特殊標準，不信道學的人，是很難佔便宜的。南宋姦臣，莫過於史彌遠，其罪十倍於韓侂胄；而韓侂胄在輿論方面，在史家筆下，却比史彌遠更壞。原因是一個得罪了朱熹；一個能「弛道學之禁，」因而不入姦臣傳。就因爲這種風氣，才使得社會上沒有眞是非；使得那班罪大惡極，對不起國家民族的人，也想在歷史上佔個位置，永垂萬古。

照這看來，所謂輿論，或說清議，不但是不可靠的，而且是不值錢的。但清議却能支配社會一部份人的心理，特別是某一派一幫人的「清議」，更可以籠罩社會，使得講是非的人，亦只能心議，而不敢口辨，因爲已經成幫。所以呂坤很感慨的說：「清議酷於法令！清議之人，酷於治獄之吏。律令所寃，賴清議以明之？清議所寃，萬古無反案矣！」（明儒學案）江陵自稱一生「學在師心，不蘄人知。」又說「理所當行，卽萬世之毀譽，亦所不顧。」他又似乎不大喜歡那班比宋人更低級的僞道學，說他們空言無實。又禁止游食無行之人講學。……這就註定了「輿論」不會對他有好評。因爲明末清初，依然是道學之天下。輿論被統制，還有何話可說？

但不管怎樣，天下事，總逃不出公道兩字。王莽當權，幾乎所有知識份子，都是擁王派，歌頌不絕。一旦垮台，天下後世，都認定他是一個最醜惡的人。那就因為一隅不講公道，天下會講公道；一世不講公道，後世會講公道。朱琦說：「是故無江陵之才與遇，不可為江陵；有江陵之才與遇，而無其忠，亦不可為江陵。……」（答王子壽書）是江陵有才略，盡忠心，是無可否認的；這兩點正是政治家所斷不可少的。故以政治家衡量江陵，他是最成功的人，他的才略忠心，足以撐持他的事功；他的事功，震古鑠今，經得起考驗；他不是盜竊虛聲，儻得大名的。儘管有人毀謗他，而他之為偉大人物也，如故；毀之不為減少，譽之不為加多。他的「功業在天壤間，無待人重者。」甚至於為他辯誣正訛，亦是多餘的。我並以為他的幽光潛德，將愈久而愈彰；因為偽道學的餘風流韻，已漸為時代所揚棄，一個人的眞價值，將以更合理的標準去衡量。

由於史家故意歪曲，竟使得是非顚倒，使得一個千百年難一遇的偉大人物，被鑠於衆口，蒙謗於後世！雖說公道自在人心，但史籍浩繁，一般人只能瀏覽綱目，粗窺大略，以為正史如此說，名家如此批評，其為人也，亦必定如此。因此，辯誣正訛，並不是多餘的。不過，我之所以曉舌，動機尚不止於此；我覺得天生一個像江陵這樣的大政治家，太難了！像這種舉世最偉大的政治家，也該退避幾舍，自嘆弗及的偉人，正是我們國家所最需要的，而又是最缺乏的。我們應該還他本來面目，讓後人認識他，好作個榜樣；不應該埋沒他，更不應該蹧踏他。

二十五　結　語

李綱說：「治天下者，必資於人才；至艱難之際，非得卓犖瑰偉之才，則未易有濟。」看過明嘉靖時代的政治黑暗情形，不能不承認那是艱難之際；看過萬曆初政的昇平景象，亦不能不承認江陵是卓犖瑰偉之才。不管那班鄉愿和僞道學怎樣批評，那只是顯示了他們的偸惰、愚昧、與無恥；而在江陵，則是「知之不惑，任之有餘，汲汲乎其時，而勇爲之。」(朱熹語)惟其如此，所以他對於他所施爲，才有充分的自信。他說：「大抵僕之所爲，暫時雖若不便，而他日去位之後，必有思我者。」爲何要懷念他？「蓋僕之愚，無一毫爲己之心故耳。」(答應天巡撫書)無一毫爲己之心，就是沒有私心，一切是爲國家，爲人民設想。雖說人民沒有資格，議論朝政，但他們的眼睛是雪亮的；執政的人，是爲公抑或爲私，他們看得很清楚。即或識不及遠，一時看不清楚，如同子產治鄭，西門豹治鄴，偶而有誤會之處；但到政事已著績效，仍然是能辨別是非的。江陵因民立政，着重安民的政策，已使得人民家給戶足，吏不敢侵，盜不敢犯，土豪劣紳，不敢壓迫，外寇不敢越雷池一步；人民生活在一種有秩序而無恐懼的社會中，能够各遂其情，得到有生之樂，飲水思源，焉得不懷念他？據說江陵死後「故吏咸呑聲於太尉，行人益掩淚於雍門。」有很多人民，很多士卒，有「子產而死，誰其嗣之「之感，因而同聲一哭！我們雖無法聽到那種愀愴啜泣之聲，但仍可以推想當時每一個人民的每一滴淚水，都必是從內心深處流出來的。做官的人，只有眞有實政，惠及人民，人民才會懷念他。江陵有自知之明，他料着後人必懷念他；但他却未料着時間愈久，懷念他的人愈多，對他的認識愈眞，評價愈高。

宋學洙說：「神宗宿三十七年之怨。」亦卽是說他自萬曆十二年抄家，直到四十八年他死爲止，還在怨江陵，這句話，不但啓人猜疑，髣髴眞有什麼大怨；並且有失考究，不合事實。如果說終萬曆之世，沒有爲江陵昭雪，是神宗本意，則對於那個荒唐皇帝，未免估計過高。恩怨是政治場合所不能免的；有權勢的人，亦是恩怨最爲分明的；但不管從任何方面看，江陵之於朱王家，則是有恩而無怨。萬曆十一——十三年，神宗所强加於江陵的罪名，與一羣狐鼠的誅心之論，可謂刻峭惡毒，但亦沒有充分理由，足以使神宗宿怨，到死方休。事實非常明顯，抄家是因神宗狂疾大發，如同魔鬼附體，已完全喪失理性，才被一羣狐鼠所利用。他後來將軍費盡數拿去買珠寶，不顧邊軍死活，又派太監到處掘人墳墓，搜摸珠寶；難道他和那些桓桓武士，與磑磑白骨，都有宿怨麼？抄家以後，則由於朝中無正人，——狐鼠之外，盡是鄉愿；連大學士見了皇帝，都「便溺並下」，誰還管什麼覆盆之寃！平情而論，當時朝臣，亦自有一種難境，他們不能否認江陵蓋世之功，但如說他有功無罪，則無異於打神宗耳光；那是可能得罪的。當皇帝的人，平時妄自尊大，自以爲「與神同體」，因而養成了怙惡的毛病；神宗亦不能例外。萬曆十六年，給事中李沂論太監張鯨，雖無一語及江陵，而神宗却說他「欲爲張居正報仇。」因爲他要護短，他不能承認張鯨是壞人。（張鯨亦是聳恿抄江陵家的）宋學洙也許是只看見萬曆四十八年，「臺諫連章訟江陵寃，言有十大功」；而神宗沒有表示，便以爲他是宿怨。却不知道很早以前，朝臣紛紛上疏，說「禍且不測」；說敵人快打到北京；……他亦同樣不作表示。因爲他久已痲木不仁。總之，我是不認爲神宗宿怨的。隨便舉個例子：江陵改葬時，留下一篇碑文，其中有這樣幾句話：「功既震而身危，狡兎良弓已矣！事蓋久而論定，雲臺麟閣依然。……其功不淬，其德無名，巍巍大人，終莫與京！……」重修江陵墳墓，在萬曆四十二年；主其事者，是江陵知縣石應嵩。如果神宗眞是宿怨，他豈敢冒不測之險，而公然說出這種話來？

萬曆十年，江陵逝世，是明王朝再度由盛而衰的起點；而十二年抄家，則是神宗爲傾家亡國所立的標幟。自此以後，每況愈下，朝臣撫今思昔，當有很多人懷念江陵；只因礙於神宗，噤不敢言。到了萬曆四十八年，終於不顧一切，聯章頌寃。又不僅朝臣如此，即朱王家子孫，亦心知其寃；所以天啓崇禎間，一有人頌寃，便立刻有詔「復爵謚誥廕，立像追祀於純忠堂。」連後來的唐王，亦「追念江陵之功。」又不僅朝堂如此，社會觀感，亦可能大爲改變。舉例來講：東林黨魁顧憲成，在萬曆年間，做吏部文選郎中時，「不直張相國；」即是反對江陵的。他後來寫信給史孟麟，說：「梅長公致思江陵，其言可痛！」梅長公就是梅之煥，亦是萬曆進士，官至巡撫，親眼看見萬曆年間江陵柄政，及崇禎十七年明朝覆亡。「人之云亡，邦國殄瘁！」他的囘憶，自然是很沉痛的！

天下是非毀譽，總逃不過公道二字。儘管有人「造僞飾詐」，籠絡士大夫，以要浮譽；儘管士大夫不講正義，以愛憎爲褒貶，乃至顚倒是非；但對於一個人的眞價値，似乎影響甚少，甚至毫無影響。

王莽可能是有史以來，一個最善於「造僞飾詐」，沽名釣譽的人；當他盛時，天下爭頌其功，「頌聲洋洋，滿耳而入；」到頭來，無人不知他是大混蛋。而當時歌功頌德，惟恐失時的士大夫，亦徒見其鮮廉寡恥。因爲一個人的眞價値，是靠自己來創造，也靠自己來決定的。惟其如此，所以當江陵被誣時，才有人說：「天下有公是非，感恩而欲刎頸者，不能私，報仇而欲剚腹者，不能誣也。」

萬曆年間的朝臣，因爲怕事，表彰江陵功業，論列當時是非的，似乎還不多見；那是因爲怕惹禍的原故。只有沈鯉留下一篇序文，亦可見江陵在當時朝臣心目中所佔地位。他說：「……主上奉天下大政，一一委公，公亦感上恩遇，直以身任之。……中外用是凜凜，蓋無不奉法之吏，而朝廷亦無格焉不行之法。……顧其先法後情，先國事，後身家，任勞任怨，以襄成萬曆十年太平之理，我明相業，指固未易多屈。」這是公道話。但他一面又說：「而又有一二非常之事，爲衆人未易測識者，其迹不無似少容，似專權，似任霸術；主上雖一時優容，實已不能無疑。」這是二三其說，不是由衷之言。其實，即任霸術，又有何可疑？那個皇帝，眞喜歡王道政治？（眞正的儒家思想，是民貴君輕，正是專制皇帝所難於接受的。）朱元璋標榜儒術，假充斯文，但才讀到「君之視臣如草芥，則臣事君如寇仇」句，便嚷着要將孟老先生，轟出文廟。沈鯉之所以閃爍其詞，那是因爲他寫那篇序文，時在萬曆二十二年，他正任禮部尙書，其時恩怨尙猶未盡，他不得不如此，以免開罪怨者。

我深信萬曆崇禎間，在朝在野的人，對於江陵，必有很多公正的議論；因爲萬曆十二年的瘋狂舉動，毀壞江陵個人事小，毀壞國家法度事大；江陵「不惜破家沉族」，所創立的碩畫弘規，一時毀壞殆盡，是明王朝由治而亂，以至亡國的一大關鍵。當時的知識份子，眼看神州陸沉，豈能毫無感觸？可惜喪亂時間太長，他們所寫的東西，少有傳留下來！

清初一般人的心理，和現代人不會完全不同；我們現在想到南京條約之屈辱，開列强蹂躪我國之端，就必然會追思林則徐，而痛恨那班誤國之徒。清初的知識份子，追原禍始，痛定思痛，豈能不追思江陵？一個「昭昭乎若揭日月而行」的是非，直到官書行世，才顛倒過來；因爲那時去亡明已久，那班媮懦苟生，虛談無實的人，已安於現實，不復知亡國之痛；於是又擺出衞道者面孔，貶毫毛爲巨大，以顯示他們是「君子」？江陵是小人。然亦徒見其心勞而力拙，於江陵並未損其毫毛；因爲知識份子，並不都是盲目附會，以耳爲目的。如果是非已然一定不變，四庫書目就不會說「毀譽不定，迄無定評」了。（一個歷史人物的毀譽，竟然很久沒有定評，只有在我們國度裏，才有這種怪異現象？這充分顯示輿論不負責任，顯示士大夫沒有是非觀念。）

清朝中葉以後，亂之勢成，整個局面，又回復到明朝嘉靖時代的光景，內亂外患，交相煎迫；這是每一王朝都必走的老路。於是少數有志澄清天下的人，想到萬曆初年，何以能撥亂世而反之正？這就不得不承認那是因爲有一個巨人，砥柱中流，以無比的智慧、才略、與決心，「十年拮据盡瘁」，才得扭轉局勢；那個巨人，毫無疑問，就是官書所蓄謀誣衊的張江陵。陶澍說：「明至嘉靖時，上恬下嬉，氣象茶然，江陵張文忠公起而振之，其精神氣魄，實能斡旋造化，而學識又足以恢之；洵爲曠古之奇才，不僅有明一代所罕覯也。」曾國藩說：「張文忠公與李太尉文饒，皆以恢瑰負俗謗；而李承强固之餘，張當窳敗之極，其功尤偉。」……

陶澍曾國藩，皆是主張踏實的人，故所爲評語，比較平實。不過，他們對於江陵，雖有進一步的認識，而仍只視江陵爲一好宰相，而不知其爲大政治家。政治家和宰相是不同的；漢朝的蕭曹魏丙，唐朝的房杜姚宋，都被稱爲好宰相，却不能說是大政治家。而且就在漢唐，所謂宰相，亦並不是値錢的東西；市井無賴，可以做得，廝養賤卒，可以兼得，女色可以交易得，金錢可以購買得。甚至一無所能，只要柔恭便佞，能够委曲遷就，中皇帝之意，循資遞進，也可爬到宰相地位。至於政治家則大不然，他必須有過人學問，更須有過人骨氣，他志在匡時濟世；如不能行其志，他是寧可「抗志青雲，遺世獨往」，決不會承人色笑，混騙功名的。因此，不能將政治家與宰相，混爲一談。

近代人看江陵，可說百尺竿頭，更進一步；梁任公說：「明代有一特點，卽政治家只有一張居正。」（歷史研究法）政治家這個榮銜，可稱得希世瑰寶；如果嚴格的講，自有歷史以來，也難找到幾個眞合標準的一流政治家。所以我說評價愈高。究竟怎樣才配稱爲大政治家？各人解釋不同，（辭書上說：「富有政治學識與經驗之專家」；似尙欠圓滿。）我以爲近人佘守德說的最爲具體。他在他所寫的江陵傳中，說：「必也具有超人之抱負，獨到之主張，而又行之以恒心，持之以毅力，故其能以一人之身，而爲天下安危之所繫，以一代之政，而爲世運否泰之所關。」他見過明淸兩朝人評語，以爲別人說江陵爲名臣，爲能臣，爲救時宰相，尙嫌不稱；說：「前乎江陵者，若夏忠靖，若三揚，與江陵同時者，若徐文貞，高文襄，固皆卓有樹立；充其極，亦僅佐成小康之治，以稱盛於一時，其影響所及，絕非能與吾所謂大政治家同日而語。」由於梁任公之啓示，他對於江陵一生事業，下過很大功夫，而情不自禁的說：「吾不得不服膺新會梁氏之言，而以江陵爲有明一代唯一之大政治家，巍然以躋於中國以至世界大政治家之列，而能當之無愧；吾於是乃不得不心悅誠服於江陵矣！」身繫天下安危，政關世運否泰二語，庶幾可以概江陵之生平，而盡其懷抱。

正因政治家必須兼備衆多才美於一身，所以猶如鳳之毛，麟之角，一世乃至數世而難一見。偶或有之，又遭時不遇，阨窮困頓，無以自振。卽幸而見用於世，所遇十九皆庸主，怠忽玩愒，愚闇無知不可與言治理。又幸而際會操柄，稍行其志，則僉壬肆排陷於前，橫加摧沮；腐儒持「繩墨」於後，恣爲鈎距；必將其功其名，一併毀之而後快！此乃數千年來政治家之所以寥落的另一原因。

卽如王荆公之於宋神宗，君臣際遇，眞可謂千載一時；昔人常說服肱心膂，神宗則直以聖人目之。我們看過神宗對荆公的優禮，特別是當別人反對新法，詆毀荆公時，神宗所慰勉體諒的話，眞使人爲之感動！所有新法，其中容或有可議之處；但是，反對的人，多數不是爲新法，而是鬧意氣。「宋之黨禍，其性質複雜，而極不分明，無智愚賢不肖，皆自投於蜩螗沸羹之中；一言以蔽之曰：士大夫以意氣相競而已。」（王桐齡中國史）當時反對派代表人物是司馬光，他對於新法，並未說出能壓倒荆公的理論，只說他「侵官、生事、征利、拒諫。」荆公會反駁他，說：「受命人主，議法度而修之朝廷，授之於有司，不爲侵官；舉先王之政，以興利除弊，不爲生事；爲天下理財，不爲征利；闢邪說，難壬人，不爲拒諫。」（答司馬君實書）新法體大思精，影響深遠，關係宋王朝存亡，不但爲現代人所公認，卽當時人亦並非全然不知道；所以當元祐之初，司馬光柄政，傾其全力，罷毀新政時，有很多人感到太過火。卽如范純仁原本是反對新法的，他亦說：「去其太甚可也；差役一事，尤當熟講而後行，不然滋爲民病。」（宋史范傳）只因以意氣相競，（骨子裏面的兩個原因：一是荆公看不起那班官僚說：「庸人安常習故，而無所知。」一是「南人」陡然抬頭，相繼柄政，奪去了他們的位置。）意在報復，亦就一切不顧了。

就王荆公而言；道德文章，志量才略，以及他那種澹泊精神，都昭昭在人耳目；又何致如呂誨所言：「大姦似忠，大詐似信，驕蹇慢上，陰賊害物？」新法又何曾眞的「騷動黎民，困敝天下」，因而造成靖康之禍？可是，宋代竟然有人誤信荆公是大奸大慝，甚至到明朝還有人說他「合莽操懿溫、伯鯀商鞅爲一人。」（丹鉛錄楊用修語）其原因，正和江陵一樣，是中了史家的毒；而史家又是受了反對派與道學的影響。宋史成於元人之手「其大旨，以表章道學爲宗，餘事皆不措意，故舛謬不能殫數。」（四庫全書提要）「繁猥既甚，而是非未能盡出於大公；門戶之見，錮及人心者深，故比同者，多爲掩飾之言，而離異者，未免指摘之過。」（檀萃語）初修宋神宗實錄的人，都是反對派，他們和清初的人一樣，「以傳聞修史，」盡採不利於荆公的私家記載；如范祖禹等就專主司馬光家藏紀事，所以陸佃當面指爲謗書。總之宋史是蓄意毀謗荆公的，正如楊希閔所說：「元祐黨人門人弟子，欲雪其恨，造作語言，誣罔熙丰事實，以見元祐之是，紹述之非。」這確乎是子孫仇；譬如宋史所據的神宗三次實錄，是范冲所修的，他是范祖禹的兒子，「繼其父業，變本加厲。」這就更加顚倒是非，不可憑信了。單是元祐黨人之子孫，還不能掩盡天下之耳目，又多虧道學先生幫忙，才更有力量。楊希閔又說：「而朱熹偏信之，以臚入言行錄；元臣修史者，又信大儒所著，更不加覈，據以入宋史，而是非遂一定不變。」（熙丰知遇錄）楊希閔所說的話，在南宋就有人說過：「元祐之子孫，及蘇程之門人故吏，發憤於黨禁之禍，以攻蔡京爲不足，乃以敗亂之由，推原於荊公。」從這些記載看，就可以知道宋史一如明史，是不可靠的。

像王荊公這樣，「其志淵淵，其行桓桓，」其瑰瑋如日星海嶽一般的偉人，竟然被毀於生前，蒙謗於後世，這是很不幸的！但是，如和江陵比，則又不幸之中還有幸處；因爲當時的反對派，還有智與賢在內，他們雖然迂腐，還多少能講良心話。蘇軾說：「吾儕新法之初，輒守偏見，至有異同之論；而所言差謬，少有中理者。（與滕達道書）式觀古初，灼見天意，將有非常之大事，必生希世之異人，使其名高一時，學貫千載，智足以達其道。……」（蘇撰贈荊公太傅制文）程明道亦說：「新法之改，亦是吾黨爭之太過，亦須兩分其罪。」荊公死後，司馬光說：「介甫文章節義，過人處甚多。……不幸介甫謝世，反覆之徒，必詆毀百端；光意朝廷宜優加厚禮，以振起衰薄之風。」（致呂公著書）……至於江陵死後，則是「舉朝爭索其罪，而不敢言其功。」可見宋人品格，較明人高出多矣；亦可見荊公比江陵，爲幸多矣！

說到此處，還有不能已於言者，那就是我在第一節所舉七大政治家，若論身世，及其一生之經歷，則江陵有異於他人，而獨與諸葛武侯相近似。因而可作一比較：他們都是平民階級；都是憑自己能力進入仕途；都做到宰相；都受遺輔政；都能將國家治理好；都死心塌地，忠於國家，謹守臣節，「鞠躬盡瘁，死而後已！」並且壽算正相同。更奇的是他們的子孫，都轟轟烈烈，作忠臣義士，沒有玷辱祖先的。這幾乎可以說完全相同了；但細較一下，仍別有不同之處。

江陵之所遭際之所負荷，比之武侯，很顯著的有難易之不同。第一層，蜀漢是偏覇之局，統治地域，不過西南一隅；而明朝的疆域較大，——「東起遼海，西至嘉峪，南至瓊崖，北至雲朔」；（明史地理志）是一個大一統的局面，統治自亦較難。第二層，劉先主和武侯，久共艱虞，其關係情分，在君臣師友之間，能够互信互諒；所以白帝托孤時，他說：「可輔輔之，如其不才，君可自取。」同時還要劉禪「事之如父。」由於他們關係逈異尋常，所以武侯掌握軍政大權，「權逼人主，而上不疑，勢傾羣臣，而下不忌。」江陵所事者是女主，是童騃，而他自己，則是平民出身的異姓羈旅之臣，上多疑而下多忌；如果不是他有自我犧牲的決心，有肆應難局的本領，他要建功立業，是很難的，第三層，蜀漢時期尚近於古，一切較爲簡單；而且他們是正在打天下，他們不受任何禮法的束縛，可以任從展佈。萬曆時代，一切都有一定規範，即一切都要受傳統拘限，道學束縛，與開創情勢完全不同。第四層，當年蜀漢，雖在人事上，亦有派系之爭，但各派對於武侯，則是一致推崇的；因爲先主生前，培養了他的地位，先主死後，都承認他是事實上的領袖。明朝中葉，朝廷是一個混亂的朝廷，朝臣是一羣黨派混雜有私無公的朝臣。加上大學士是一種名實不符的職位，人們說他只能代皇帝批答章奏；還希望「批答之意，自內授之，而後擬之。」換言之，人們是以皇帝秘書看待大學士。可是皇要他負起宰相的責任。責重勢輕，時艱事棘，江陵孑然一身，迴翔其間，正己以正天下，不是容易的事。

前面只粗舉大較，卽此已可見江陵之所爲，比武侯爲尤艱鉅。武侯孤忠亮節，炳耀寰宇，久已爲人所景仰。至於江陵？則「迄無定評。」甚者竟詆之爲「權臣。」人之幸不幸，有如此者！申言之，武侯比江陵，又爲幸多矣。可是，亦仍有人以爲不幸；例如陳同甫論及武侯時，說「孔明距今千載矣，未有能諒其心者；吾憤孔明之不幸，故備論之，使世人以成敗論人物者，其少戒也。」（龍川文集卷七）設使江陵生在漢唐，或至少生在陳同甫以前，我深信必有能諒其心迹者；乃不幸而生在晚明，更不幸明史成於淸初道學之手，遂無能諒其心迹者！讀前人謁江陵祠堂詩：「半生憂國眉猶鎖，一詔旌忠骨已寒」句，不禁熱淚橫溢，不止憤其不幸而已！

寫江陵新傳至此爲止。所當敍明者，江陵一生著述，除張文忠公文集或全集外，尚有四書直解，書經直解，訓謨類編，貞觀政要解，帝鑑圖說，大寶箴註等書；皆闡明儒學，講求治道者。惜大半早已散佚！道光年間，僅存第二與第五兩種，今亦稀見。所喜全集雖是「存者十八，佚者十二」；而江陵「宏邃之養，精明之識，剸割之才，篤實之學」，尚可於集中得之；是亦不幸中之大幸。

最後，還有一事，應略敍述的，是江陵的子孫，在家難國難中忠孝節烈的表現；他們不但無愧於乃祖乃父，也爲兩間留下了正氣，使得那班妄肆詆毀，全無廉恥的人，爲之媿悚。江陵六個兒子，有三人由高第而得官，有兩人由恩廕而得官。（江陵生前，屢辭恩命，故只有二子得恩廕。）遭禍以後，禮部主事張敬修爲了保持先人淸白，留下血書，從容自殺了！翰林院修撰張懋修，自殺幾次未死；在皇帝淫威之下，他無法昭雪奇冤，日惟抱江陵手澤涕哭，如此者數十年，與世幾於隔絕。尙寶司丞張允修，爲張獻忠黨所掠，賊人要他跪，他說：「我之雙膝，跪我君父，豈能北面事汝？」賊黨見他是一個義人，不曾殺他，將他囚禁，希望他軟化。他就在囚室寫下絕命詩，縱火自焚而死；死時年已八十。張敬修的孫子兵部右侍郞兼翰林侍讀學士張同敞，在淸軍攻桂林時，別人都已逃跑，他獨入危城，不肯臨難苟免。大學士瞿式耜對他說：「我爲留守，當死此，子無城守責，盍去諸？」他很嚴肅的說：「昔人恥獨爲君子，公顧不許同敞共死乎？」因此被執，淸兵勸他投降，又勸他做和尙，皆不聽；日惟做詩，（他的詩集名浩氣吟。）從容待死。他被殺時，顏色不變，頭被斫掉了，尸還植立着不倒；也許因爲得有正氣的扶持。張允修的孫子生員張同奎，早年看過淸人第一次所修的明史稿，以爲厚誣江陵，便到北京去，上六部帖，抱着家乘，謁名公巨卿，泣涕陳情；以後重修的明史，有一部份荒謬架誣之詞，得他伸訴，而有所改正。又不僅張敬修等或死忠，或死孝；他家婦女，亦節烈可風。張敬修之妻高氏，當其夫死時，他投繯自殺，未死；繼而念到撫孤的責任，在他的身上，俱死無益，他就用刀親手戳穿了自己的左眼，以表明他的節操。（高氏在萬曆朝，便以苦節，奉詔建坊旌表。）還有張同敞之妻，（姓氏不明）於流寇陷荆州時，獨負張家七世神主，間關赴粤，備歷艱險；迨到達桂林，乃知同敞已成仁，他亦殉義。……

甲申在明朝，似乎是一個不祥的年份，明亡於甲申，而且是亡於異族，亡的很慘，所以故老常說

「甲申之痛！」但自江陵的後人看甲申，則更爲痛心刻骨！因爲萬曆抄家，也正是甲申年。這六十年中，是大亂世，亦正是考驗士大夫志節的時候，所謂「時窮見節義。」江陵的子孫，爲他的浩然之氣所薰染激勵，（張允修死難時，就有「純忠事業承先遠，捧日肝腸遺後多」詩句。）立志要作孝子忠臣義士節婦的，必不止於前述諸人；可惜時當大亂，沒有記載留傳下來！然即前述諸人之志節，已足照耀簡冊，與千古偉人張江陵，同垂不朽！

張文忠公身世簡表

年代	年齡	事蹟	備註
嘉靖四年	一歲	五月三日，生於湖北省荊州府江陵縣。	
六年	三歲	能識字，稱神童。	
八年	五歲	始入學，授句讀，俱能記誦。	
一三年	十歲	通六經大義，能屬書、摛詞。	
一五年	一二歲	補博士弟子高等。知府李士翔、學使田頊盛稱其才公初名張白圭。始改名爲居正、字叔大，別號太嶽。	
一六年	一三歲	始應鄉試。巡撫顧璘一見卽許以國士，欲老其才，俾成大器；考官陳束已薦卷，主事者用顧言，置毋第。	
一九年	一六歲	再應鄉試，成舉人。顧璘爲文勗勉，勸其致力經世致用之學。	
二三年	二〇歲	應禮部試，以不重時藝落第。	
二六年	二三歲	再應禮部試，中二甲進士；選授庶吉士，讀書秘閣。	

二八年　二五歲　升授翰林院編修。上陳時政疏。

三三年　三〇歲　以病告歸。閉門讀書，博極載籍，究心致治之理。致首輔徐階書，勸其改革政治。

三九年　三六歲　假滿赴京。升右春坊右中允，兼國子監司業。自此時起，更留心時政，四方輶軒，奉使歸者，必往爲造請，凡戶口扼塞，山川形勢，地利平險，人民強弱，必一一箚而記之。

四一年　三八歲　以中允破格升授修承天大志副總裁，親撰紀傳，八月功竟，以文學受知於世宗。尋升右春坊右諭德。

四二年　三九歲　升授裕邸侍讀學士。

四五年　四二歲　升翰林院侍讀學士，掌院事。

以上爲公讀書時期

隆慶元年　四三歲　初授禮部右侍郎，旋晉吏部左侍郎，東閣大學士；再遷禮部尚書，武英殿大學士；預機務，與徐階等同時輔政。永樂大典成。

公之政治事業，於此發軔。人以救時宰相目之。

二年　四四歲　上陳六事疏，力主改革政治。與譚綸等講究戎政，整理軍隊。加少保太子太保。

三年　四五歲　京師整軍完成，行大閱禮，上躬擐甲冑，公戎服扈從，校閱騎射，軍威始振。

四年　四六歲　以三年考績，加太子太傅，兼吏部尚書。協助整理人事、河道、漕運。

五年　四七歲　主持把漢納吉歸降及俺答封貢成功。兼建極殿大學士，加少傅。內蒙入中國版圖自此始。

六年　四八歲　協助整理財政。加少師兼太子太師。同年與高拱高儀，同受顧命輔政。

萬曆元年　四九歲　實任首輔，——建極殿大學士，尋進中極殿大學士，左柱國。上親賜大字凡五：曰元輔，曰良臣、曰爾惟鹽梅、曰汝作舟揖、曰宅揆保衡，蓋以伊周相期。於是實行全面革新。高儀尋病歿，內閣餘公一人。

二年　五〇歲　定經筵講席例，上帝鑑圖說，勸上勤讀。整理全國人事。立章奏考成法，實行綜覈名實。責成郡縣清理逋賦，嚴緝盜匪。修穆宗實錄成。加兼尚書俸。同年西南夷都蠻平。

三年　五一歲　考察天下官吏，進職官屛。嚴刺舉。整理學政與獄政。懲治貪墨。厲行節儉。同時，東南海寇，次第敉平。整理邊軍與三鎮訓練，亦著效，邊軍屢勝。以上均賡續辦理，至十年公歿，始廢弛。

四年　五二歲　重修大明會典成。重整河道。淸查欺隱。革新驛政。同年一品考滿，加左柱國，進太傅伯爵俸。

五年　五三歲　嶺西南旁羅等叛亂悉平，零星盜匪亦漸絕跡。財政未益賦，而有盈餘，因開始蠲免逋賦。同年丁父憂，被迫未能歸葬，在京辭俸守制。

六年　五四歲　再請獎天下賢能官吏。開始整理全國徭役，創一條鞭法。同年，上大婚，進女誡直解，以敎宮闈。三月歸葬，六月返京。公回籍葬父，爲自嘉靖三十九年以後，第一次出京。

七年　五五歲　治河功成。興建水利。改部份書院爲公廨，禁止游食無行之人講學。再免逋賦。至此，外寇僅一東虜，屢犯屢挫；遼東拓地千里。四境以內，盜匪絕跡，外戶而不閉。民生康阜，國家亦富强，粟陳於庾，貫朽於府。

八年　五六歲　國家大禮，次第舉行完畢。宗藩事例改定後，諸王府生活亦漸安定。始普行田畝清丈。加太傅，歲增祿米百石。

公孝滿除服

九年　五七歲　續清丈田畝，興辦江南各地水利，開海口、濬河。以十二年一品考滿，加上柱國，太傅。

再請歸政

十年　五八歲　全國田畝清丈功成，查出隱匿欺占至三百餘萬頃。悉免天下逋賦。從此雖萬里外朝下令而夕奉行，天下無不行之法，亦無不奉法之人。進爵太師。同年六月二十日，卒於官，享年五十八歲。上震悼，輟朝數日，賜賻金楮幣，贈上柱國，謚文忠；遣官諭祭，治葬如例加祭十六壇，並遣官護喪歸葬。所建堂名曰捧日堂；飾終之典，爲當時所少見。

公自九年嬰疾，屢請歸政，皆不許。在位十餘年，屢辭爵賞；及晉爵太師，因病中不克力辭，故臨終猶以爲憾！蓋生前封太師，爲有明一代，所未有也。

謹按公自入政府，晝作夜思，殫精竭慮，所爲興革，指不勝僂。遺業雖有散佚，而事蹟皆斑斑可考。清康熙癸酉，公之曾孫張同奎，（允修子）赴闕陳情，投六部帖，請正明史之謬誤；旋經禮部行文，取公之行略文集，遂將公之世系年譜，以及各家詩文傳序，張敬修、張允修、張同敞等遺著，彙為家乘一部，一併齎呈。惜皆散失！前表粗舉概略，暫無法細考其建樹之先後程序，及起訖年月，其中難免不有舛誤者；容俟考訂，再為更正。

著者謹識

法與治道淺說

一

從來論治道的人，都自詡爲儒徒，而諱言法術，以爲不合聖人之道。宋人厭惡利欲，而薄事功，對於法家，更多貶詞。直到現代，仍有人堅守宋儒最後陣地，寸土必爭；其學則「必」固的精神，眞令人不可及！現代是大亂世，料無人可以否認；如眞能行王道，一蹴而幾於大同，誰不願意？又誰敢有異詞？如其沒有可能性；（歷史上所艷稱的「貞觀之治」，亦「不合古法」；其餘可知）。而有人於此，能用法術撥亂世而反之正，使「中外乂安，民生康阜，天下無不奉法之吏，國家亦無格焉不行之法」；縱令是法家，又有何不好？因此，儘管在學術思想上，有儒法之別，以言實際政治，當重功效；是否法家，似乎是無關重要的問題，不須爭論的。

可是，很久以來，一談到政治，就必定涉及德治與法治，必有爭論，亦必定尊儒而薄法。因爲在很多人觀念意識中，法與法家，與霸術功利、殘刻、以及其他種種惡名，必是連結在一起的。——講霸術必不仁，講功利必不義，講法治，必不合聖人之道。有了這種莫明其妙的邏輯，才認定儒法兩家，處於絕對相反地位，才認爲凡是法家，必是小人；才很武斷的說：「當絕其道，勿使並進。」甚至於說法家是儒家的罪人。「商鞅申韓之徒，貴尚譎詐，務行苛刻，廢禮義之敎，任刑名之術，敗俗傷化；此伊尹周公之罪人。逮至漢興，寧成郅都之徒，倣申韓之法，專以殘暴爲能；順人主之意，希旨而行，要時趨利，敢行禍敗；此又商韓之罪人。……」（世要）果如所言，法家亦委實可惡，應當屏之荒外，以禦蘇俄。

其實，桓範高談濶論，他可能還未弄淸楚誰是法家，誰爲酷吏？所以將寧郅與申韓並論。就說寧成張湯之流，亦並非如桓範所說的那樣無賴。他們或「敢直諫，面折大臣於朝。」或能使「宗室豪右，人人惴恐。」或被人「稱其廉平」。（史記）他們雖失之嚴急，「然都抗直，引是非，爭大體。」（前漢書）這種酷吏，現代還求之不得哩！司馬遷論事，稍爲客觀，他覺得在那種亂糟糟的社會，貴族豪猾，公開放搶，弱肉强食，壞法亂紀；「非武健嚴酷，惡能勝其任而愉快乎？」但不管怎樣，爲政可以嚴，而不可以酷；酷吏總是不受人歡迎的。

法家爲人所憎惡，是因其講霸術，而不講王道。現且略說王道與霸道：自有王霸之辨，義利之爭，前人不知打過多少筆墨官司？荀孟以後，宋人爭論最多；却未給予王道與霸道，以明確不變的定義。管子上說：「始有制度文明不用之者，爲王道。……身行仁義，服忠用信，則王；審謀章禮，選士利械，則霸。」（幼官等篇）可是，周王朝是最講究制度文明的，（周官一書，衆認爲有一部份，是可靠的。）所以說：「周尚文」。禮記上說：「殷周之質，不勝其文」；是殷王朝亦尙文。依今人解釋：「周尙文，即是尙法。」因爲制度文明，就是法度。章炳麟說：「法者制度之大名；周之大官，別其守，而陳其典，以擾安天下，是謂之法。」（檢論）法有一部份，是用來禁制與懲罰人的，那就是刑。古代並不諱刑；唐虞盛世？已言及五刑。「司寇掌邦禁，詰姦慝，刑強暴。」（尚書）「五曰刑典，以詰邦國，以刑百官，以糾萬民。」（周官）……既有刑官，又有刑典，則自必常要用刑，談不上什麼刑措。還有人解釋：法就是刑。「法者，刑也；平之如水，從水。」（說文）依此，亦可說三代人尚刑，並不全是以王道治天下。

孟軻說：「以德行仁者，王；以力假仁者，霸。」這解釋似乎很清楚了。但湯武革命，大殺大砍，乃至「血流漂杵」；分明是用武力奪取政權，並不是以德行仁。管仲「九合諸侯，不以兵車」，既可說是霸道；然則「武庚之叛，周公不待自定，必欲以兵勝之；」豈非霸道之尤？孟軻又說：「仲尼之徒，無道桓文之事者。」其意是說齊桓晉文用霸道，故不屑談。而孔夫子却極稱贊管仲，說：「如其仁！如其仁！……民到於今受其賜。」……書本上如此恍恍惚惚，焉得不使人迷惑？至於宋人所說：「求於吾心義利邪正之間」；則更玄密幽曲，非深通禪學，以心相印證，便難窺其奧妙。

治國平天下，而不講法，是不可思議的事。古往今來，論治道的人，包括孔夫子在內，無不言法。（不過，一般所謂法，決不是許慎所說狹義的刑，而是廣義的制度法令，或說法度）。孔夫子所說：「道之以政」的政，據朱熹解釋：就是「法制禁令」；這是對的。又說：「政者，正也。」如解釋只是正心修身，整躬率屬，專用人格來感化人，就不對了。所謂「子率以正」，是要「正己以正百官，以正天下，以正四方。」天下四方那樣多的人，又智愚良莠不齊，那就非靠法度不爲功。（管子法法篇說：「政者，正也。明正以治國；故正者所以止過而逮不及。……規矩者，方圓之正也。」這個說法，似較合理。）當然，我們承認人對於人，有一種因感覺與良知而生之情，因而有一種感化的可能性。譬如我們遇見一個特立獨行，或有大功德於社會的人，便不覺肅然起敬，仰慕其爲人；因而有「見賢思齊」之感覺。但如說一個人可以感化天下人，或說天下人都必然能接受感化，就決非實情了。堯皇帝比德於天，却不能感化他的兒子丹朱。舜皇帝亦稱爲至德，而「父頑母嚚」；另外還有一個惡性流氓的兄弟，他都無法感化。靠感化可以平治天下麼？

孔夫子以後，談法的人更多，而且特別强調法的重要性。「法者，所以興功懼暴；律者，所以定分止爭。……法者天下之儀也，所以決疑而明是非者也，百姓之所懸命也。……法律政令者，吏民之規矩準繩也。」（管子）「國之所治者三：一曰法，二曰信，三曰權。……善爲國者，官法明，故不任智慮。」（商君書）「夫聖人之治國，不恃人之爲吾善也，而恃其不得爲非也。……國法不可失，而所治非一人也。……賞罰隨是非，生死隨法度；有賢不肖，而無愛惡；有尺寸，而無意度。」（韓非子）「故明君臨之以勢，道之以道，申之以命，章之以論，禁之以法。……明禮義以化之，起法正以治之，重刑罰以禁之。……善待以禮，不善待以刑；賢不肖不雜，是非不亂，無功不賞，無罪不罰。」（荀子）「從事天下者，不可以無法儀。故百工從事，皆有法度。」（墨子）「聖人之治天下也，爵祿以養其德，刑罰以威其惡。……正法度之宜，別上下之序，所以防欲也。」（董仲舒）「法令所以導民也，刑罰所以禁姦也。」（司馬遷）……總之，治國不可以無法度；講法度的，亦並不限於法家。

法度是人羣社會發展的產物，亦是社會進步的象徵。人因天生有一種仁愛之性，並有共同生活的需要，因而養成一種羣性，所謂「不仁愛，則不能羣；不能羣，則不勝物；不勝物，則養不足。」於是逐漸結合、同化、繁衍、而成爲人羣社會。迨人數日多，關係日趨複雜，原有的簡單契約（或說自然法）不足以禁制維繫，於是始有法度。（一切人羣社會，都是如此，我們亦不應例外。）法度亦如其他事物，總是向前進的，愈到後來，愈爲文明。因此，什麼先王之法，絕對不會比後代更好。（以刑爲例：從前有男人閹割：女人閉幽種種不人道的事；大辟罪至千種之多；罪不僅及妻孥，還誅及三族以上。現代已有根本廢除死刑的。比較之下，野蠻與文明，不言而喻。）

法度雖一向都是由統治者制定；雖是「世輕世重；」雖對於人有無形與有形拘限，並且強迫人接受；所謂「凡治者，受法令。」但不是用來對付某一種人的；因而是具有普遍性的。在政治運用上，又能達到一種客觀領域；亦卽是以法斷事，可使事得其平，而無偏陂之弊。因而又是具有客觀性的。假使不靠法，而專靠人，毛病就太大了。公孫鞅說：「廢尺寸而意長短，雖察，而商賈不用，爲其不必也。倍法而任私議，皆不必者也。」韓非說：「釋法術而爲心治，堯不能正一國；去規矩而妄意度，奚仲不能成一輪。」……愼到說得更明白：「一兎走，百人追之，積兎於市，過而不顧；非不欲兎，分定，不可爭也。……舍法而爲心治，則誅賞予奪，從君心出；君以心裁輕重，則同功殊賞，同罪殊罰。故有權衡，不可以欺輕重，有尺寸，不可以欺長短，有法度，不可以欺詐僞。」（馬氏意林引）……

法度的好處太多了！每一種好的法度，都必定爲人民所樂於接受；因爲它不只是消極的保護人民權利，並且有積極的促進社會進步的功用。但在主觀的人治主義者看來，則未爲得治道之正；因爲「重刑則傷民」，甚至傷殘仁義？於是有人說：「秦用法家，死者甚衆，刑者相望，不旋踵而亡。」照這樣說：法與法家，便無容身之地了。依我看來，嬴秦之亡，並非完全由於法度，更怪不着法家。主要的原因：是他們首開武力統一之局，（在歷史上，從無這種大一統的局面。）打破了相沿已久的封建制度，遭遇到以下困難：一層是他們沒有統治這種大國家的能力與經驗。一層是習慣於割據的人，不甘於被征服。另一層，是一種自然的歧異，諸如地域性，民族性、語言文字，風俗習慣，種種不同，因而反對其爲共主。（當時用刑嚴急的，亦不是法家。）每個王朝，都自有法度，或亂或治，或存或亡；一般的情形，不是因爲法度不好，而是皇帝不好，先自亂了法度。皇帝是唯一有權創制立法的；「立法而行私，是與法爭，其亂甚於無法。」（史稱「漢興懲秦之弊，盡除苛法。」其實漢代法律，亦極繁苛。並且秦所創立法度，有很多爲後代所沿用，直到滿淸爲止。律典可以爲證。足見秦之亡，不全因法度。）

私是指私人利欲，是與生俱來的。人人都想滿足自己的私欲；其所以不敢公然背公行私，就賴有法度爲之禁制。申言之，如其沒有法度，充人性之惡，每個人都可以殺人放火，傷天害理，不僅少數有權勢者而已。荀卿說：「天下害生於縱欲。……人生而有欲；欲而不得，則不能無求；求而無度量分界，則不能無爭；爭則亂，亂則窮。」韓非說：「爲人臣忠，爲人子孝，少長有禮，男女有別，非其義也；飢不苟食，死不苟生；此乃有法之常也。」公孫鞅說：「人之性，飢而求食，勞而求逸，苦則索樂，辱則求榮。……故以刑治則民威，民威則無姦，無姦則民安其所樂。」照這樣說，當然不能承認人性生來就是善的。但我們亦無法不承認惡亦是人性之一面。請閉眼細想一下：現代講法治，防止人犯罪，甚於防毒蛇猛獸；而犯罪的人，千岐萬轍，愈來愈巧。如其不用法度禁制，更不知要成何等景況？

董仲舒說：「周道衰於幽厲，非道亡也，幽厲不繇也。」他所謂道，是指治道；其實就是法度。所以班固說：「周道衰，法度墮。」嚴格的講：所謂治道，如抽出了法度，還有什麼？法度之所以壞，無一不從上面壞起，亦無一不是壞於私欲。皇帝既要滿足個人私欲，要「以一人之大私，爲天下之大公」。天下人又不盡是聖人，誰能不爭着效尤，爭權奪利？久而久之，便無人不私，無事不私。又因爲人人存着自私之心，要自己所言所行，符合禮義廉恥，便要吃虧；而表面上，又不能不喊禮義廉恥；於是只有以虛爲實，以僞爲眞。久而久之，便無一不虛，無一不僞。「百官皆飾空言虛詞，而不顧實。外有事君之禮，（口裏喊擁戴，表面裝忠貞。）內有背上之心；（背地裏藐而視之；甚至「入則心非，出則巷議。」）造僞飾詐，趨利無恥。」董仲舒所說官場情形，已算扼要，可惜他不知道士大夫無恥的根本原因，是由於統治者不重廉恥！

國家社會，到了人人「造僞飾詐，趨利無恥」的時候，皇帝亦難於控制。如想以一個人的智慧，來敵天下人，則徒見其心勞而力拙。這種時候，說教亦沒有用處，因爲人的是非羞惡之心，已爲私慾所蒙蔽；即使拔一毛能利天下，亦無人願幹。惟一有效辦法，只有正法度；「法所當加，貴近不宥，事有所枉，疏賤必伸。」如其不然，不用說天下人使奸使詐，防不勝防；就是少數近倖，亦難於爲腹心之寄。越是把圈子縮得更小，越發容易受欺蔽。所以韓非又說：「爲人君而大信其子，則姦臣得乘於其子，以成其私。爲人君而大信其妻，則姦臣得乘於其妻，以成其私。」（備內篇）這個乘字，就是乘其弱點。是人都必有弱點，諸如好諛、好色，好貨等；有了這些弱點，窺鑽隙竇的人，便會千方百計，投其所好，使你情逸心蕩，而達到他營私舞弊的目的。韓非的意思是，教人信任法度，不要只信任左右私人。因爲法度永遠是公平的，依賴法度可以服人心，而使天下人樂於爲用。法度亦可以杜絕各種流弊，化私爲公，使人不敢廢公行私。所以昔人說：「法令行，則私道廢矣。」

三

又有人說：「過分講法，會導致一種物化的治道；」即是抹煞人性，視人如物。這似乎有可能性，却沒有必然性。從前有些刑名家法家，不免太過於看重羣體，而忽視個體，因而不承認每一個人有其獨立的人格存在。他們的言論，有一部份不免有唯物的傾向；他們主張用法度來齊一人心；把法度比作規矩，使人隨規而圓，隨矩而方；這就無異於視人如物。在政治施爲上，他們主張「民一於君事斷於法。……不知親疏遠近，貴賤美惡，以法度斷之。」要做到「吏無私議，士無私論，民無私說，皆虛其胷，以聽於上。」……如此，人被法束縛得動彈不得，完全失去了自由意志；甚至連說話自由都沒有。果眞如此，還談什麼各遂其情，各正性命？其尤甚者，乃至甘脆的主張「棄智與己，與物宛轉；」要人像土塊一般，「若無知之物」。這自然是違背人性的。

不過，有些思想家，好爲過激之論，不是沒有原因的。先秦百家爭鳴，不論是眞的，或僞托的，總不能離開時代背景。那個時期，無疑的是一種亂世。「春秋之時，周氏之亂世也；逮乎戰國，則又甚矣。」「春秋二百四十二年之中，弑君三十六，亡國五十四，諸侯奔走不得保其社稷者，不可勝數！」……滿眼都是亂臣賊子，貪官汚吏；都是「造僞飾詐，趨利無恥」的政治騙子；使得原來一套已僵化的政治理論，根本動搖，因而產生許多相反的以至極端的理論。當時有思想而又不滿於現實的人，很明顯的，對於所謂「博而寡要，勞而無功」的儒術，感到厭棄；甚至視同桎梏，急於擺脫。另一方面，各國都正在羅致游士，游說之風大行，言論絕對自由，有思想的人，可以暢所欲言，毫無忌諱。於是復古主義，利己主義，虛無主義，無政府主義，極端的放任與干涉主義，以至烏托邦，一時並興。都「持之有故，言之成理。」其理愈深的，行之愈遠；不合人生社會實際需要，乃至不近事理的，則被揚棄。因之不須再說誰是誰非。但有兩點，應該肯定的，那就是現代的唯物思想，或說物化的治道，與從前的刑名家法家，並無血緣關係。亦沒有一個法家，在實際的政治行爲中，完全抹煞人性，視人如物。

公孫鞅是被視爲極端的法治主義者，亦是司馬遷所謂「天資刻薄人也？」但他在執政時，並未完全抹煞人性。隨便舉個例子：他變法之時，有人反對和批評；他對於批評與反對他的人，所謂「亂化之民」，亦只是「遷之於邊城」；並未任意加人以什麼思想罪，投進監獄，或逕殺頭。可見他亦知道生是人之所欲，所以還留一條活路。如和現代各式各色的統治方法相比，眞是小巫見大巫。從前極端的法治主義者，只能說他們不甚尊重一般人的人格；（從前所謂君子以外的人，也就是庶人，本來就是不被尊重的；儒家亦復如此。）現代則直視人爲可塑性物體，硬用一個模型來範鑄，並且只許有人的形狀，不許有人的性情。這種新式的物化的「治道」，淸淸白白，是由洋人傳授的；如扯到法家頭上，就近乎栽贓了。

四

我們幾千年來，一個老的政治問題，實際上，不是被治者的問題，而是治者的問題；——是權力過度膨脹，而無法壓縮的問題。以言治道，儒法兩家所說的治國安民之道，世界上還沒有一個國家，可與倫比。幾千年來，除了所謂黃老之術，曇花一現外，（想將道家治術，用於實際政治上的人，可能很多；但因客觀事實上存在有困難，故成功者極少。）都是儒法之天下；不管是用德治，抑或是用法治，都應該將國家治理得像個樣子。而事實上，總是亂世多於治世，而且是一種週期性的；開基創業的皇帝，知道創業之難，稍稍振作，傳到第二、三代，就胡鬧起來了。由於皇帝胡鬧，直接間接，肇造了亂與亡的因素；等到亂勢已成，雖有智者，亦無法挽救。眞是天下爲之不足，一人敗之有餘；因爲只有皇帝一人有權。這就不得不承認我們的治道（亦有人說政道）本身，還有漏洞。

古代大概沒有什麼君，更沒有什麼皇帝；作爲一個部族首領，料必出於推舉。（先秦各家，都承認古代尙賢，可能確有推舉辦法。）被推舉的人，又大概只有義務，而無權利，所以很多人不願幹，當然不會有人化錢來活動。黃宗羲說：「夫以千萬倍之勞務，而已又不享其利，必非天下之人性所欲居也；故古之人君，去之而不欲入者，許由務光是也。」說君主是「天老爺」的兒子，用天神來嚇唬老百姓，大概是周王朝搞的把戲。（周以前的天神，還兼管皇帝；以後，皇帝就與天同體，惟我獨尊了。）什麼「有命自天，命此文王。……文王陟降，在帝左右。……帝謂文王，詢爾仇方。……文王在上，於昭於天。帝謂文王，予懷明德。……天乃大命文王，殪戎殷。……」這一類騙人的話，在書與詩上很多。這又大概是以逆犯順，殷民族不服。將從前「土階茅茨」，改爲什麼明堂靈台，日漸奢侈，本族亦不服。……於是那班御用文人，就利用神權的「剩餘價值」，利用百姓敬天畏天的心理，編出一套神話，以便於統治。（我說的這段話，並無證據，只是推想而已。）開了這個惡端，後來毒痛天下的壞蛋，都充分加以利用，動輒說「受命自天」。連王莽也要說「天生德與予」哩！

儘管皇帝是天生的，但周王朝實際只是一個名義上的共主，另外還有很多國君，各霸一方；他們的權力，都很有限。因爲貴族制度還存在，世卿世祿，各有分際，强宗大族，共操政權，他們對於君主，還有一種牽制力量；君主還不能獨操威柄，宰割天下。有的時候，那班握有實權的貴族，還可以挾制君主，甚至取而代之。（三家分晋，三桓制魯，田氏代齊，就是證明。）到了貴族瓦解，游士抬頭，有的人托古改制，有的人尊古薄今，有的人只是不滿於現實，或只是爲了現實利害拚命的鼓吹君權，終於喊出了一個秦始皇；君權陡然膨脹，一發而不能制。（秦始皇可算得專制獨裁皇帝不祧之祖；而瞎吹亂捧，稱他的功德「爲上古所未嘗有」；並唆聳他作惡，使他妄自尊大的，不都是游士麼？）將皇帝捧爲超人，承認他獨佔政治權力，他可以要求天下人無條件的服從他，却不負絲毫責任，這就必然走上專制獨裁的道路。於是政治權力，完全集中在一人之手，只有獨裁者有權發政施民。天下人「順則有福，逆則有禍」；甚至「偶語、腹誹」都有罪。……終於「毒裂天下，暴虐不已。」

由老天爺的兒子，進而獨裁，更進而「視天下爲莫大之產業，傳之子孫，受享無窮」；這是一條順路，是必有的結果。主張尊君的人，原本想行其道，（當亦有人是由於同情周王朝）到這時都只好徒喚奈何！譬如儒家要行仁政，不能說不好。但「若有君於此，而不行仁政，不恤民隱，不順民之好惡，不採民之輿論，則當由何道而使之不得不如是乎？」這就成了大問題，也就是我所說的大漏洞。「你們說過要『禮樂征伐，自天子出』；你們定要『君令臣恭』；……俺而今大權在握，偏不行仁政，你把俺怎辦？」儒家於此，並未提出什麼有效對策。所以梁任公又說：「此儒教所未明之數也。」法家主張重法守，又承認君權至高無上，只有他有立法權利；（却無守法義務）希望用法來去私。但他要「以我之大私，爲天下之大公」；你又把他怎辦？法家於此，亦無辦法。公孫鞅似乎早看出了這個漏洞，他說：「國之亂也，非其法亂也，非法無用也；國皆有法，而無使法必行之法。」（畫策篇）但他亦提不出好辦法來。權力如同一把劍，已然「太阿倒持，授人以柄」，要想將劍奪回，只有以暴力對付暴力，那就是革命。但儒家是講敬事之道的，事君以忠，不貳始爲忠；並且是絕對反對暴力的。法家是主張「民一於君」，仗君之威權，來統治人民的；亦是不贊成有亂化之民的。君權膨脹的結果，不但抹煞了仁義，並且壓倒了法度；儒法兩家，都感到束手無策。

這種時候，唯一有力量抵抗暴主昏君的是人民。雖說皇帝是天老爺的兒子，神聖不可侵犯；但當人民發覺天不可畏的時候，發覺「民之所欲，天『不』與之」的時候，就會起而反抗；他們是有足够力量，推翻一個政權的。可是，事實上，每一王朝，常常延續幾十百年之久，而人民抗暴例子，亦不甚多。那就因爲倫常觀念，已深入人心；並且「君臣分義，若天地之不可易。……君、天也；天可逃乎？」（這個臣字，無所不包；「在國爲市井之臣，在野爲草莽之臣。……率土之濱，莫非王臣。……」即使不做官，也得守臣節。）外國人也搞獨裁，也有什麼「朕卽國家」之說，却沒有君臣這一倫。有了這條鎖鍊，套在人民頸子上，面對着暴主惽君，亦只有容忍；誰敢反對倫常呢？古代倫常，本只限於家庭，那有尊尊親親之意，是不可少的。要全國人民，無條件的臣服於皇帝，——不問他是好人或壞人；這決不是人民的意願。所以梁任公說：「其君臣名分，則强制也。」

皇帝獨佔了政治權力，在禮（倫常）與法（政制）兩方面，都承認他的獨佔權；還加上一個神權，爲之助威；於是他可以作任何壞事，而不爲背禮違法。碰着天性較厚的，尙不致大爲惡；若是碰着壞東西，則必定窮奢極欲，殘民以逞。於是先知先覺們想出了兩種辦法；積極方面是設置輔政大臣，（三公四輔與宰相）一面輔弼皇帝；「有君而爲之貳，使師保之，勿使過度。……予違汝弼。……」一面起制衡作用；「君之子不皆賢，尙賴宰相傳賢，爲之補救。」在理論上，這種辦法，應有其功用。但在事實上，皇帝並不必聽師保的話；「三公之職，備位而已。」甚至甘脆不設這種官職，以免麻煩。秦漢時代，皇帝殺宰相，如殺鷄犬一般容易；連和劉保長一起穿草鞋打爛仗起家，而被稱爲「功高第一」的蕭相國，亦幾乎不得保首領。皇帝要用提尿壺的賤類，代行宰相職權，亦無人敢說不對。……

消極方面，是將希望，寄托於諫諍，「陳善閉邪；……格君心之非。……」這太渺茫了！因爲進諫的人，必定要站在人民立場講話，亦必然不利於皇帝。（皇帝與人民利害，是有矛盾的。）如講的直率話，就會得罪皇帝；因爲皇帝已然「居如大神」，他只覺得你傷害了他的尊嚴。於是不容說理，動輒脫去褲子打屁股，「多有立斃杖下者」。……（當然也有例外，只是太少了。）有人說：「自古無道之君，其過行非止一端，而莫甚於拒諫言，殺諫官。」其實誰又喜逆耳之言？拒諫又何止於無道之君？梁任公比喻最爲貼切；「有權之人之濫用其權也，猶虎狼之嗜人肉也；向虎狼諄諄說法，而勸其勿食人，此必不可得之數也。」（上引梁語見飲冰室文集）皇帝拒諫，「以言爲諱」，乃至殺諫臣，又該如何辦？似乎無人提出過什麽好辦法。孔夫子只說：「大臣以道事君，不可則止。……勿欺也，而犯之。……事君以行其道。道不行則去。」孟軻善辯，亦只說：「有言責者！不得其言則去。」

寶劍在皇帝手上，錯殺臣民，不須負刑責；不止不去，難道要討死？總說起來，問題都在皇帝身上；正如黃宗羲所說：「爲天下之大害者，君而已矣。」

五

我們早在幾千年前，就有法治思想，並且有了極精深的法理學；但在幾千年後，仍不得不承認皇帝有神與人雙重人格，而「擬之如天，比之爲父。」這是很滑稽的事，亦是無可如何的事！因爲一個尊君卑臣的治道，已成定型，權力集中，已成定制，誰也想不出有效方法，來拘限過度膨脹的專制權力，而迫使濫用權力者就範。我們歷史上，很少出現自上而下的革新局面，其原因在此；分權思想，在我國最爲晚出，其原因亦在此。

儘管如此，法度仍是斷不可少的。廣土衆民，要治理好，眞是「舍法不能一日而安。」正因尚有法度，人民養成了守法習慣，所以上層儘管僭竊無制，踰閑蕩檢，而多數時候，社會仍能謹守防維，保持安定；非至不得已，人民決不因上層搖曳，而隨之動盪。甚至改朝換代，亦漠不關心。就按儒家理想去做，亦決不能無法度。比方禮運大同政治，被稱爲是治道之極致，是人所嚮往的。要實現大同政治，第一步是「選賢與能」；這就必須有一套完善的選舉法。如其不然，選出來的既無能，又不賢，甚或是一羣壞東西，儘打的是壞主意，豈不是欲益反損？法度不但有裨於治理，並可以覿治亂。越是講究法度，創立好法度，並詘己以信法度，使法度貫澈而無扞格的，必是治國；反之，必是亂國。法度有這樣多好處，敗壞法度的，又必定是專制皇帝；然則道學先生，又何以不反對專制獨裁，而偏要反對法治？甚至要排拒法家思想？依我膚淺看法，似不出下面幾個原因：

其一、是由於一種錯覺，誤認法治就是嚴刑峻法；就是「鷹擊毛治，以斬殺束縛爲務；」網密文深，以暴酷武健爲能；因而以爲法律與道德是對立的。殊不知從古法理，無不本於道德。雖說：「五刑之屬三千」，必不善始待以刑。國家創制立法，其目的，在於治人、行禮、立敎、施政、與興起事功，並不在於以刑罰立威。（隨便捕人，擅加罪名，以酷刑證成其罪，這是爲立威；但不是國家立法的本意。）如果敎化大行，人人能循禮守法，刑罰是可以措而不用的；所以說：「刑期無刑」。故必不得已而用刑，並不在於消極的報復，而在於積極的維護法度，使法度不致爲少數壞人所敗壞；故易經上說：「先生以明罰勑法。……利用刑人，以正法也。」足見法與道德，有相輔相成的功用，並不是對立的。

其二、是過於相信古代有一種超越人生界，而近似「天國」的德化政治。在人們想像中，古代的帝或王，都兼備各種德行於一身，都能以德化民；而且是「大順大化，不見其迹；渾然與物同體。」故其爲政，能够「不言而信，不賞而勸，不動而化，無爲而成。」那時候的人民，都能「克己復禮」，不會你爭我奪，「造僞飾詐」；他們的心，都像天一般公正光明，所以說：「天人一理。民心卽天理。」那時候，禮樂都可以不用，安用刑罰？那眞是極樂世界；幻想者，都希望那種奇跡再度出現。

我們不必爭論古代有無那種純精神統治的德化政治，亦不須說禹王定是爬蟲；只略看號稱郅治的二帝時代，就可找到證明。書本上說他們能讓天下，「其仁如天」；却不能不「正四時，飭百官，敷五教，教以人倫。……」並沒有什麼「不賞而勸，無爲而成。」他們在位，有刑措之稱；却不能不明刑作士，「流共工，放驩兜，竄三苗，殛鯀。……」他們還創下一種罰款辦法，——「金作贖刑」，爲後來貪汚份子，開了一條財路。前乎堯舜的盛事，是「百家言黃帝，其言不雅馴。……書缺有間。」（大概是太過於荒誕。）後乎堯舜的盛事，是「湯放桀，武王斬紂。……」古代人茹毛飲血，連文字都沒有，決不可能有那種德化政治。而人們偏要無視眞實的人生社會，而嚮往於「天國」，並以之衡量人生社會；這就不得不承認人生社會，不是進化，而是倒退的。

其三、是對於法家，存有一種偏見。不考量每一種事的時代背景，不面對實際，而只偏信所謂大儒名家之言，以一二人所言是非爲是非。於是好人與壞人，好像已宣判一般，更無討論評價的餘地。以法家而言：公孫鞅自是一個有代表性的人物，他的「罪名」最多，給予後人印象亦最壞。他不循禮，不法古，定爲變法之令；「令民爲什伍，而相收司連坐。（原註：「一家有罪，九家連舉發。」）不告姦者腰斬；告姦者，與斬敵首同賞，匿姦者，與降敵同罰。民有二男以上不分異者，倍其賦。有軍功者，各以率受上爵；爲私鬬者，各以輕重被刑大小。事末利而貧者，舉以爲收孥。（原註「末利爲工商，蓋農桑爲本。」現代無本，故亦無末；不論工商非末利，即特種酒家，桃色茶店，酒吧；……千奇百怪，助長社會糜爛者，亦皆爲「正」業；古今治道不同也！）宗室非有軍功，論不得爲屬籍。……」他甚至要田宅、臣妾、衣服，亦分等級；「有功者榮顯，無功者，雖富無所芬華。」

（不像現代「見車馬不辨貴賤，視冠服不知尊卑」；因而常使人誤以爲擦背捏脚的老王，定是特任大員。）除此之外，他又信賞必罰，連太子犯罪，也不賣人情。（以上據史記）其「罪」更大的是「內刻力鋸之刑，外深鈇鉞之誅；步過六尺者有罰，棄灰於道者，被刑。一日臨渭論囚七百餘人，渭水盡赤。」（以上據新序）只因司馬遷劉向兩個名家如此說，於是「惡者因其惡而惡之」；並以爲凡是法家，都必然是「天資刻薄人也」；亦必然是傷殘仁義的。

其實，「桀紂之惡不至是。」最少公孫鞅也必有好的一方面。如其不然，他又如何能在短時期內，使秦國富强呢？即就史記所言，公孫鞅未露頭角時，魏國宰相公叔痤就知其賢，並有奇才，因而推薦他繼任宰相；還請魏王「舉國而聽之。」如果不用，「必殺之，無令出境。」可見他原來就有本領，而不是靠騙術起家的。魏國不能用他，還可能說他「思想有問題」，想要殺害他，這才逃往秦國。他開始：「說秦王以帝王之道，比三代；」而時下流行的是霸道，秦王聽不入耳。當其時，他是一個流亡的游士，又很自負，急欲樹功名、不得已，而說以霸道；這才見重於秦，而被任用。秦國當時還是比較野蠻的國家，只看他們「男女無別」，就可知道。（「秦國之俗，貪狼强力，寡義而趨利，可威以刑，而不可化以善；可勸以賞，而不可厲以名。」淮南要略）他面對着一個無敎化無秩序的社會，不以法度整齊之，何以爲治？更加他是游士，毫無憑藉，一旦負國之重，他不立信，又何以行令？賈誼說：「他棄禮義，背仁恩。」這是只見法治之害，而未見其利。禮義仁恩，必定在國家富强之後，人民知有生之樂，才順而易行；若是民不避死，誰和你講禮義？要國家富强，就必定要「有天下不得不信之法。」法度規定不許棄本業，逐末利，獎勵生產，禁止奢侈，國家才能富。要人民「勇於公戰，怯於私鬬」；無能不官，無功不賞；鼓勵人民愛國心，國家才能强。這就是所謂「富强之道。」講富國强兵的人，總不免有些地方，看來與禮義仁恩，似乎有抵捂；却並不等於背棄禮義仁恩。所以梁任公說：「非謂禮治與德仁不好，而須用得其時。」（梁著商君傳）

是法家，必講齊一；這亦是易於使人生厭的一個原因。我們的國家，雖不提倡什麼自由主義，却都不喜干涉；要講齊一，自不免於干涉。但決不干涉的政治，卽現代自由國家，亦難辦到。公孫鞅是主張齊一的；他說：「守十者亂，守壹者治。」（靳令篇）「凡治國者，患民之散，而不可摶也，是以聖人作壹以摶之。國作壹百歲者，千歲强。」（農戰篇）他所說的「壹」，就是要使國家法度禮敎，以及人民思想觀念，歸於一致，能夠爲一種共同的理想與目標而努力。如果每一個人，都自有主張，「一人一義，十人十義；」而且都以自己的利害爲利害；這種國家，便永遠不能團結。齊一自然是要用法度。公孫鞅所立法度，是否適宜，姑置不論。但他無意於傷殘仁義，或只是爲便於少數在上者作惡，而故意困敝天下，則是可斷言的。他說：「明主愼法制，事不中法者，不爲也。（修權篇）法者君臣所共操也，信者君臣所共立也。（壹言篇）聖人有必信之性，又有使天下不得不信之法。（畫策篇）……」用現代語說：就是立法要出於愼重，不要立那些不足爲法的法；法不應分階級，必定要上下都能遵守；立了法，就要尊重法，使人對法有信賴之心。

總之，公孫鞅是一個大政治家，是無法否認的。他所標榜的立國之道：一要有好法度；二要政府重威信；三要知道權，不可死守某種觀念，死用某種方式，而不知通權達變。就只這三點，他已算得深明治道，而不愧爲政治家。因此，他執政只有十年，不但使秦國「道不拾遺，山無盜賊，家給人足，鄉邑大治；」並且使秦「四世有勝」，因而爲一個大一統局面奠定基礎。從政策看：他是完全成功的。他個人之所以失敗，那是因爲殘存的貴族，死灰復燃；「宗室貴戚，多怨望者。」也就是舊的腐化勢力復活，對於革新派的一種報復。其根源，仍在於君權超過了法度，使得法度易於被破壞。假定公孫鞅不是生在「王道不用，霸術見親」的時候；更假定他能際會明時，得遇英主；又焉知他不能用王道平治天下？故說公孫鞅不信儒術則可，說他是壞人，則是不公平的。

六

一切政治理論，可以有各種不同的看法與說法；但有一相同之點，那就是要求合理。千岐萬轍，必折中於理；昔人所謂：「一致而百慮，殊途而同歸，」就是一歸於理。儒家所說的德治，如實的說，亦只是遵理而行。這個理字，實涵攝有人性與理性，以及本於人性理性而立的禮義倫常等在內。所謂合乎禮義，亦只是人的行爲，要合乎理，並不是理以外，別有一個禮義。所以孔夫子說：「禮者，理也。義者，宜也。」曲禮又說：「道德仁義，非禮不成；教訓正俗，非禮不備；分辨爭訟，非禮不決；君臣上下，父子兄弟，非禮不定；涖官行法，非禮不行。」這亦說明了禮就是理；處處講理，則能使事得其宜。（如說是繁縟的禮節儀注，則禮不下庶人，便不能廣泛適用於天下人了。）惟其是理，才能節人之好惡，序分之尊卑，別人之善惡，決事之是非；才有普遍性與客觀性。故禮或說義理，不僅是倫理的標準，亦是政治的標準。所以昔人說：「禮所以守其國，行其政令。……禮不行，則上下昏。」(左傳)這話是對的，如上下都不講理，自然是昏天黑地。

一個先決問題，是怎樣能使人人都能知禮(理)守禮？儒家是主張以教育爲禮治手段的。荀卿說：「先王惡其亂也，故制禮義以分之，以養人之欲，使欲不窮於物。」這就是教人明理，以理智來克制私欲。於此，又有兩個大枝節：一是教的對象問題。儒家是承認階級社會的，人被分爲君子與小人兩大類；(只有孔夫子主張有教無類。)所以說：「君子勤禮，小人盡力。……禮不下庶人。……」顯然施教的對象，是有限制的；所以「士之子，恒爲士。」但若只教了少數貴與尊的君子，而不教賤與卑的小人，則多數人仍不明理。二是施教以後，那班君子仍不守禮，乃至比未受教育的人，更加作惡多端，該如何辦？儒家教人自我制約，勸人反省。但如其人安於爲惡，而不反省，又當如何？又何況「六藝經傳以千萬數，累世不能通其學，當年不能究其禮。」(司馬談語)受了教育，乃至得了博士學位，亦不能保其必定明理，而不爲惡。法家並不否認教育的功效；管子上說：「厚愛利足以親之，明智理足以教之，上身服以先之，審度量以閑之，置鄉師以說道之；然後申之以憲令，勸之以功賞，振之以刑罰。(權修篇)今夫士羣萃而州處閒燕，則父與父言義，子與子言孝，其事君者言敬，長者言愛；幼者言弟，以教其子弟。(小匡篇)教訓習俗者衆，則君民化變而不自知。(八觀篇)不明於化，而欲變俗易教，猶朝揉輪而夕欲成車也。……」(七法篇)不過，他們認爲雖有教育，亦不能無法度；因爲「不待法令繩墨而無不正者，千萬之一也。」要使已受教與未受教的人，都能守繩墨，都容易遵行，就只有法度。因爲法度只簡單明瞭的教人以何事當做或不當做，及其絕對後果：——做當做的事有賞，做不當做的事有罰。就治國的道理講，這應是對的，國家應照顧一般人，而不能只顧少數人。

儒家主張行仁政；——「以不忍人之心，行不忍人之政。」仁政是以愛爲出發點，而重在教與養。故仁字簡明的解釋，就是愛人。政府以汎愛衆人之心立政，盡其教養保護之責，懷保小民，視同一體；雖有尊卑之分，却無厚薄之別。「上之使下，猶腹心之運手足；下之事上，猶手足之運腹心。」這樣的政治，自然是很理想的；所以說：「保民而王，莫之能禦也。」（孟子）其實，法家又何嘗不重保民？認眞說來，嚴刑峻法，如其公平，而不流於殘刻，亦卽是保民；因爲懸法以示民，人民才不致誤陷刑辟。「故聖人爲法，必使之明白易知，名正；愚智徧能知之，令萬民無陷於險危。」（商君書定分篇）「不爲愛民虧其法，法愛於民。」（管子法法篇）是以明君順民心，安情性，而發於衆心之所聚；是以令出而不稽，刑設而不用。」（君臣篇上）……如果在實際政治上，做不到理想的德治，或說根本上不可能具備必要條件，實現德治，則寧願選擇法治。

法家與儒家，在政治思想上之所以有岐異，似乎是因爲人性觀與社會觀不同之故。孔夫子以後的儒家，（荀派之外）以爲人性善；人生而有惻隱羞惡辭讓是非之心，生來就知道善善惡惡。並且這種善性，不但是眞實的，而且是絕對的。這是德治的基礎；有了這種基礎，才可以施教化，使人的善性擴而充之，由愛親敬兄之心，推而至於仁民愛物，於是人人皆可爲堯舜。儘管社會有變遷，而基礎不會有變，因爲天賦人的善性，是永遠不變的。因此，才認爲古今相去不甚遠，「今之天下，亦古之天下。」（前人都少有時空觀念）古人所爲善政，足資取法，只須「尊於所聞，行於所知；」只要修而明之；便可以達到古人境界。（這髣髴說只要將古人帽子，戴在今人頭上，則今人便依稀是古人。如果我們承認社會變遷，於政與敎之外，還別有許多原動力；承認凡事必有絕對相同的條件才能產生絕對相同的結果；則籠統的喊復古，喊恢復固有的東西，是值得思考的。）有這種看法，自然主張法先王，主張復古。

法家則不然。他們基本上不承認人有一種普遍的善性；禮只能使善人更加向善，却不能使惡人絕對不爲惡。要治國，不能消極的等待惡人改過遷善，而須積極的用法度來防閑禁制，使他不敢作惡。所以說：「聖人之治國，不待人之爲吾善也，而用其不得爲非也；恃人之爲吾善也，境內不什數，用其不得爲非，一國可使齊而治也。故必恃自直之箭，百世無矢；恃自圜之木，千世無輪矣。」（韓非子顯學篇）「夫不待法令繩墨，而無不正者，千萬之一也。故夫智者然後知之，不可以爲法，民不盡智；賢者然後知之，不可以爲法，民不盡賢。」（商君書定分篇）「民者被治然後正，得所安，然後靜者也。（管子正世篇）故形勢不得爲非，則奸邪之人慤愿；刑罰威嚴，則簡慢之人整齊。」（八觀篇）……法家所說的社會變遷之理，及何以「古今異俗」的基本原因，在現代人看來，雖欠圓滿；但在大家都盲目喊復古時，能够知道「世異則事異。」知道「古之易財，非仁也，財多也；今之爭奪，非鄙也，財寡也。」實爲一大進步。只因先有了一個「古今異俗」的觀念，所以比較注重現實。立法行政，要講現實利害；所以「因時之宜，而爲之備。」「禮法以時而定，制令各順其宜。」……

七

人羣社會，由於人類知識發展，而有變遷；這個道理，已爲現代多數人所公認。人類天天在創造發明，使得基本上的生產技術，生活方式，日新月異；於是生活的意識形態，都得隨之而變。多數人的觀念改變了，社會結構，亦不得不變。這種變化，雖是人羣力量所造成，却無人能知道這種變的規律，因亦無法能加以控制。所謂政治上的治道治術，是以社會人羣爲對象，是應該重視現實的。用現代語說，合乎時代潮流的，就是好的治道，做起來，亦順而易。反之，必被唾棄。誰要想逞英雄，要膠執一人成見，一意孤行，就註定他必失敗。昔人說：「禮之本，出於人之情。」社會已然改變，人情亦不能無變。從前我們自視爲上國華胄，禮義文明之邦，只許用夏變夷。現代每事都要跟洋人學習；生而爲中國人，可以不通中國文，却斷不可不通洋文。……如此情形，怎樣復古呢？再說人性，事實上，確乎是善惡混；因爲人生而有私欲。有私欲，就必然有一種苟生的利己主義；亂名犯分，「造僞飾詐，」乃至男盜女娼，皆由於此。但私欲未嘗無有利之一面；人類正因有利己心，才能孜孜不倦的去研究發明，直接間接，促成社會的進步。如大家都做和尙，但求解脫，不用說制度文物，成爲贅累，即讀書求知，亦是多餘的事。由此看來，儒家的話，並不完全是對的；法家的話，亦並不完全是不對的。

儒法兩家，雖有距離，原不甚大。儒家尊孔，法家亦尊孔。法家重法，亦未嘗不講禮；儒家尊禮，亦未嘗不重法。荀子上說：「非禮無法；」管子上說：「仁義禮樂，皆出於法；」亦只是一個層次問題，並未說禮法不相容。王荆公說：「仁義禮信，天下之達道，王霸之所同也。」仁義是禮與法的根本；儒法操術不同，而其根本，則無不同。如說法家眞有傷殘仁義的事，那只是個別現象，不可一概而論。正如班固所謂「法家者流，信賞必罰，以補禮制，『易曰：先王以明罰飭法；』此其所長。及刻者爲之，則無教化，去仁愛，專任刑法，而欲以致治，至於殘害至親，傷恩薄厚。」(漢書藝文志)

如實的講：所謂法家，亦只是比較的重法，以法爲立政手段，而其目的，則爲富强。儒家亦講富强，所以有人說：「一部周禮，理財居其半。」法家與儒家，似乎至少是遠親；(此不敢臆說。惟淮南書既說：「孔墨皆修先聖之術，通六藝之論。」說法儒有瓜葛，應不爲過。) 故法家並不顯然反對孔夫子的道理。我只標舉孔夫子，因爲在他以前和以後，所謂儒家，都和他有截然不相同之處。孔夫子所說的道，是人的道，而不是什麼陰陽理氣，尤其不是什麼天道。所以說：「道不遠人。……人能弘道，非道弘人。」(若是天之道，非人力所能改變，又怎能以人來宏揚道呢？) 孔夫子亦承認人性有善與惡，故說：「欲惡者，心之大端也；美惡皆在其心。……性相近也，習相遠也。……」故以世人「德之不修，學之不講，聞義不能徙，不善不能改」爲憂！而栖栖皇皇，急於立教，以正天下。孔夫子雖然「祖述堯舜，憲章文武，」却並不言復古；亦不諱言因革損益。因爲他要實事求是，凡是雖善無徵的事，他決不附會其說。殷夏的禮制雖好，然而不足徵信，他寧可從周。所以他說：「生乎今之世，反古之道，如此者，烖及其身者也。」孔夫子立敎，只敎以「文行忠信；」因材而敎。這是人人能身體力行，亦是眞實的人生所需要的。孔夫子論政，大都因時因人因地而立言。他亦不反對富强，並同意富而後能敎的說法。冉有問政：「旣庶矣，又何加焉？」孔夫子說：「富之。」「旣富矣，又何加焉？」「敎之。」雖然他是贊成王道政治的，却並未說霸術是絕對的壞事。他稱許管仲，前已說過爲他論及秦穆公，只說：「以此取之，雖王，可也；其霸，小矣。」並未羞言五霸。……因此種種，他的偉大處，才使人「仰之彌高，鑽之彌堅。」才被稱。「聖之時者。」

孔夫子以前，所謂儒家，只是一班頭帶「章甫」的贊禮先生，死抱着禮書，要人規行矩步，死守繁文縟節；那是所謂眞小人儒。孔夫子以後，頂着「聖徒」招牌，講陰陽讖諱，學禪修道，乃至崇奉洋敎的，則可謂僞君子儒。始作俑者，可能就是那個陰陽怪氣的董仲舒。這個人，關係後代的刼運，不能不多說幾句。先略說他的理論：「天之所大奉使之王者，必有非人力所致而自至者，此受命之符也。」這是爲「受命自天」的濫調作論據，而意在大捧皇帝。他還可能臆造了許多謊言，來稱塞皇帝之意；因爲他是所謂「今文之學」的大師之一，他有充分造假的機會。以後的皇帝講符命，都說自己是聖人，是天命所歸，可能是由他開其端。（皇帝稱天命，原爲便於篡竊，便於統治，所以王莽只許他一人搞符命。）中國式的宇宙本體論，亦可能發之於他。他大談天道，而將人性與天道扯在一起。

「天之大經，一陰一陽，人之大經，一情一性；性生於陽，情生於陰；陰氣鄙，陽氣仁。……」儒家的學說，原只說人而不說天；所以說：「修身以道，修道以仁。……修身則道立。……君子之道本諸身。……自天子以至於庶人，壹是皆以修身爲本。……」後來的五行災異，讖諱之學，以及一切方術，皆羼入儒術，假儒之名，以行騙之實，他是不能辭其咎的。他講治道，亦不離天；「樂而不亂，復而不厭者，謂之道；道者萬世亡弊，弊者道之失也。道之大原出於天，天不變，道亦不變。」所謂治道，本是治人的事，卽古代所謂禮樂刑政；如照他所說，正如韓非所謂「微妙之言，上智之所難知也。」由於「天不變，道亦不變；」所以他又說：「今之天下，亦古之天下；古亦大治，上下和睦，習俗美盛，不令而行，不禁而止，吏亡姦邪，民亡盜賊。……」他以爲只要行他的道，就可坐致昇平，不須力征經營，亦不須講事功實利。「夫皇皇求財利，常恐乏匱者，庶人之意也；皇皇求仁義，常恐不能化民者，大夫之意也；若居君子之位，當君子之行。」這比孟軻所謂「君子喻於義，小人喻於利」的說法，更進了一層。因此，他亦反對霸術；說：「是以仲尼之徒，五尺之童，羞稱五霸，爲其先詐利，而後仁義也。」……

漢初在學術思想方面，雖不是百家爭鳴，却沒有思想統制，至少還允許各家各說各的道理。董仲舒所說的道，既不是孔夫子之道，又與古經義不全相符，自必不能服人；亦可能還有爭論。（因此，董仲舒雖曾爲儒教立大功，却被擯棄於道統之外，韓愈只說：「軻之死，不得其傳焉。」）於是他首請罷黜百家，「諸不在六藝之科，孔子之術者，皆絕其道，勿使並進；邪辟之說滅息，然後統紀可一。」他的理由是「今師異道，人異論，百家殊方，指向不同。」却未說明何以謂之邪辟。這和現代搞思想統制的人一般，不跟我胡說八道，便是思想有問題，是同樣的武斷專橫。但皇帝利在統一，利在尊君卑臣，於是「儒學定於一尊。」

以當時皇帝威權，來統制思想，是很容易的；只須說「非法無聖，」便可得重罪。（東漢桓譚，只說了一句「讖之非經」，便幾乎被殺頭。）儒教是成爲國教了；這可以算得是我國有史以來第一大事，其影響是非常深遠的！其一，政治與學術，從此混在一起，不但須用儒術緣飾政治，並且構成了皇帝與儒學雙重專制，因而阻礙了學術的發展。其二、是逼使一切左道旁門，與正宗儒學相混糅，都借孔聖人招牌作幌子，以爲庸妄兩售之地。他們「託名爲儒，而實不知學；」用眞牌號賣假貨；反而使得孔夫子的學術思想，蒙上了一層陰影，晦而不顯。其三，在政治上多了許多無謂禁忌，使得負實際政治責任，而又比較有爲之士，都只能循常習故，墨守陳法舊規，不敢輕言變革。其四，教人迷信天與命，不知「因天命而制之；」因亦少有人窮究自然之理，以啓發現代的科學思想。……人類的智慧，只有在思想自由環境中，才能發達，才有創穫。如其思想受到桎梏，只許守某種家法，只能亦步亦趨，便不會產生進步的思想。如其用無思想的人，來領導思想界，那就無異於揠苗助長。……因此，幾千年來，智慧高的人，都逃避現實，不入道，便入禪。其餘的人，則只能爲經傳作註釋！

八

正因儒與法只有很小距離，以儒家的仁政，來矯正嚴急苛猛之弊，以法家法術，來補救迂緩空疏之弊，並行不悖，可能是一種好的政治。因爲政治的目的，總不外富與教兩大端；富是要人民家給戶足，不虞匱乏，然後能盡人之情，使人養生喪死無憾。教是要提高人民的知識與道德，使人人知廉恥，明禮義，能過能創造而有秩序的生活。但兩者都必帶有强制性；因爲人生而有一種墮性，諸如好逸惡勞，嗜欲無制等，必强迫才肯克制自己，才有進取心，而服從一種公共的秩序。譬如道德，就重在實踐；所以昔人說：「禮必習行而後見。」不然，就變成了標語口號，天天喊固有道德，而滿眼都是不道德的事。所以問題不在於應否講道德，而是如何將抽象的道德，使其落實到人生實際行爲上。這就無疑的須求助於法度。法家主張齊一，「不爲一人枉其法；」也就是人無貴賤親疏，在法律之前，一律平等。如此，才能使每一個人，都尊重禮法，尊重道德。儒家亦認爲不齊一則無以爲治；禮法總不能只要小老百姓遵守，而讓大人先生逍遙於禮法之外。孔夫子所謂「以齊上下；齊之以刑」的齊；孟軻所謂「定於一」的一，都是整齊之意。……

總說起來，法家的理論，對實際的政治而言，我們應該承認至少有一部份是對的。除去少數過激之論，與個別的故爲殘刻的人以外，實說不出有何邪辟，當絕其道。章太炎對於法家有一段評語，比司馬談高明多了。他說：「夫商鞅韓非雖陗，不踰法以施罪，剿民以任功；徒以禮義厲民猶難，況遏其欲？民惟有欲，故刑賞可施。」（檢論）這是很公道的話。「民惟有欲，故刑賞可施」二語，尤能道破法之所以爲人類所願意接受，歷萬古而不可廢的道理。惟其如此，所以幾千年來，儒家雖定於一尊，而在實際政治營運上，仍不免要走法家路線；仍多數是「以經術緣飾吏治。」又何止於「漢代雜用王霸？」

從兩漢到宋代，不但沒有人認眞實行過儒家的治道，連學術亦走了樣；標榜儒術的人，大多是掛羊頭，賣狗肉。這不僅因爲沒有一個皇帝，眞正信仰儒家思想，而且還有許多異端，滲入了儒術，假儒之名以行，而使得有思想的人，感到鄙薄。宋代「新儒學」出世以後，又產生了學閥，壟斷學術思想；附和他們的便爲君子，不則便是小人。他們所說的學術，都自認是孔門嫡傳；「皆以其有爲不可加矣。」可惜「言性、言理、言道、言才、言誠、言權、言仁義禮智，皆非六經孔孟之言，而以異學糅之！」（戴震語）他們所說的治道，都是遠離實際，而「凌虛御風，」不可究詰。例如周敦頤說：「不復古禮，不變今樂，而欲至治者，遠矣。」（通書十七）張載說：「爲政不法三代，終苟道也。」（宋史本傳）程顥說：「智者若禹之行水，行其所無事；舍之而險阻，不足以言智。」（宋史本傳——。其實禹之治水，「子產不字，過門不入，身體偏枯，手足胼胝；」何曾「行其所無事？」）朱熹說：「使凡政事之出於我者，無一疵之可指。……」（答梁相書）這就是說要做到一種「形而上」的盡善盡美。……

上面幾位「大師，」有些理論，淑身則可，淑世則嫌迂濶。不過，他們都不媿爲正人，他們不會蠅營狗苟，立個什麼派系，來把持教育，壟斷學術。但有一班想借學人文化人美名，作投機事業資本的人，就不得不挾他們以自重。「僞言僞行，詭薄婞忮之徒，相率冒爲程朱之學，而無識者，從而和之。……」（顏氏學記）到了明淸，更加不堪！（參看新傳）於是組織更大，活動的地盤，不限於政治與文化界，而滲到社會各階層，公然「以功名利祿，鼓勵士大夫。」裁量人物，譏議時政。「以同爲黨，以比爲爭，甚至忿毒相尋。」（焦循語）於是公開了他們的組織，而不再掩飾了。你參加他們組織，便是「正統；」否則便是「翼統、雜統、異統。」（這和政治上所謂本黨友黨反對黨與敵黨一樣，不依傍門戶，是無法生存的。）於是只有他們一幫人，才是名教的主宰。……

這種搞法，就使得有作爲的人，對於政治，對於擺在眼前的許多實際問題，更難措手；當然更沒有人，敢於獨行其是。因爲他們手上有的是武器，你不跟着他們胡說八道，則必定被「圍剿。」用違反名教，違背「聖學」的罪名，將你打入阿鼻地獄，永世不得超生。所以戴震感慨系之的說：「以空理禍斯民；死於法可救，死於理（學）不可救！」於是，政治上以實心行實政的人，越來越少。少數圓滑的人，用道學來附會治術，用婀娜以竊取利祿；多數庸碌的人，隨俗逐流，苟生苟死而已！

孔夫子的學問，本是以眞眞實實的人生界爲對象，本於事理人情而立言；所謂「非意之也，必知其情，辟於其義，明於其利，達於其患，然後能爲之。」只是將事理人情，說得十分透澈，教人如何做人做事。他一生不談玄學；「夫子言天道與性命，弗可得聞。」亦不說雖善無徵的話；「宰我問『五帝之德？』子曰：『予非其人也。』」……因此，他所說的道理，包括「治七情，修十義」在內，亦即是從誠正以至平治；都極平實，不論上智下愚，人人都可以懂，都能做到。學他的道理，做人做事，無過不及，所以在社會上能成爲一個好人；幸而多得幾票，當選任官，亦不失爲好官。人都是好人，官都是好官，國家便自然富强康樂了。

很不幸的是經過宋人一番「弘揚」之後，很多地方變了質。（「教人以性爲先，以靜坐讀書爲學功；後人以習行爲難，且於古經之稍近奧賾者，亦不欲讀，惟日奉小學、近思錄、章句集註，綱目語類等書，齊之六經之列；童而習之，先入爲主，莫知其非。……」（顏氏學記）這就使得孔學與人生界的距離，越拉越遠；使得所謂上智亦難懂難做；因爲要一人兼修儒釋道三教。（宋初理學，尙諱言禪；以後，不但公然主張「教理不得不圓，」不但不諱言禪，並要修道，「脫骨換胎。」）於是宋代的朋友們，雖是學優而仕，只好相率而出於無爲；「無事袖手談性命，臨危一死報君王。」（其實宋代兩次大難，報君王的却少見有道學先生。）亦卽是打定主意不事事；因爲講事功的必有利欲之心，必是小人，所以薄而不爲。而晚明的朋友們，不是胡亂的叫囂爭吵，妨礙別人做事；就是趕快穿上馬蹄袖，拖上豚尾，向新皇帝靠攏。

各式各色的道學先生，因爲繼起有人，很輕易的在官書上佔了優勢，甚至在孔廟內佔有一席；功成名定，誰敢翻案？以我淺薄，怎敢妄議前賢？不過近代大膽的人，似乎不在少。我在這裏只略舉別人看法：「趙宋以來，儒學愈盛，羣治愈衰；蓋未有專用荀孟程朱之家法，而可以達致君澤民之志者。」（李岳瑞李衛公傳）「任法律而參閩雒，是使種馬與良牛並駟，敗績覆駕之術也。」（章炳麟檢論）「狹義之程朱道學所養成之八股先生，不足以語通權達變。」（王桐齡中國史）……類此評語尙多，茲不備舉。

本文要說法與法家，就不能不談從前的治道；要談治道，又不能不略說學術與治道的關係。「內聖外王」的治道，自然是好的。但我們總不應忽視兩個重要的客觀事實：一是專制政體，政治重心，在皇帝一人身上，必須皇帝懂得那是好治道，決心去做，乃有可能。一是任何治道，都必有其實行條件，以及緩急之所宜；如果是亂世，天天在砲火中茍延性命；如果人民「糟糠不飽，短褐不完，」乃至沒有褲子穿；又怎可實現那種好治道？我於宋明理學先生，亦只耳其名、他們住在第幾街？是否花園洋樓？門前有無流線型轎車？我全然不知道；遑言升堂入室？我忽亂翻過幾本書，略看各家說法，總覺得那班先生，似乎有食古不化的毛病；他們談政治，必稱聖人之道，却不知「聖人之道，所以治天下！」（葉適語）

近寫江陵張文忠公新傳，究其所以平治之理，於前人所言治道，不能無疑。新傳稿已嫌冗蔓，又不欲竄改，故別爲一文，以申其說。以上拉雜而淺薄的說法，與張江陵似若風馬牛之不相及；附在傳後，無異蛇足。其實，大有關係。因爲王霸義利，德治法治，以及君子小人之說，是明人用以詆毀江陵，清人用以裁量江陵的論據與尺度。照他們的三段論法：凡法家必是儒家的罪人；江陵是法家，江陵亦必是罪人。略看古代名家的理論，便知道治國平天下，頃刻離不開法。儒家尊德重禮，亦未嘗不重法。法家亦重理性，並無意於傷殘仁義。殘刻與法家，並不必然是連在一起的。實際的政治施爲，不能不近功利；近功利，並不必然是小人。……如果這些觀點，沒有大錯，那末，我們便有理由，認定明清人對於江陵所爲批判，不是正確的。

著者附託

中華史地叢書

張江陵新傳

作　　者／唐　新　著
主　　編／劉郁君
美術編輯／鍾　玟

出 版 者／中華書局
發 行 人／張敏君
副總經理／陳又齊
行銷經理／王新君
地　　址／11494 臺北市內湖區舊宗路二段181巷8號5樓
客服專線／02-8797-8396　　傳　　真／02-8797-8909
網　　址／www.chunghwabook.com.tw
匯款帳號／兆豐國際商業銀行　東內湖分行
067-09-036932　中華書局股份有限公司

法律顧問／安侯法律事務所
製版印刷／維中科技有限公司　海瑞印刷品有限公司
出版日期／2018年3月再版
版本備註／據1968年4月初版復刻重製
定　　價／NTD 350

國家圖書館出版品預行編目（CIP）資料

張江陵新傳 / 唐新著. — 再版. — 臺北市 :
中華書局, 2018.03
面 ;　公分. — (中華史地叢書)
ISBN 978-957-8595-22-4(平裝)

1.(明)張江陵 2.傳記

782.867　　106024787

NO.G2018
ISBN 978-957-8595-22-4（平裝）